目　　录

第 1 章　在线化与数智组织：数字化转型新浪潮 1
1.1　组织在线化：组织数字化变革新趋势 1
1.2　基于数字孪生的组织在线化：虚实交互下的线上线下复杂系统 5
1.3　数据驱动的在线组织管理：新机遇与新挑战 7
1.4　本章小结 12
参考文献 12

第 2 章　数智组织的人才分析 15
2.1　人才分析定义及理论 15
2.2　数智组织人才分析的关键特征 17
2.3　数智组织人才分析新实践 18
2.4　数智组织人才分析新挑战 23
2.5　本章小结 25
参考文献 26

第 3 章　数智驱动的工作设计 28
3.1　工作设计的概念及理论 28
3.2　数智时代的工作演变 31
3.3　数智驱动的工作设计 33
3.4　面向第四范式的工作设计研究 35
3.5　本章小结 37
参考文献 39

第 4 章　数智时代中的团队管理 41
4.1　团队的定义和关键要素 41
4.2　数智驱动团队的新特征 43
4.3　数智驱动的团队构建新形式 47
4.4　数智驱动团队管理新挑战 52
4.5　本章小结 56
参考文献 57

第 5 章　数智组织中的人机协作 59
5.1　人机协作的内涵及理论 60

5.2 数智组织中人机协作的关键机制 ……………………………………… 64
5.3 数智组织中人机协作新实践 …………………………………………… 69
5.4 数智组织中人机协作新挑战 …………………………………………… 72
5.5 本章小结 ………………………………………………………………… 74
参考文献 ……………………………………………………………………… 75

第6章 数智组织中的伦理领导力 …………………………………………… 85
6.1 伦理领导力的概念及理论 ……………………………………………… 86
6.2 算法管理急需伦理领导力：悖论理论视角 …………………………… 89
6.3 数智组织中伦理领导力关键实践 ……………………………………… 93
6.4 数智组织中伦理领导力新挑战 ………………………………………… 96
6.5 本章小结 ………………………………………………………………… 97
参考文献 ……………………………………………………………………… 99

第7章 基于算法的人力资源管理：以平台组织为例 …………………… 103
7.1 人力资源管理定义及理论 ……………………………………………… 104
7.2 算法应用于平台人力资源管理的新实践 ……………………………… 107
7.3 基于算法的平台人力资源管理关键特征 ……………………………… 110
7.4 算法应用于零工平台人力资源管理的新挑战 ………………………… 112
7.5 本章小结 ………………………………………………………………… 117
参考文献 ……………………………………………………………………… 118

第8章 数智组织中的网络与结构 …………………………………………… 123
8.1 网络与结构的定义及理论 ……………………………………………… 123
8.2 数智组织网络与结构的关键特征 ……………………………………… 129
8.3 数智组织网络与结构新实践 …………………………………………… 133
8.4 数智组织网络与结构新挑战 …………………………………………… 137
8.5 本章小结 ………………………………………………………………… 140
参考文献 ……………………………………………………………………… 141

第9章 数智驱动的组织设计与变革：角色-过程-架构 ………………… 145
9.1 组织设计的定义与脉络发展 …………………………………………… 146
9.2 数智驱动的组织设计关键特征 ………………………………………… 148
9.3 数智时代的组织设计的新实践 ………………………………………… 151
9.4 数智时代组织变革的新挑战 …………………………………………… 157
9.5 本章小结 ………………………………………………………………… 159
参考文献 ……………………………………………………………………… 161

第10章　数智组织效能的 C-T-O 框架与关键科学问题 ·············· 167
　10.1　工作角色层面：数据驱动的人才分析与数智工作重塑 ·············· 168
　10.2　社会过程层面：数智驱动的快速组队与人机混合团队 ·············· 169
　10.3　组织结构层面：平台算法管理与基于数字孪生的动态架构 ·········· 171
　参考文献 ··· 172
后记 ·· 173

第1章 在线化与数智组织：数字化转型新浪潮[①]

1.1 组织在线化：组织数字化变革新趋势

国务院《"十四五"数字经济发展规划》指出数字经济正推动生产方式、生活方式和治理方式深刻变革，成为重组全球要素资源、重塑全球经济结构、改变全球竞争格局的关键力量[②]。企业作为数字经济的重要组成部分，加快推进其数字化转型刻不容缓。新冠疫情暴发促使企业面临的外部竞争进一步加剧、需求不确定性大幅提升，但抗疫斗争也为企业数字化加速转型带来了重要机遇（王超贤和张伟东，2020；Amankwah-Amoah et al.，2021）。一批以大数据、云计算和人工智能等新一代数字化技术为基础的集成式数字平台（如钉钉、企业微信、飞书、WeLink、Slack等）开始在各行各业加速普及，协助企业将全链路业务流程和人际协作活动搬到线上，塑造了"组织在线化运行"的趋势。据统计，在复工复产过程中，超过1800万家[③]企业借助钉钉、企业微信等应用实现了全面在线化的有效运行。

在后疫情时代的中国，这些集成式数字平台将会进一步成为加速企业数字化转型的"新型基础设施"，在深化数字经济发展的进程中扮演日益重要的角色。截至2022年12月，已有3.7亿左右的月活跃用户习惯于深度嵌入钉钉、企业微信和飞书的在线化工作模式；在进一步落实国家发展和改革委员会（简称国家发展改革委）提出的《关于推进"上云用数赋智"行动培育新经济发展实施方案》的进程中，已有接近3000万个包括传统企业、中小型企业和专精特新隐形冠军企业在内的各式组织借助钉钉、企业微信等数字平台应用快速推进组织关键要素和流程活动的"在线化"，不断强化全流程数据的贯通与应用，提升组织动态响应外部需求与数据驱动的智能决策能力。

不同于以"业务"为中心的企业资源计划（enterprise resource planning，ERP）和以"员工"为中心的企业社交媒体（enterprise social media，ESM）等企业信息系统或社交媒体工具，以新一代数字化技术为支撑的集成式数字平台将物理空间中的关键要素与活动以数字化形式（digital representation）在虚拟空间进行全链路的映射，也即数字孪生（digital twin）（Adner et al.，2019；Parmar et al.，2020）。它们

[①] 本章部分内容在谢小云、何家慧、左玉涵、魏俊杰等发表于《清华管理评论》（2022年5月刊）的《组织在线化：数据驱动的组织管理新机遇与新挑战》一文基础上进行改编整理。

[②] http://www.gov.cn/zhengce/content/2022-01/12/content_5667817.htm。

[③] https://www.iimedia.cn/c400/68850.html。

正协助企业将线下组织的正式架构、人员关系、成员沟通与协作活动、全链路业务流程与组织关键资源等关键要素与过程活动集成到线上虚拟空间，并与线下组织运行相互促进、高效协同，从而塑造了"组织在线化"运行的新兴组织管理实践趋势(Parmar et al., 2020)。这一新兴实践区别于既往的组织数字化变革，为复杂系统中提升在线组织效能、打造智慧组织提供了可能。

在本章中，首先，我们将梳理组织数字化变革发展脉络，阐明其最新趋势，即组织在线化；其次，介绍组织在线化的具体内涵以及这一情境下的复杂组织系统；最后，聚焦复杂系统中的关键环节，阐释数据驱动下在线组织管理的新机遇和新挑战。

1.1.1 组织数字化变革发展脉络

伴随数字化技术的日新月异，企业数字化变革的实践蓬勃发展，与此同时"组织数字化转型"也成为学术界高度关注的话题(陈国青等，2022；戚聿东和肖旭，2020；焦豪等，2021；Hanelt et al., 2021；Verhoef et al., 2021)。有学者较为宽泛地将数字化转型定义为组织利用数字化技术显著提升组织效能的过程(Gong and Ribiere, 2021)。但总的来说，学者在总结不同学科(例如，信息系统、战略管理、创新管理、运营管理等)的相关研究时发现，组织数字化转型主要沿着数码化(digitization)→数字化(digitalization)→数字化转型(digital transformation)→在线化(being-online)四阶段的发展脉络而不断演进(Verhoef et al., 2021)，如图1-1所示。

	数码化 digitization	数字化 digitalization	数字化转型 digital transformation	在线化 being-online
定义与内涵	利用信息技术将经营业务等，编码、转化为可供计算机存储、处理和传输的数字信息	借助数字化技术改进组织内特定的业务流程，或者创造全新的业务流程与机会	组织通过数字化技术重塑其业务模式，并为利益相关者创造全新价值的过程	通过集成式数字平台将物理空间中的关键要素与活动以数字化形式在虚拟空间进行全链路映射
特征与作用	数据信息结构化，降低运营成本	数字化技术的多样性与可供性提升；对特定业务流程的改进与创新	强调数字化技术及模式变革的整体性和系统性，以及相应组织再设计	借助集成平台，实现组织"数字孪生"，即全链路在线化；智慧组织
局限与挑战	信息技术较零散、局部，且功能较为单一；变革系统性待提升	数字技术间系统性不高，相应业务流程较单一且彼此孤立	以业务为中心VS以人为中心的转型缺乏整合；新技术催生新变革趋势	组织在线化引发诸多新的管理挑战，尤其是线上-线下的冲突与整合

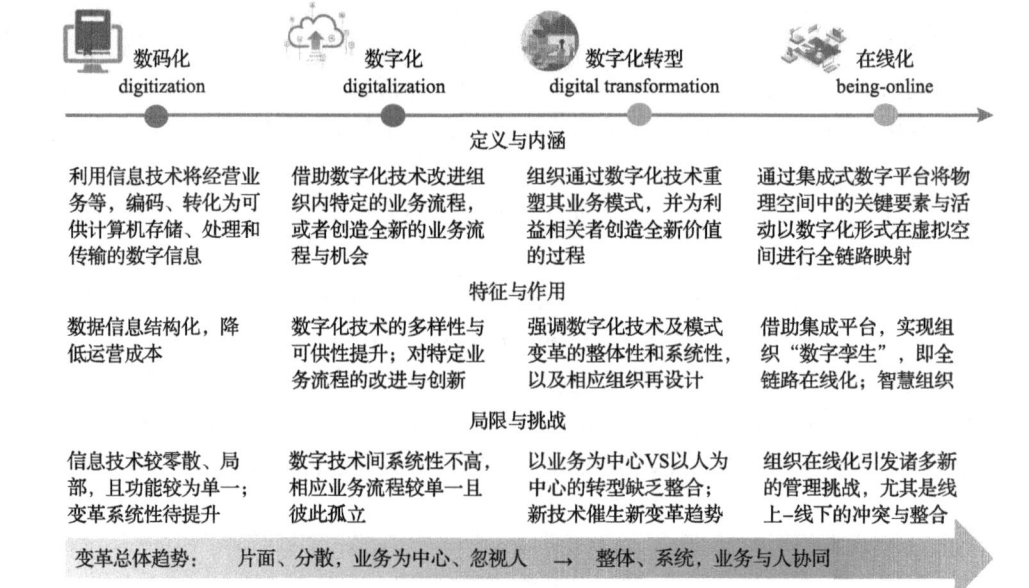

变革总体趋势： 片面、分散，业务为中心、忽视人 → 整体、系统，业务与人协同

图1-1 组织数字化变革的发展脉络梳理

数码化主要指的是利用信息技术(IT)，将组织中的经营业务或对应的任务编码、转化为可供计算机存储、处理和传输的数字信息(digital information)(Dougherty and Dunne，2012；Loebbecke and Picot，2015)。组织在这一阶段所引入的信息技术相对零散且功能较为单一，主要用于将业务经营中的内、外部文档等转变成结构化的数据信息，从而使得组织成员在任务完成和资源配置过程中能够借助计算机有效节约组织运营的成本，但并不会给组织的业务流程和价值创造活动带来显著变化(Gong and Ribiere，2021)。数码化在当今组织中有许多案例，因为数码化已经存在了数十年的时间。办公室将原先手写的文本或打印机打印出来的文本转换成数字格式就是数码化的一个例子；而制衣厂将衣服裁片通过扫描仪或相机转换成电脑里的图形文件，也是数码化的例子。数码化涉及将具体的物品从模拟形态转换成数字形式，而在这一转换过程中，物品本身不会发生任何变化。

数字化主要描述的是组织如何通过数字化技术改进特定的业务流程或者创造全新的业务流程与机会(Li et al.，2018；Hansen and Kien，2015)。例如，组织能够借助移动互联网、社交媒体等数字化技术重塑与外部客户、上下游合作伙伴的沟通方式及相应的关系管理过程，从而提升客户满意度和合作伙伴关系质量。相较于数码化，组织在这一阶段所引入的数字化技术的多样性与可供性(affordance)都得到提升，同时，组织引入数字化技术的目标也不再仅仅是降低运营成本，还强调对特定业务流程的改进与创新。但也必须注意到，在这一阶段中，组织借助数字化技术所改进和创造的业务流程仍然是相对单一的，流程之间的关系也相对分散。相应地，数字化技术也是围绕特定业务流程(如产品生产过程、客户管理等)开发和应用(Parviainen et al.，2017)，技术之间的联系性与整体的系统性并不高。例如，汽车生产线的数字化聚焦于产品生产过程的自动化、信息化，包括使用中央控制器操纵几十甚至上百个机器人替代真人装配工完成汽车零件组装的动作；使用数据看板实时了解工厂内部各生产线工作进展程度；根据客户的偏好形成定制化生产方案，利用电子指示、防错扫描、视觉穿戴等设备满足各种个性化配置的可能等。又如，客户关系管理系统可以帮助销售人员记录客户信息，而内置的打卡、拍照、定位等功能也能帮助组织实时掌握销售人员在出外勤过程中的具体工作情况。总结来看，数字化是对数码化更加充分的利用，但聚焦对特定业务流程的改进与创新，而非组织整体全流程的变革。

组织数字化转型一般指的是组织通过数字化技术重塑其业务模式，并为利益相关者创造全新价值的过程(Parviainen et al.，2017；Matt et al.，2015)。不同于上述两个阶段，组织数字化转型更强调数字化技术及业务模式变革的整体性和系统性，以及这些全局式变革所触发的组织整体的再设计与适应调整。例如，以ERP为代表的以"业务"为中心的企业信息系统能够通过对各个关键业务流程的集成化管理和底层数据共享，突破传统仅聚焦单一业务流程、信息孤岛遍布的缺陷（Subramaniam et al., 2013）。此外，不同于以业务为中心的企业信息系统，围绕组织成员间的人际互动与协作，近些年越来越多的企业正积极引入以"人"为中心的企业社交媒体（Leonardi et al., 2013；Leonardi and Vaast, 2017）。借助内部社交媒体工具，员工能够开展工作并进行自我管理，以实现更为高效、透明和密切的人际沟通与协作。以组织内部社交媒体工具为例，华润数科（华润集团培育的数字科技业务集团）在服务内部的过程中发现，集团内部员工在协同办公时面临巨大痛点，在不同场景下需要在不同软件、系统之间进行切换，查阅资料、同步信息费时费力，沟通成本高。为了解决这一痛点，华润数科携手飞书于2019年推出了新一代数字化协同办公产品——润工作3.0。作为一个贴合集团需求的大型高效协作平台，该产品服务了全集团超过37万员工，为内部员工提供了有效的数字化转型服务，实现了员工个人效率和组织效率的多方位提升。

1.1.2 组织数字化变革新趋势

纵观组织数字化变革既往三个阶段的发展脉络可以得出以下重要特征：不论是组织数字化变革要达成的目标，还是支撑变革的数字化技术，都经历了"从片面到整体、从分散到系统"的转变；变革过程中，不再单一以"业务"为中心，"人"的重要性逐渐强化；"数据"作为全新生产要素的重要性在组织数字化变革进程中正愈发凸显；伴随大数据、云计算、人工智能等新一代数字化技术的蓬勃发展，全链路大数据驱动的组织运行模式正逐渐成为组织数字化转型的关键趋势。

实践中，呼应上述组织数字化变革的关键趋势，综合了ERP以"业务"为中心和企业社交媒体以"员工"为中心特点的集成式数字平台开始在不同行业、不同类型和不同规模组织的数字化变革当中发挥关键作用（Bailey et al., 2022；Rhymer, 2023）。新一代数字化技术的重要特征之一在于将物理空间中的关键要素与活动以数字化形式在虚拟空间中呈现，也即数字孪生，并与线下组织的运行相互促进、高效协同（Parmar et al., 2020；Snow et al., 2017）（图1-2）。这一"组织在线化"的新兴实践帮助企业有效提升内部效能，以更加敏捷地应对外部不确定性，快速响应外部动态需求，并最终实现"数据驱动的新型组织管理"。

图 1-2　组织数字化变革新趋势

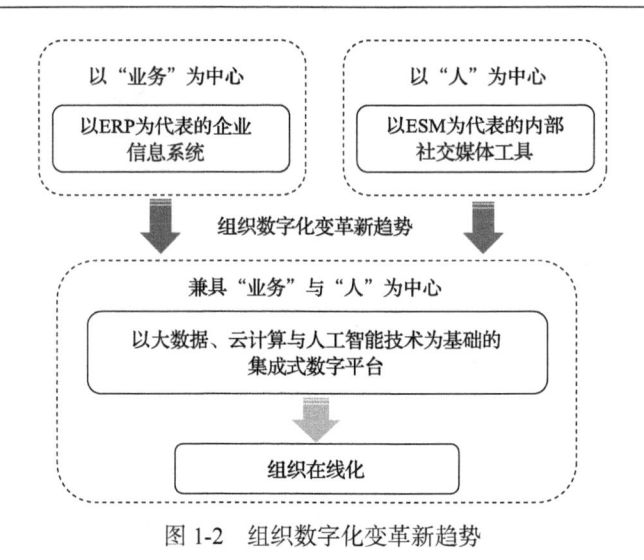

1.2　基于数字孪生的组织在线化：虚实交互下的线上线下复杂系统

作为组织在线化的核心，数字孪生通常指基于数字技术构建物理实体的虚拟模型，并通过数据收集与分析，在优化虚拟模型的同时指导物理实体的运行。数字孪生被广泛应用于诸如生产制造、产品设计、国防安全等场景，以进行生产流程优化与监督、产品开发与改进，以及故障预测与消除等。

伴随着物联网、大数据、云计算与人工智能等技术的不断发展，数字孪生的内涵、形态与应用场景等都经历着持续的丰富与拓展。尤其得益于上述新技术对孪生数据持续、实时、全面地收集与分析，数字孪生不再是对特定场景下某一功能或模块的仿真模拟，而是逐渐应用于复杂系统中，助力实现数据驱动的系统管理与优化。最为典型的是，数字孪生下的智慧城市建设正逐步助推城乡发展和治理模式的转型与升级，如上海、浙江、广东等多地开展的试点示范也验证了数字孪生在复杂社会系统数字化转型中的应用价值。

在这一发展轨迹下，以数字孪生为核心的组织在线化趋势也日渐显露。如图 1-3 所示，"线上组织全链路数据建模与分析→数据驱动在线组织管理→激活线下组织→决策制定→线下组织落地执行与要素更新→实时映射"，这一闭环推进虚实交互下的复杂系统高效运转，进而提升在线组织效能，助力构建数字经济背景下的智慧组织。接下来，我们将具体介绍这一复杂系统。

首先，不同于过往组织数字化转型中对特定管理目标或模块、特定数字技术的有限性关注，组织在线化的核心特征为基于数字孪生对组织内复杂要素与活动

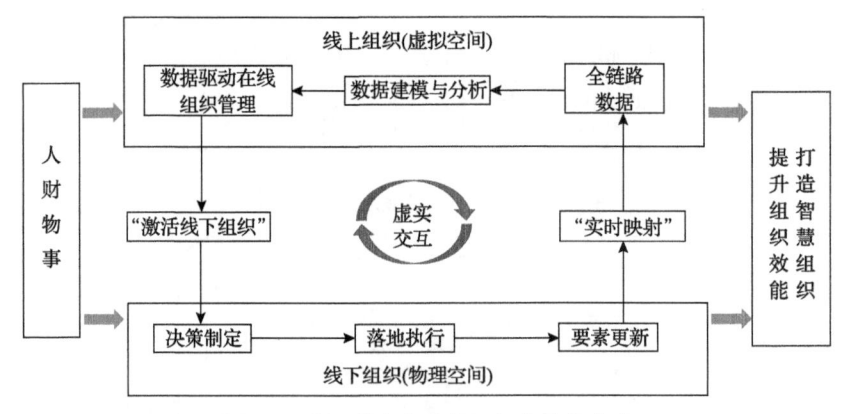

图 1-3 基于数字孪生的组织在线化实践

的全链路在线映射。也就是说，将组织内人、财、物、事等全方位数据进行实时记录，并投射到在线空间中，从而在虚拟空间内依托于上述全链路数据，还原组织运行过程中所涌现的组织架构、业务流程和人际互动等多维度的特征属性及其演化发展，即在虚拟空间中完成对线上组织的构建。

其次，虚拟空间中所沉淀的全链路数据，通过智能分析与动态建模，进一步指导组织线下实践。不同于既往组织数字化变革中对业务与组织管理较为割裂、分散与异步的探索，组织在线化实现了对业务、资源、人员以及互动沟通等全链路数据的在线映射。由此，在线组织内部实现泛在互联，业务运营与组织管理间的壁垒被打破，互联互通下二者高效协同，共同助力数据驱动的在线组织管理。这一情境下，在线组织通过调用其虚拟空间中存储的全链路系统数据，得以针对组织管理问题进行数据智能分析与动态建模。对内部整合数据的系统性分析将为在线组织管理提供智能化的解决方案，如数据驱动下的即时市场预测分析、智能制造方案、对内部人员的"排兵布阵"方案、动态组织架构设计等，从而激活组织，快速响应内外部需求与动态适应，提升在线化情境下数据驱动的组织效能。

最后，在上述数据驱动的在线组织管理助力下，线下组织得以快速、有效地制定相应决策，并推进相关方案的落地执行，并进一步沉淀和更新要素到线上空间。在具体组织运行过程中，对基于全链路数据分析与建模的智能决策方案进行应用验证。伴随着上述物理空间内的相关实践，组织内的人、财、物、事等要素发生着动态变化与迭代，如人员的流动、资源的损耗、业务流程的更新等。对此，线下组织中的要素更新将被实时映射到线上组织中，进而驱动虚拟空间中全链路数据集的更新，以此动态调整、迭代后续数据分析中的参数设定与模型构建。

在上述线上组织与线下组织的闭环互动中，组织运行得以通过虚拟空间与物理空间的交互实现，同时也形成了"线上指导线下、线下反哺线上"的管理模式。这些新型管理实践体现了孪生系统中"虚实交互、以虚控实"的要义。与此同时，在线化运行的组织复杂系统中，管理过程围绕数据的线下生产、搜集、更新，线上沉淀、建模、转化展开，数据成为组织管理的核心要素。由此，以数字孪生为基础的在线化实践，展现了打造智慧组织、实现数据驱动的组织管理的可能。

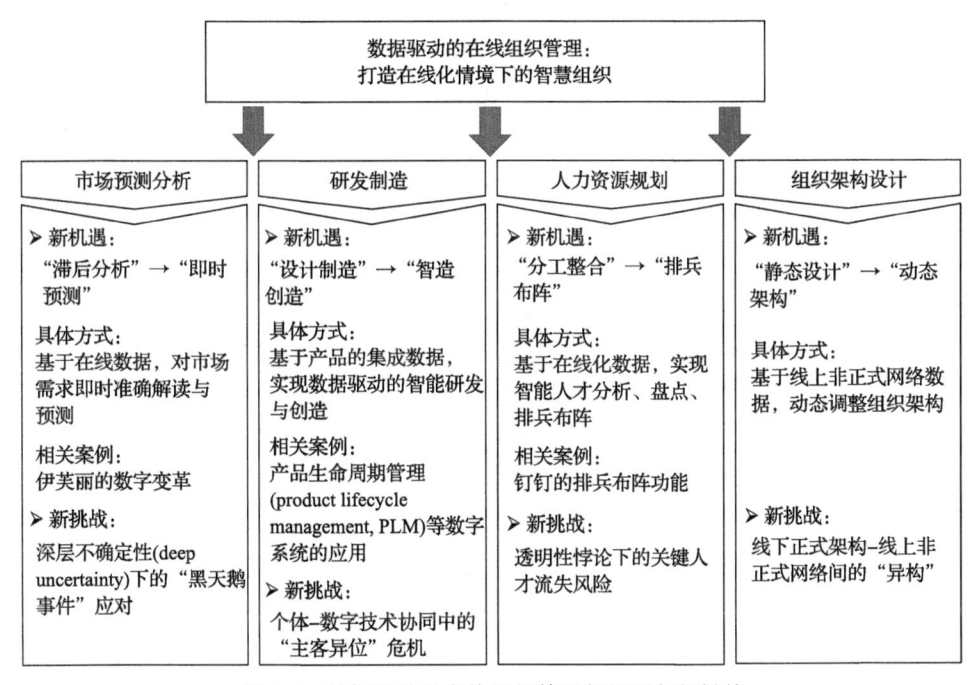

1.3 数据驱动的在线组织管理：新机遇与新挑战

通过对上述组织在线化实践的介绍可知：该复杂系统中，"数据驱动的在线组织管理"环节对于提升组织效能发挥着至关重要的作用。接下来，我们将围绕这一环节下的四大核心模块，即市场预测分析、研发制造、人力资源规划以及组织架构设计，具体阐述数据驱动的在线组织管理的新机遇与新挑战（图1-4）。

```
                  数据驱动的在线组织管理：
                  打造在线化情境下的智慧组织
          ↓              ↓              ↓              ↓
  ┌──────────────┬──────────────┬──────────────┬──────────────┐
  │  市场预测分析  │    研发制造   │  人力资源规划 │  组织架构设计 │
  ├──────────────┼──────────────┼──────────────┼──────────────┤
  │ ▶新机遇：     │ ▶新机遇：     │ ▶新机遇：     │ ▶新机遇：     │
  │ "滞后分析"→   │ "设计制造"→   │ "分工整合"→   │ "静态设计"→   │
  │ "即时预测"    │ "智造创造"    │ "排兵布阵"    │ "动态架构"    │
  │               │               │               │               │
  │ 具体方式：    │ 具体方式：    │ 具体方式：    │ 具体方式：    │
  │ 基于在线数据， │ 基于产品的集成 │ 基于在线化数据，│ 基于线上非正式 │
  │ 对市场需求即时 │ 数据，实现数据 │ 实现智能人才分 │ 网络数据，动态 │
  │ 准确解读与预测 │ 驱动的智能研发 │ 析、盘点、排兵 │ 调整组织架构  │
  │               │ 与创造        │ 布阵          │               │
  │ 相关案例：    │               │               │               │
  │ 伊芙丽的数字  │ 相关案例：    │ 相关案例：    │               │
  │ 变革          │ 产品生命周期管 │ 钉钉的排兵布阵 │               │
  │               │ 理(product    │ 功能          │ ▶新挑战：     │
  │ ▶新挑战：     │ lifecycle     │               │ 线下正式架构-线│
  │ 深层不确定性  │ management,   │ ▶新挑战：     │ 上非正式网络间 │
  │ (deep         │ PLM)等数字    │ 透明性悖论下的 │ 的"异构"     │
  │ uncertainty)下│ 系统的应用    │ 关键人才流失风 │               │
  │ 的"黑天鹅    │               │ 险            │               │
  │ 事件"应对    │ ▶新挑战：     │               │               │
  │               │ 个体-数字技术 │               │               │
  │               │ 协同中的"主客 │               │               │
  │               │ 异位"危机    │               │               │
  └──────────────┴──────────────┴──────────────┴──────────────┘
```

图1-4 数据驱动的在线组织管理新机遇与新挑战

1.3.1 市场预测分析

1. 新机遇：滞后分析→即时预测

数字化浪潮下，组织面临的首要挑战为快速变化、急速迭代的外部市场需求，高效、准确的市场分析成为组织取胜的关键。传统组织一般基于周期较长、流程较为机械复杂的市场调研和对内部销售数据的滞后分析，来研判与预测市场需求，但这些判断与预测通常是较为滞后的。得益于对生产制造、销售过程、售后服务等全方位、全链路的在线化,即实时获取、更新并分析与市场相关的海量数据,组织在线化实现对外部需求的准确解读与预测,从而助推组织精准把控市场,获取竞争优势。

女装品牌伊芙丽,通过将设计、生产与销售的全链路数据在线化,有效实现了企业向"智造"的跨越。伊芙丽通过在线化,追踪、沉淀并流转全链路数据,如线下基于物联网技术记录各品类与款式的试衣次数、转化率等,以及用户对本品牌以及其他品牌的青睐度,在线上完成客户分析与用户画像,实现对市场精准判断、预测,并将相关数据即时流转、反馈至线下门店、设计与生产等部门,达成对市场精准且快速的响应,最终提升企业竞争力。

2. 新挑战:深层不确定性应对

如前文所述,数字经济背景下,企业面临的来自外部市场环境的不确定性急剧提升。这一场景下,上述数字技术驱动的即时市场分析与预测,对于企业快速响应外部需求、获取竞争优势具有重要意义。然而,组织也需要关注到这一新机遇下的深层不确定性带来的挑战:如何应对"未知的未知"(unknown unknowns),即自身甚至不知道自己对其一无所知的事物?

需要注意的是,在借助在线系统捕捉与沉淀的全链路数据以实现市场即时预测的过程中,企业实际是在基于历史数据与当下正在发生的事情,应对"已知的未知"(known unknowns),即自身知道自己并不了解的内容,例如,外部市场的需求与变动趋势。因此,过度依赖上述在线系统做出的分析与预测,将使企业丧失对外部环境中的深层不确定性的敏感度与应对能力。

当下社会发展进程中,"黑天鹅"事件频发,这意味着企业时刻面临着来自未知领域、未知行业以及未知竞争者的冲击。这一情境下,若企业惯例性地依据在线智能系统对外部市场做出的预测来组织生产与制造,将导致企业反向受制于线上系统,从而在相关的市场竞争中失去灵活性与自主性,引发深层不确定性下的竞争失败。

1.3.2 研发制造

1. 新机遇:设计制造→智造创造

在数字经济飞速发展的当下,对市场的即时预测难以支撑组织获取持续的竞争优势,尤其是产品较容易被模仿、需求迭代迅速,这对组织的产品研发制造提出了新的需求,即数字化背景下,持续创新思路下的产品研发与迭代成为组织发展的关键所在。此时,传统组织中基于研发人员个体智慧的设计制造模式无法满足上述数字时代的新需求,组织亟须打通前端销售与后端研发制造,围绕产品相关的集成式数据信息，实现智能研发与创造。

得益于对组织内容、流程、活动、信息等的全链路在线映射与集成，组织在线化将有效助力组织实现从"设计制造"向"智能创造"的转变。如超越传统 EPR 等企业解决方案，越来越多的企业借助产品生命周期管理等数字系统实现对组织内全流程的在线化，以提升研发过程的标准化、可视化与快速迭代。这类数据驱动的智能研发解决方案使得研发团队得以实时访问、追踪产品各个环节的即时数据，在"反哺"研发人员的同时，连通企业上下游合作伙伴，实现跨越组织边界的数据共享。此外，还能够对创意形成、试验与评估等环节进行可视化与标准化管理，在精简相关流程的同时，提高整个研发过程的效率，实现数据智能驱动的产品设计持续改进与迭代，即"智能创造"。

2. 新挑战：个体-数字技术协同中的"主客异位"危机

然而，在上述数据驱动的智能研发制造情境下，同时存在着人与技术互动中的"主客异位"挑战。如前所述，在线化场景下，组织内部的研发制造不再依托于研发人员的"埋头苦干"，而是基于对产品全链路、全方位的集成式数据分析与市场动态预测，由智能决策系统为研发人员提供相应的研发解决方案。

这一数字驱动的研发制造变革一方面极大地提升了组织内部研发效率，但另一方面，随之而来的是研发人员主体性的降低（Gagné et al.，2022）。不同于其他岗位，研发人员的工作内容与角色具有高度的创新要求，且具备一定的风险性，即在创新失败的可能性下，个体需要主动地探索、反思与创造。而在智能创造过程中，个体在很大程度上依托于智能系统给出的预测与解决方案开展工作，这将在潜移默化中改变个体的认知习惯，降低其在组织研发活动中的主体性，甚至引发个体被在线智能系统宰制的风险，引发"主客异位"危机。

1.3.3 人力资源规划

1. 新机遇：分工整合→排兵布阵

传统组织内的人力资源规划，通常致力于围绕组织战略与组织结构，实现对组织成员及其工作内容间的有效协调，从而促进组织目标的达成。在这一思路下，"分工"与"整合"成为人力资源规划中的两大关键。而这在很大程度上需要基于较为稳定的组织战略体系与架构设计。如围绕特定战略目标设定部门，进而在不同部门间进行工作内容的划分与协同整合，其本质上为自上而下的人力资源规划思路，即实现"静态平衡"下的分工与整合。

然而，"静态平衡"的规划思路已难以有效应对不断加剧的商业竞争和市场环境的不确定性。快速变化的外部需求对于内部的组织管理提出敏捷、动态的新需求。而在组织在线化情境下，个体的工作角色不再仅仅由工作描述或岗位职责静态定义，组织内即时流转的信息与数据使得个体直面组织，拥有更为广泛与实时的信息资源和动态联结，其工作边界被打破、工作角色更为灵活，工作活动由此具备了自组织（self-organizing）的可能性（Steinberger and Wiersema, 2021）。人际互动与合作也不再仅是自上而下设计思路下的部门间协同，而更多是面向特定任务或需求的在线快速组队，通过诸如灵活的在线项目群组的形式，自主推进任务的完成。

针对上述特征属性，原本静态的分工与整合难以适应在线化情境下的组织人力资源规划需求。由此，数据驱动的动态人才分析与匹配成为在线化情境下更为科学、有效的替代性规划思路。钉钉推出的人才盘点功能，能够实时洞察组织和团队动态，清晰刻画内部人才画像，让组织成员的能力与潜力可视化，从而基于动态匹配的思想，实现围绕组织管理的"排兵布阵"，提升在线组织的人力资源规划有效性。

2. 新挑战：透明性悖论下的关键人才流失风险

围绕人力资源规划，组织在线化在提供新发展机遇的同时，也带来了新的管理挑战，而这与在线化情境下的透明性悖论息息相关（Leonardi and Treem, 2020）。不同于传统组织数字化变革，在线化将组织内部业务流程、人员沟通与活动等全链路数据进行在线映射。反映到在线组织的具体实践中，所有成员可通过集成式平台，访问组织内部经营数据、业务流程数据、战略目标的构成与分解数据，以及与上述数据相关的人员数据，如组织中关键业务、关键目标的直接负责人及其人才数据，进而构建了在线化情境下的"透明组织"。

然而，上述透明性在组织人才管理过程中却存在着两面性问题。一方面，组织在线化所打造的透明组织，在助力高效人才盘点、排兵布阵的同时，使得内部成员或团队得以明晰其在组织中的具体角色，掌握其对组织的具体贡献与价值，从而更可能感受到工作的意义（谢小云等，2021）。然而，另一方面，透明性对组织内关键人才的管理带来新挑战。例如，在线化情境下，诸多企业基于OKR（objectives and key results，目标与关键成果法）对组织整体与成员的关键目标进行拆解与公示，而这部分公开的人员及其角色、目标信息极易导致组织面临战略布局与关键人才信息泄露的风险，进而引发人员流失。由此，钉钉面向特定客户推出了"三色管控"的解决方案，对在线组织内部按照具体角色、个人或部门，设置禁止进行发送、转发、DING[①]、日程、待办等行为，也对特定人群或角色设

[①] DING功能是钉钉独创的一种消息传达方式，旨在确保信息传达的及时性和有效性。

置组织内部相关数据与信息的访问和使用权限。但上述差别管控的管理方式又偏离了组织在线化中的透明性初衷,这对组织管理提出了新的挑战。

1.3.4 组织架构设计

1. 新机遇:静态设计→动态架构

在既往组织场景下,组织架构一旦形成,就较少或较难发生变动;然而,组织在线化由于对线下物理空间中全量数据的实时采集与更新,冲击了传统组织架构设计的底层逻辑,触发了更为动态调整的设计思路,为组织架构重塑带来了新的机遇。

具体地,组织在线化使得内部结构、人员关系与互动等在线上做到清晰可视。与此同时,随着组织成员在线上系统中协作的规模化展开,组织内部涌现出基于密切交互的非正式社会网络(informal social structure)(Eisenman et al., 2020; Gulati and Puranam, 2009; McEvily et al., 2014)。而借助在线组织中数据挖掘与分析等工具,上述互动网络得以可视化地呈现。

不同于线下组织中基于顶层设计思路而建构的正式架构,基于互动数据而涌现的非正式社会网络更为真切地刻画了组织内部实际的运行结构。以此为参照,在线组织得以进行架构的动态调整,以促进组织内有效协调,提高组织效能。例如,组织基于战略分析对线下正式架构进行了初始设计,如设立特定部门或工作团队。然而,通过分析、解读线上空间中员工彼此间沟通联系所反映出的网络数据可知,在实际工作中,员工并未依据正式架构开展工作、推进协同,部分部门或团队出现冗余,由此提示组织适时地解散或重组这些部门或团队,以动态优化组织架构设计。

2. 新挑战:线下正式架构-线上非正式网络间的"异构"

虽然上述在线化情境使得组织得以动态调整其内部结构,然而,该实践同样对组织架构设计提出了新的挑战,即组织面临着业务数字化与组织数字化间的"异构"与"耦合"挑战。

在线化进程中,组织通常借助数字系统或平台,围绕产品或业务推进全面在线。然而,上述以"事"或项目为核心的业务流程在线化,将会使得组织内部既往的组织形态或运行模式的适应性大幅降低,从而引发线下传统组织架构与在线化后的线上业务流程间的巨大"张力"(tension)。如上文提到的组织线上系统中涌现出的非正式互动网络与线下正式组织架构之间产生"异构",威胁组织有效运转(Gulati and Puranam, 2009)。对此,如何促进线下正式组织架构与线上数字化业务间的动态适配与耦合,成为组织在线化情境下的重要挑战之一。

尤为关键的是，由于组织业务与企业的整体营收直接相关，而内部架构设计发挥着更为底层、隐性的作用，因此大部分企业于在线化过程中常常"重业务"运营而"轻组织"管理。如仅针对不同业务需求或模块进行在线化映射，而伴随着业务运行的是人员的在线流转与交互，即上述在线业务重塑了组织内部架构，从而引发线上业务流程与线下正式架构间的不一致。这需要在线组织在动态调整其架构设计之外，更深入地思考如何促进线下正式架构与线上非正式网络间的融合，系统整合业务数字化与组织数字化，减少上述"异构"风险。

1.4　本章小结

总结来看，本章围绕组织在线化这一全新数字管理实践，首先介绍了其应用背景与现状，进而通过回顾组织数字化变革的整体发展脉络，指出组织在线化这一重要趋势。此外，聚焦以数字孪生为核心的组织在线化实践，就其塑造的虚实交互下的线上-线下复杂系统，本章介绍了这一系统下线上组织与线下组织间的闭环式互动，即"线上指导线下、线下反哺线上"的系统运行全流程。进一步地，针对上述复杂系统中的关键环节，即"数据驱动的在线组织管理"的四大核心模块——市场预测分析、研发制造、人力资源规划以及组织架构设计，具体阐述在线组织管理的新机遇与新挑战。围绕上述内容，企业一方面需要明确其于组织数字化变革进程中所处的位置，即在数字化浪潮下首先找准自身定位，明晰组织在数字化变革中存在的不足与局限；进而，把握组织在线化的内涵与要义，对比自身现状与发展需求，设定组织在线化转型目标与详细发展规划。此外，企业需要深刻理解组织在线化情境下的复杂系统，包括系统构成要素、特征、运行环节等；进一步地，聚焦于系统中的关键环节，即数据驱动的智慧组织管理，掌握在线化为提升组织效能带来的全新机遇，以及伴生的挑战与风险。在上述基础之上，逐步实现对组织内全链路数据的在线化映射，系统整合业务数字化与组织数字化，以促进数据驱动的即时市场预测、智能研发创造、高效排兵布阵以及动态架构设计，提升组织效能，积极打造"数智组织"。

参 考 文 献

陈国青, 任明, 卫强, 等. 2022. 数智赋能：信息系统研究的新跃迁. 管理世界, 38(1)：180-196.
焦豪, 杨季枫, 王培暖, 等. 2021. 数据驱动的企业动态能力作用机制研究：基于数据全生命周期管理的数字化转型过程分析. 中国工业经济, (11)：174-192.
戚聿东, 肖旭. 2020. 数字经济时代的企业管理变革. 管理世界, 36(6)：135-152, 250.
王超贤, 张伟东. 2020. 后疫情时代我国数字化转型可持续发展面临的问题及对策. 信息通信技术与政策, 10：59-62.

谢小云, 左玉涵, 胡琼晶. 2021. 数字化时代的人力资源管理：基于人与技术交互的视角. 管理世界, 37: 200-216, 13.

Adner R, Puranam P, Zhu F. 2019. What is different about digital strategy? From quantitative to qualitative change. Strategy Science, 4(4): 253-261.

Amankwah-Amoah J, Khan Z, Wood G, et al. 2021. COVID-19 and digitalization: the great acceleration. Journal of Business Research, 136: 602-611.

Bailey D E, Faraj S, Hinds P J, et al. 2022. We are all theorists of technology now: a relational perspective on emerging technology and organizing. Organization Science, 33(1): 1-18.

Dougherty D, Dunne D D. 2012. Digital science and knowledge boundaries in complex innovation. Organization Science, 23(5): 1467-1484.

Eisenman M, Paruchuri S, Puranam P. 2020. The design of emergence in organizations. Journal of Organization Design, 9(1): 25.

Gagné M, Parker S K, Griffin M A, et al. 2022. Understanding and shaping the future of work with self-determination theory. Nature Reviews Psychology, 1(7): 378-392.

Gong C, Ribiere V. 2021. Developing a unified definition of digital transformation. Technovation, 102: 102217.

Gulati R, Puranam P. 2009. Renewal through reorganization: the value of inconsistencies between formal and informal organization. Organization Science, 20(2): 422-440.

Hanelt A, Bohnsack R, Marz D, et al. 2021. A systematic review of the literature on digital transformation: insights and implications for strategy and organizational change. Journal of Management Studies, 58(5): 1159-1197.

Hansen R, Kien S. 2015. Hummel's digital transformation toward omnichannel retailing: key lessons learned. MIS Quarterly Executive, 14(2): 1-2.

Li L, Su F, Zhang W, et al. 2018. Digital transformation by SME entrepreneurs: a capability perspective. Information Systems Journal, 28(6): 1129-1157.

Leonardi P M, Huysman M, Steinfield C. 2013. Enterprise social media: definition, history, and prospects for the study of social technologies in organizations. Journal of Computer-Mediated Communication, 19(1): 1-19.

Leonardi P M, Vaast E. 2017. Social media and their affordances for organizing: a review and agenda for research. Academy of Management Annals, 11(1): 150-188.

Leonardi P M, Treem J W. 2020. Behavioral visibility: a new paradigm for organization studies in the age of digitization, digitalization, and datafication. Organization Studies, 41(12): 1601-1625.

Loebbecke C, Picot A. 2015. Reflections on societal and business model transformation arising from digitization and big data analytics: a research agenda. The Journal of Strategic Information Systems, 24(3): 149-157.

Matt C, Hess T, Benlian A. 2015. Digital transformation strategies. Business and Information Systems Engineering, 57(5): 339-343.

McEvily B, Soda G, Tortoriello M. 2014. More formally: rediscovering the missing link between formal organization and informal social structure. Academy of Management Annals, 8(1): 299-345.

Parmar R, Leiponen A, Thomas L D W. 2020. Building an organizational digital twin. Business Horizons, 63(6): 725-736.

Parviainen P, Tihinen M, Kääriäinen J, et al. 2017. Tackling the digitalization challenge: how to benefit from digitalization in practice. International Journal of Information Systems and Project Management, 5(1): 63-77.

Rhymer J. 2023. Location-independent organizations: designing collaboration across space and time. Administrative Science Quarterly, 68(1): 1-43.

Snow C C, Fjeldstad Ø D, Langer A M. 2017. Designing the digital organization. Journal of Organization Design, 6(1): 7.

Steinberger T, Wiersema M. 2021. Data models as organizational design: coordinating beyond boundaries using artificial intelligence. Strategic Management Review, 2(1): 119-144.

Subramaniam N, Nandhakumar J, Baptista J. 2013. Exploring social network interactions in enterprise systems: the role of virtual co-presence. Information Systems Journal, 23(6): 475-499.

Verhoef P C, Broekhuizen T, Bart Y, et al. 2021. Digital transformation: a multidisciplinary reflection and research agenda. Journal of Business Research, 122: 889-901.

第 2 章　数智组织的人才分析[①]

2.1　人才分析定义及理论

　　人才分析，又称人力资本分析、人力资源分析，指收集、清理和理解人才数据，通过统计洞察力来做出关于人员的正确决策，并进一步改善业务成果。简单来说，人才分析是通过数据对员工及其工作结果进行分析。人才分析强调在工作组织中采用数字技术，以提高效率并减少会影响决策的噪声。具体而言，人才分析使用复杂的数字技术收集、处理和挖掘个体在传感器和数字设备上留下的大量痕迹，并将这些数据转化为可管理的输出物，进而以价值中性的方式预测、优化和管理组织中人的行为(Weiskopf and Hansen, 2023)。例如，通过机器学习和人工智能，人才分析可以帮助分析复杂的绩效数据，筛选潜在员工，制定个性化培训建议，实现智能调度，预测未来绩效，推断员工满意度等。

　　虽然仍是基于传统人力资源管理(human resources management, HRM)的原则(如科学设岗、奖罚分明、共同发展)，但人才分析代表了组织及其领导者在理解、塑造及优化其劳动力方面的巨大转变。这种转变主要源自使用数据科学方法来收集、分析和可视化关于单个员工、团队、部门甚至整个劳动力市场的复杂信息，以提供可操作的见解(Tursunbayeva et al., 2022)。《2017 德勤全球人力资本趋势报告》指出，71%的公司将人才分析作为组织中的优先级来考虑。谷歌、联合利华、微软、IBM 等公司都广泛使用先进的人才分析技术来管理它们的劳动力，以便在人才竞争中保持领先地位。以谷歌为例，谷歌的氧气计划(project oxygen)通过客观的生产力数据以及员工的反馈来确定员工的行为和技能，并通过对这些数据的分析以及与生产力指标的比较，确定了不同的领导风格对员工参与度和生产力的影响。在此基础上，谷歌创建了优秀管理者的 10 种行为，并以此来培训和选拔公司领导人。如今在谷歌已经形成了一个人才分析的生态系统，管理者在更强大的数据支持下，可以做出更加明智、科学的决策，组织也能不断吸引顶尖人才并提高员工留用率。

　　人才分析的兴起与快速增长与组织数字化转型的浪潮密不可分。近年来，一批以大数据、云计算、人工智能等新兴数字化技术为基础的集成式数字平台(如钉

[①] 本章部分内容在谢小云、魏俊杰、何家慧、左玉涵等发表于《清华管理评论》(2022 年 7~8 月刊)的《排兵布阵：组织在线化时代人才分析的新实践》一文基础上进行改编整理。

钉、企业微信、飞书、华为云 WeLink 等)开始在各行各业加速普及。它们将线下组织的业务流程、组织资源、员工行为、组织关系和人际互动等关键要素与过程以数字化形式映射到线上虚拟空间中，并与线下组织运行相互促进与协同，最终形成了"组织在线化运行"的新兴组织管理实践。通过对组织线下活动产生的全量数据进行线上集成，全链路大数据驱动的组织运行模式成为可能。这一数字化转型的前沿实践，为企业借助人才分析来进行更好的人力资源管理提供了天然的沃土。人才分析(people analytics)实践——基于实证(evidence based)、定量化(quantitative)、数据驱动(data driven)的人力资源管理(Gal et al., 2020; Isson and Harriott, 2016; Marler and Boudreau, 2017; Tursunbayeva et al., 2018)——展现出"从片面到整体、从分散到系统"进一步升级的可能，于组织在线化时代涌现出新的实践机遇(谢小云等，2022)。

具体来说，首先，传统人才分析实践涉及的模块较为单一、分散，多聚焦于离职风险预测、人均效能分析等热门场景，且与业务运营之间存在难以忽视的鸿沟，部分企业的人才分析仍然只能基于员工静态特征信息等传统人力资源管理系统中的数据(Gal et al., 2020)。组织在线化时代的人才分析则可以利用贯通业务流程与人才特征的数据来精准识别真正的"关键人才"。其次，当前企业的人才分析主要聚焦于组织层面的人力资本分析和个体层面的人才管理，较少关注对动态团队运行模式的构建与发展。而在组织线化时代的人才分析可以利用全链路的社会网络数据预测团队最佳组建模式，从而更好地适应组织由传统层级结构向网络化、团队化模式转型的大趋势。最后，当前相当一部分企业的人才分析仍然处于现状描述与诊断阶段，难以在趋势预测(predictive)和干预方案制定(prescriptive)方面充分发挥人才分析的作用(Leonardi and Contractor, 2018)。组织在线化时代的人才分析则可以帮助管理者透视组织人才储备的全貌，精准测算人才缺口，从而实时预测和指导组织未来的人才需求(谢小云等，2022)。

由此可见，组织在线化时代人才分析实践帮助管理者集成了全链路、网络化的实时数据，从而打破了人力资源管理系统与市场分析、顾客服务、生产管理等不同信息系统间分隔与孤立的局面，克服了传统人才分析过程数据滞后、失准甚至缺失的困难，并进一步基于对人际互动过程的捕捉弥补了过往人才分析对团队运行模式预测与干预的不足。接下来，我们首先将阐述组织在线化时代新型人才分析的关键特征(即全链路、全网络和实时性)；其次，我们将进一步介绍新型人才分析在个体、团队和组织三个层面上的典型实践；最后，我们将针对数据隐私与伦理、人力资源管理的麦当劳化趋势与人才分析理论不足等关键挑战展开反思与讨论。

2.2 数智组织人才分析的关键特征

正如前文所述，对于当前大多数践行人才分析的企业来说，人力资源部门开展人才分析所应用的数据更多基于招聘、绩效管理、培训等模块中相对零散的数据。一方面这些人力资源管理模块间的系统化程度不足，另一方面缺少对业务端关键过程和结果节点数据的整合。组织在线化提升了数字化技术与业务模式变革的整体性和系统性。企业借助数字化技术对各个关键业务流程开展集成化管理和底层数据共享，有效突破传统仅聚焦单一业务流程、信息孤岛遍布的缺陷。组织在线化时代，人才分析实践的数据基础和分析范围体现出全链路、全网络和实时性三大方面重要特征，如图 2-1 所示。

特征一：全链路	特征二：全网络	特征三：实时性
记录个体工作相关的全量数据并在线投射，进而于虚拟空间内还原个体业务流程、资源要素等多维特征属性及其演化发展	捕捉、分析组织内个体所嵌入的人际、群际互动等全方位网络数据，并实现可视化	人才分析所依据的数据基础及其相应解决方法随着个体行为与组织活动的展开而即时更新与迭代

图 2-1　组织在线化时代人才分析的关键特征

2.2.1　全链路

全链路指的是借助大数据、云计算、人工智能等技术，对组织内个体的工作行为、过程、结果等全量数据进行实时记录、有机整合并投射到在线空间中，从而在虚拟空间内还原个体的业务流程、人员关系与互动以及相关资源要素等多维度的特征属性及其演化发展。不同于过往人才分析对"人"和"业务"割裂的分析，组织在线化时代的人才分析综合了以"业务"和以"人"为中心的重要特征。具体地，传统人力资源部门的人才分析之所以存在与业务运营脱节的弊端，是因为精准的数据传递与匹配通常需要消耗双方尤其是业务方大量的时间与精力。组织在线化时代，"沟通即业务"，人才分析解决了人力部门和业务部门之间跨部门数据整合问题，并进一步提升了数据的准确度。

2.2.2　全网络

全网络指的是对组织内个体嵌入的所有人际、群际互动网络的全方位捕捉、分析与可视化。过往人才分析通常较为孤立地看待组织成员，忽略了人际关系网络对于人才识别与管理的重要性。组织在线化时代，任一组织成员可以随时随地与组织内部成员(包括上级领导)甚至跨组织的客户与合作伙伴直接展开互动与协作，如基于文字、语音或视频的线上沟通，文档的分享与共创等，为人才分析提供丰富的全网络数据。实际上，全组织的非正式社会网络不仅仅包括成员节点和节点间的强弱联结关系，还蕴含组织内各类业务的多维度信息。这些信息能够更为精准地反映不同成员对于业务落地进程的重要性和影响力，从而帮助组织更为有效地开展人才分析工作。

2.2.3 实时性

实时性指的是人才分析所依据的数据基础及其得出的解决方案随着个体行为与组织活动的展开而实时更新、迭代。组织在线化时代，一方面，集成式数字平台会借助大数据、云计算等数字技术实时捕捉全链路的组织运行数据，通过智能分析与动态建模指导线下有针对性地开展组织管理活动；另一方面，线下组织活动所产生的新要素数据也将借助人工智能技术(如语音图像识别、自然语言处理等)和设备上云互联等举措实时沉淀到线上空间，反哺和更新线上的全链路数据。相应地，这也有效突破传统人才分析过程中面临的数据更新滞后和失准的困境。《2020德勤全球人力资本趋势报告》显示，虽然83%的受访者表示其所在组织已经能够收集和生成员工的各类状态信息，但仅有11%的受访者表示这些状态信息是实时的。

组织在线化时代人才分析实践体现出的全链路、全网络、实时性三个关键特征，贯通了人与业务，使得真正"数据驱动"的人才分析成为可能。具体来说，对员工工作活动全链路的记录以及工作网络全面的刻画使得管理者能科学、高效地识别出关键人才，并进行合理的任用和发展(激活个体)；对员工在工作流中体现的知识专长实时的标记与更新使得组织能够快速地组建在线团队(盘活团队)；而对组织人才图谱的实时、精准刻画有助于管理者更有效地预测和制订组织人才需求计划(赋能组织)。

2.3 数智组织人才分析新实践

2.3.1 激活个体：关键人才的识别和配置

北森发布的《2022中国人力资源管理年度观察》指出，关键人才缺失是当前受访企业所面临的最严峻的人力资源管理挑战。新冠疫情的暴发一方面导致外部商业环境的不确定性大幅提升，另一方面也促使企业间的人才竞争不断加剧。对于企业而言，具备关键技能、适配组织发展的人才更为稀缺。因此，在后疫情时代，相较于在广袤的人才市场当中精准挖掘并且吸引相关人才，专注于盘点、把握当前组织内部已有的员工队伍并从中识别、发展和留存"关键人才"是更为有效和切实可行的方式。要精准识别和发展真正的关键人才，仅依托员工工龄、教育水平、专业技能等静态特征数据是远远不够的。已有学者指出，对于员工人际网络数据的关注将有助于评估员工的真实贡献与影响力。组织在线化能够借助大数据、云计算与 AI 等数字化技术对组织内甚至跨组织的非正式社会网络进行实时的分析与可视化，将有助于组织更为精准地识别和配置关键人才。

社会网络相关的理论研究发现，关键人才通常位于组织活动的中心位置，组织成员大多围绕这些关键人才开展工作。组织在线化时代，员工全链路的工作活动轨迹，以及他/她在工作活动中与其他成员所构成的关系网络都变得外显化、可分析。此时，以个体网络特征中的过程中心性、结构洞等指标为基础，综合员工个体网络中的节点特征、节点间联结特征以及节点间联结的内容(content)等，组织能精准、高效地识别关键人才(图 2-2)。其中，个体网络特征主要包括过程中心性、中介中心性、特征向量中心性以及结构洞等多个指标，能较好地刻画出个体在组织非正式社会网络中的位置和重要程度。而网络中的节点特征则能进一步丰富员工本身及其主要互动对象的关键特征，这些特征不仅包括教育背景、工龄、正式职级等基本信息，还包括过往绩效评价、全过程晋升经历、关键业务项目经历以及更为重要的，基于上述关键过程与结果数据所形成的关键能力动态标签。而节点间联结特征主要包括互动频率(联结关系的强弱)、互动方向(主要发起方)等，也能够协助进一步精准刻画员工所处网络位置，及其在工作流中的重要性与影响力。

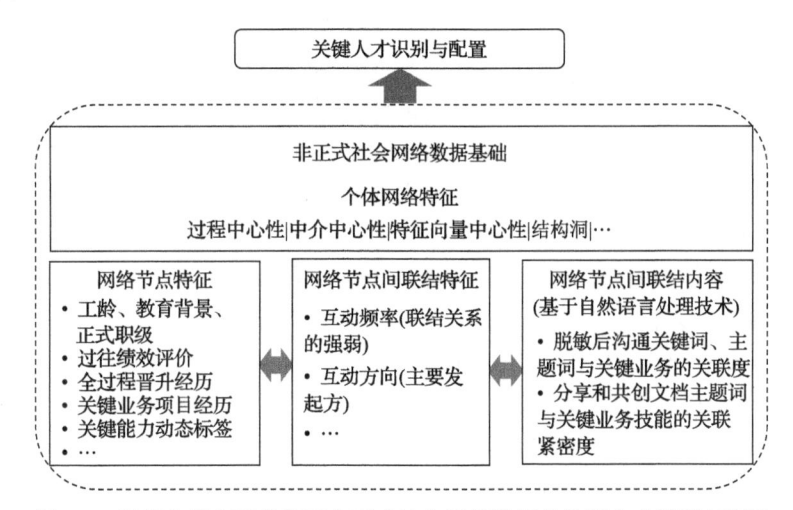

图 2-2 组织在线化时代基于非正式社会网络数据的关键人才识别与配置

在基于上述多重网络指标识别出关键节点上的员工以后，我们还能够借助自然语言处理(natural language processing，NLP)技术对脱敏后的节点间联结内容进行基于核心业务的主题词识别与关联度分析(Guo et al.，2021)。在日常管理中，部分员工虽然与组织内其他成员存在着密集频繁的沟通，然而其日常互动的内容与组织中关键业务的相关程度并不高。如部分支持岗位成员常常需要对接、协调多个其他部门或项目的成员，但其日常工作与具体的项目进程并不相关。此时，虽然从个体网络特征的角度来看，这部分成员占据着较为重要的位置，但他在一定程度上并不属于关键人才的范畴。在进行非正式网络数据分析的过程中，我们还能借助 NLP 技术进一步处理脱敏后的沟通关键词、分享链接或文档的主题词，分析这些节点间联结内容与组织战略目标和关键业务间的关联度，以此辅助判断这部分处于中心位置的人员是否属于组织致力于识别的关键人才，并有针对性地为该员工打上特定的动态化专长标签。

由此，组织在线化时代，员工工作活动的全链路内容及其与其他成员的关系网络得以外显化。管理者可以综合全方位的非正式社会网络分析和对关键战略或业务相关知识背景、能力专长等要求的识别，进一步合理配置员工在组织中的角色与位置。实际上，钉钉推出的人才盘点功能已经致力于借助大数据智能算法实时分析非正式的沟通网络数据以洞悉组织现状，精准发现优秀人才，全面提升组织效能。

2.3.2 盘活团队：在线团队的智能组建与有效运行

德勤 2019 年面向全球人力资源管理领导者和商业领袖的调查显示，65%的组织发现从职能和层级制向团队化、网络化的组织模式转变是重要或非常重要的。那些开始将团队作为基本运营单元的组织也已经感受到其带来的益处。74%的受访者表示，他们向团队化和网络化组织的转型带来了业绩表现的改善。组织在线化时代，这一趋势愈发明显。为了有效满足业务需求，人力资源管理者需要借助员工专长标签系统等人才分析工具快速组建相应的工作团队。依据 2021 年钉钉未来组织大会的统计数据，每天有超过 10 万个各种类型的在线工作群在钉钉上创建。这使得组织内并行运转着无数围绕特定业务需求快速建立而后又快速解散的团队，而这些团队恰恰是组织在线运行与发展的重要基石(王杉和茅宁，2020；Huckman and Staats，2011；Valentine et al.，2019)。如何在这一新兴的人员配置与管理场景下有效组建面向业务需求且高效运行的在线团队成为组织数字化人力资源管理亟须关注的重要问题。

实际上，对于需要快速形成战斗力并完成复杂任务的在线团队而言，初始团队成员的构成情况对于其团队化(teaming)过程与整体表现的重要性尤为凸显。而团队组建策略将直接影响在线团队的初始人员构成。组织在线化实践深度整合了全链路业务节点数据，能帮助管理者构建一套动态、实时、面向员工知识专长的标签系统。由此，团队组建者能够依托在线化的组织架构和员工标签系统等，采取多样化的组队策略，如基于知识专长互补的组队策略和基于过往共事经历的组队策略等。更为重要的是，借助新一代数字化技术的实时支撑，当一线管理者接到特定业务需求而需要快速组建在线团队时，AI将依托实时、动态的员工专长标签系统，以及当前不同员工的实时项目进程情况，智慧推荐恰当的组队成员列表供管理者挑选（图2-3）。

步骤1：识别业务需求	步骤2：确定组队策略	步骤3：推荐组队方案
• 组建行动导向团队 • 组建创新导向团队 • …	• 提取团队成员构成特征（理论指导、实践牵引等） • 选取特征的代理指标（标签系统、项目数据等） • 构建策略模型	• 智慧推荐组队成员列表以供选择

图2-3　组织在线化时代面向多样业务需求的智能组队

对应不同类型的在线团队（以行动导向团队与创新导向团队为代表），团队组建策略也可能不同。具体地，行动导向的团队通常面向具有一定复杂性但时间限制明确的特定任务。此外，区别于其他包含探索与创造过程的工作团队，这类团队的工作目标较为清晰，工作思路与方法也相对明确，团队内的工作过程较为收敛，更多聚焦于任务的分工、协调与具体实施。因此，这类行动团队内成员通常需要通过高效而紧密的协同完成特定的集体任务与计划。在高度虚拟和动态的在线团队当中，过往共事经历一般是促进团队成员快速建立信任和协作模式的重要前提。因此，基于过往共事经历的在线组队策略对于行动导向的团队而言或许格外重要。

另一类具有代表性的业务需求及其团队类型为创新导向的团队，如研发团队和科研团队等。不同于行动导向团队内较为收敛、明晰的工作目标与流程，这类团队主要面向组织内的创新与发明需求，工作过程更具探索性，工作流程与思路通常是在具体的互动过程中慢慢浮现。基于上述特征，这类创意团队一般更需要聚集知识背景多样的成员。此外，由于创意活动天然具备的众创属性，在这类团队中个体间常常需要进行观点的相互分享、加工与碰撞，从而对团队运行机制与氛围提出了一定的要求，即是否能够保证团队成员更充分和多样化的观点表达与讨论，以促成最终的团队创新绩效。因此，对这一类创新导向的团队而言，基于知识专长互补的组队策略或许格外重要。而任何有在线组队需求的一线管理者甚至普通员工都能够借助智能组队系统依据不同任务需求有效平衡不同的组队策略，从而快速组建一支高效的在线团队。

2.3.3 赋能组织：大数据驱动的组织人力资源规划

以往人才分析相关实践和研究表明，以解决组织的战略与业务问题为中心实现有效的人力资源规划是提升组织整体人员配置效率，促进组织战略目标实现的重要途径。实际上，借助大数据和人工智能算法工具，组织一方面能够实现面向战略业务实时的人才现状盘点和需求分析，另一方面也能够监控、预测外部劳动力市场的人才发展趋势，把握关键人才的动态。综合上述两方面的举措，管理者得以有的放矢地开展大数据驱动的人力资源规划（图2-4）。

对内：面向战略业务的人才现状盘点和需求分析
- 提取不同战略阶段适配的技能和知识专长标签
- 盘点相关业务的人才队伍，识别潜在人才缺口或冗余
- 快速调整人员安排

大数据驱动的组织人力资源规划

对外：面向未来的外部人才市场监控和预测
- 分析招聘市场与人才社区内的互动热点
- 识别并预测人才市场发展趋势
- 提前规划未来业务发展可能需要的关键人才

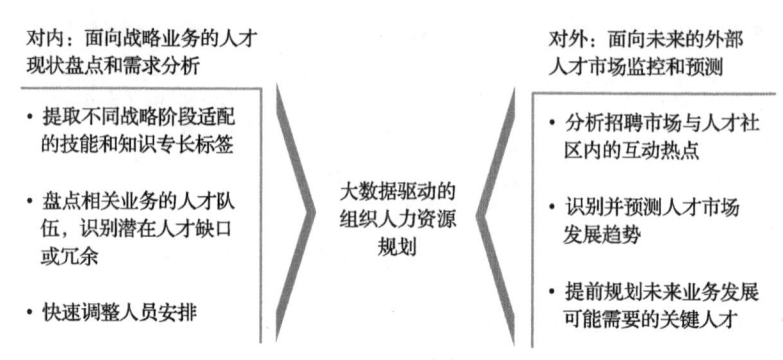

图 2-4　大数据驱动的组织人力资源规划

具体地说，围绕面向战略业务的人才需求分析，组织能够借助自然语言处理和人工智能算法等技术，对特定战略业务在不同阶段的关键任务目标、任务内容、所需的知识和技能等开展主题建模（topic modeling）工作（Hannigan et al., 2019; Schmiedel et al., 2019），从中提取最适配的专业技能和知识专长标签并进行排序。在此基础之上，管理者能够围绕不同阶段关键业务所需的知识专长，对当前与该业务相关的人才队伍进行盘点，从中发现潜在的人才缺口或冗余，并快速调整人员安排。此外，除了基于员工专长标签系统的需求匹配分析，管理者还能基于非正式社会网络数据实时把握围绕特定业务开展的人际、群际协作的频率与质量。非正式沟通网络中节点间联结与网络整体数据都沉淀着组织内各类业务的多维度信息。例如，群名称显示着群体互动的主题，如是否围绕某一项特定业务展开；群文件或群内分享表征着知识流转的主题；同理，个体间工作相关的互动内容也刻画着重要业务或工作的流程。基于这部分信息，管理者得以更为全面、多维度、实时地监测重要项目的人际、跨团队或跨部门互动情况，结合项目进度，及时识别潜在的协作问题，并通过设计一些临时角色或替换部分人员以及时做出调整。此外，部分关键人才的缺口需要从外部的劳动力市场引入。管理者一方面能基于业务所需的胜任力需求识别并吸引匹配的关键人才，另一方面还能够通过实时监控和预测外部人才市场的动向，提前规划未来业务发展可能需要的关键人才。实

际上已经有相当一部分互联网或科技公司正借助大数据和人工智能技术对招聘市场百万级的文案和人才社区中的互动热点开展分析，有效把握人才发展趋势。例如，早在 2015 年，百度公司就曾预测人工智能相关人才将取代 O2O(online to offline，线上线下商务)人才成为未来高科技公司的招聘热点，同时准确预测了相关竞品公司在自动驾驶等领域的战略布局。

2.4 数智组织人才分析新挑战

如上所述，组织在线化时代"数据驱动"的人才分析在激活个体、盘活团队与赋能组织等多方面具有重要作用与潜能。然而，此情境下，在线企业的人力资源管理仍面临着诸多新的挑战与问题。

2.4.1 数据隐私与伦理问题

尽管基于数字孪生的组织在线化能够借助全链路的组织运行数据使真正"数据驱动"的人力资源管理成为可能，但是对员工全量数据的采集已经促使越来越多的学者开始反思背后暗藏的隐私、伦理问题。多数人都认为基于自学习设计的人工智能算法是客观且中立的，实际上，用于人工智能训练的大数据和人工智能的基本训练框架仍带有一定的人类主观性。因此，即使是人工智能算法给出的人才分析决策也并非绝对理性与客观。这尤其要求数字化技术的使用者(也即企业管理者)更加深刻地思考与认识数字技术的伦理问题，承担起保护员工隐私的责任(Gal et al.，2020；Giermindl et al.，2022；Tursunbayeva et al.，2022)。具体来看，一方面，管理者在开展数字化人力资源管理时应更多地将伦理以及员工的隐私等因素纳入其中，在提升人才管理效率的同时增进员工的个人福祉，以实现员工-企业双方的长期共同发展。另一方面，在数字化人力资源管理的具体实施过程中，还可通过优化流程与管理模式来避免对员工隐私权益的侵占与剥夺，规避潜在的负面作用。例如，管理者可以考虑提升数字化人力资源管理的透明度，将用于员工分析的数据和结果定制化地向员工开放，让员工能够更加清晰、直观地了解自己的优势与不足，做到真正赋能员工。

2.4.2 人力资源管理的"麦当劳化"

尽管"数据驱动"的人才分析为管理者配置人才和规划人才发展提供了重要参考，但是，这一新兴的人才培养和开发模式在实践中也存在一定弊端。它带来了人力资源管理中的"麦当劳化"趋势，使得快餐店式运营的效率导向、可计算性、可预测性和精准控制逐渐成为组织运行的重要原则。在"麦当劳化"的组织中，管理者高度重视定量数据。然而，一旦管理者将数据视为最客观可靠的事实，他们会不自觉地采纳定量分析的结果，并且倾向于放弃对员工真实行为的细致观察和解读。有学者进一步指出，如果组织将这种定量的、循证的人才分析工具和其结论视为"真理"，那么人才分析实践还可能会引发一些伦理争议：它使得员工的工作场所日益数据化（datafication）、不透明（Schafheitle et al.，2020），这便利了管理者对员工行为的操纵性引导。员工可能因为难以理解不透明的人才分析逻辑而无法对自身进行有效的反思，其价值主张和自主性也容易面临威胁。由此可见，过度数据驱动和效率导向的人力资源管理模式可能对员工长期的成长发展和自我价值实现造成严峻挑战。

2.4.3 大数据人才分析仍需理论指引

在早期有关人力资源分析或人才分析的概念定义当中，基于有限样本的统计分析和实验方法是人力资源管理者探究"究竟哪些要素会对员工绩效表现、敬业度和工作满意度等产生重要影响"这一问题的核心手段（DiClaudio，2019）。来自社会心理学、组织行为学、社会学以及经济学的经典理论则是支撑管理者开展上述人力分析与管理的重要基础。尽管大数据、人工智能算法等数字化技术的确帮助管理者有效推动了"数据驱动"的人力资源管理的发展，但这些非结构化的全景数据和算法暗含的"不可知性"反而容易让管理者失去洞察人才分析过程和理性评判分析结果的能力。不可避免地，管理者可能迷信定量化的数据分析结果，进而失去自我判断的独立性。北森《2020中国企业人才盘点白皮书——聚焦中型企业盘点实践》指出，在受访者当中仅7%的企业能够基于智能工具和新分析方法建立有意义的预测模型并形成强有力的数据治理能力。因此，面对海量的人员活动大数据和多样化的人工智能分析工具，管理者反而比以往任何时候都更需要强化自身的理论积累，借助经典理论回归组织中员工心理与行为的规律本质。在理论指引下，管理者一方面能够更为科学、恰当地应用输入端的数据和算法工具，另一方面也能更好地保持自身对人才管理的独立认知与思考而避免盲从定量化的大数据分析。

组织在线化时代的人才分析实践中，企业管理者需注意这样一个问题，非结构化的全量人员活动数据和天然带有黑箱属性的人工智能算法容易导致人们迷信算法给出的所谓"客观且中立"的分析结果。尽管这些数字化技术的确能够有效帮助组织提升人力资源管理的效率，但管理者仍需时刻注意避免"滥用"数字化技术。管理者需要不断强化自身的理论素养，理性、独立地评判而非盲从算法定量化的人效分析结果，否则将退回到古典管理理论中将人简单视作"工具和手段"的主张，这是效率至上、控制为主的管理主义的表现。相反地，企业管理者要更多站在人本主义的出发点上，在"数据驱动"的人力资源管理模式下，更加尊重人性和人的尊严，在企业的制度设计和文化建设过程中，让人工智能算法等数字化技术更好地帮助员工实现个人价值，增强他们的主人翁意识和被授权感，最终提升组织效率并实现企业与员工的长期可持续发展。

2.5 本章小结

人才分析不仅仅是一种技术应用，更是一种战略思维，它通过数据科学技术的应用，对员工的行为模式、工作绩效和发展潜力进行深入分析及理解，从而为组织决策提供更丰富、详细的实证依据。这种分析不仅关注个体员工的表现，还扩展到团队动态和整个组织的人才结构，为组织开展高质量人才招募、发展、留存和优化配置提供了强有力的数据支撑。

相应地，本章详细阐述了人才分析与传统人力资源管理的联系与区别，指出人才分析在继承科学管理原则的基础上，如何通过数据科学的方法论，提供更为精准和系统的人力资源管理策略。人才分析的关键在于其能够将大量分散的数据转化为有价值的信息，帮助组织领导者洞察员工行为背后的模式和趋势，从而做出更加明智的管理决策。进而，本章着重介绍了人才分析的全链路、全网络和实时性三个核心属性。全链路分析使得组织能够全面捕捉员工的工作行为和业务流程，实现从入职到离职的全周期管理。全网络分析则关注员工之间的互动和关系网络，揭示了团队协作和知识共享的复杂性。实时性特征确保了人才分析的数据和见解能够及时反馈到管理实践中，提高了组织的适应性和敏捷性。接着，本章也提出了人才分析实践中可能遇到的关键问题和挑战，如数据隐私保护、伦理道德约束，以及人力资源管理的"麦当劳化"趋势等。这些挑战要求组织在推进人才分析的同时，也要关注其对员工个人权益的影响，确保技术的合理和人性化应用，非常值得开展深入研究。基于上述内容，我们面向未来该领域的深入研究探索，提出一系列研究问题。

(1) 如何处理好员工隐私保护与人才分析技术效能间的关系？人才分析技术发展越来越需要收集和分析更多的员工数据。那么，在这些技术发展及应用过程中，如何平衡组织对数据的需求与员工隐私权的保护，需要设计哪些伦理规范、隐私保护策略来实现这一目标。

(2) 如何促使人才分析技术更好地促进组织提升多元化和包容性？未来研究可以关注如何通过人才分析来识别和消除招聘、晋升过程中的潜在偏见，确保所有员工都有平等的发展机会。同时，探讨如何利用人才分析来创建一个更加包容的工作环境，促进不同背景员工的融合与协作。

(3) 如何促使人才分析有助于员工开展长期职业发展，探索职业潜力？未来研究值得关注探讨人才分析技术在评估员工长期职业发展潜力方面的准确性和可靠性，包括分析哪些数据和指标对于预测员工的长期表现最为关键，以及如何结合员工个人特质和组织发展需求进行长期规划。

（4）如何运用人才分析来促进组织内个体及团队更好地理解并适应数字化转型？未来研究应当关注人才分析如何辅助组织在变革过程中进行有效的人才管理和领导力发展，以及如何评估变革对人才队伍的影响。这包括分析人才分析在促进组织文化和结构调整中的实际应用。

（5）如何促使人工智能等技术更好被运用到人才分析的过程中去？未来研究应当在现有文献识别出人才分析的关键特征及环节的基础上，更好地阐述清楚哪些是必须由人来完成的环节，哪些是可以用人工智能等来辅助完成的环节，以及哪些是可以一起协同来完成的，促使未来人力资源管理更高效、更人性化。

参 考 文 献

王杉, 茅宁. 2020. 流动团队有效性研究：一个扩展的 IMOI 模型. 外国经济与管理, 42(3): 136-152.

谢小云, 魏俊杰, 何家慧, 等. 2022. 排兵布阵：组织在线化时代人才分析的新实践. 清华管理评论, (Z2): 96-105.

DiClaudio M. 2019. People analytics and the rise of HR: how data, analytics and emerging technology can transform human resources (HR) into a profit center. Strategic HR Review, 18(2): 42-46.

Gal U, Jensen T B, Stein M K. 2020. Breaking the vicious cycle of algorithmic management: a virtue ethics approach to people analytics. Information and Organization, 30(2): 100301.

Giermindl L M, Strich F, Christ O, et al. 2022. The dark sides of people analytics: reviewing the perils for organisations and employees. European Journal of Information Systems, 31(3): 410-435.

Guo F, Gallagher C M, Sun T, et al. 2021. Smarter people analytics with organizational text data: demonstrations using classic and advanced NLP models. Human Resource Management Journal, 34(1): 39-54.

Hannigan T R, Haans R F J, Vakili K, et al. 2019. Topic modeling in management research: rendering new theory from textual data. Academy of Management Annals, 13(2): 586-632.

Huckman R S, Staats B R. 2011. Fluid tasks and fluid teams: the impact of diversity in experience and team familiarity on team performance. Manufacturing & Service Operations Management, 13(3): 310-328.

Isson J P, Harriott J. 2016. People Analytics in the Era of Big Data: Changing the Way You Attract, Acquire, Develop, and Retain Talent. Hoboken: Wiley.

Leonardi P, Contractor N. 2018. Better people analytics. Harvard Business Review, 96(6): 70-81.

Marler J H, Boudreau J W. 2017. An evidence-based review of HR analytics. The International Journal of Human Resource Management, 28(1): 3-26.

Schafheitle S, Weibel A, Ebert I, et al. 2020. No stone left unturned? Toward a framework for the impact of datafication technologies on organizational control. Academy of Management Discoveries, 6(3): 455-487.

Schmiedel T, Müller O, vom Brocke J. 2019. Topic modeling as a strategy of inquiry in organizational research: a tutorial with an application example on organizational culture. Organizational Research Methods, 22(4): 941-968.

Tursunbayeva A, Di Lauro S, Pagliari C. 2018. People analytics: a scoping review of conceptual boundaries and value propositions. International Journal of Information Management, 43: 224-247.

Tursunbayeva A, Pagliari C, Di Lauro S, et al. 2022. The ethics of people analytics: risks, opportunities and recommendations. Personnel Review, 51(3): 900-921.

Valentine M A, Tan T F, Staats B R, et al. 2019. Fluid teams and knowledge retrieval: scaling service operations. Manufacturing & Service Operations Management, 21(2): 346-360.

Weiskopf R, Hansen H K. 2023. Algorithmic governmentality and the space of ethics: examples from "people analytics". Human Relations, 76(3): 483-506.

第 3 章 数智驱动的工作设计[①]

3.1 工作设计的概念及理论

3.1.1 工作设计的历史由来

工作设计的历史根源可追溯至工业革命时期，这是一个标志性的时代，工业化不仅改变了生产方式，也重塑了社会结构。在这一背景下，人们开始关注如何有效地组织和优化工作以适应新的生产模式。工作设计，如 Parker(2014)所定义，是关于"工作任务、活动、关系和责任的内容与组织"。类似地，Morgeson 和 Humphrey(2008)将其定义为"对工作的组成、内容、结构及其所嵌入的环境的研究、打造以及完善(的过程)"。最初，这种关注主要体现在机械化和流水线生产等标准化流程的探索上，目的是提高效率和生产力，优化劳动过程，减少浪费。在 20 世纪初期，弗雷德里克·温斯洛·泰勒(Frederick Winslow Taylor)提出了泰勒主义或科学管理法，这成为工作设计的重要里程碑。泰勒通过时间研究和动作研究等方法，尝试确定最有效的工作方法，以提高工人的生产效率。他的理论着重于工作任务的细分，以及对工作流程的精确控制。与泰勒主义同时期，吉尔布雷思夫妇(Frank Gilbreth 和 Lillian Gilbreth)的研究也对工作设计产生了深远影响。他们专注于工作效率和人体工程学，开创了人因学或人类工效学的先河，这为后续的工作设计提供了更为全面的视角，特别是在工作过程和环境的人性化方面。然而，泰勒主义及其相关理论的方法在关注工作效率的同时，也受到了对忽视工人社会和心理需求的批评。这种批评促进了人际关系运动的兴起，其中霍桑实验(Hawthorne test study)成为该运动的一个标志性事件。这一系列实验揭示了工作环境、团队动态、员工士气以及员工感受对工作绩效的重要性。这些发现表明，除了工作本身的物理和技术方面，社会和心理因素也是提高工作效率和员工满意度的关键。因此，工作设计开始转向更全面地考虑人的因素，不仅关注任务的效率，还关注工作对员工的整体影响。这一阶段的发展为后续工作设计理论和实践的发展奠定了基础。

3.1.2 工作设计的理论演变

随着对工作本质的深入理解，工作设计理论也逐渐演化发展，以更全面地反

[①] 本章部分研究工作得到了国家自然科学基金项目(72201241)资助。

映工作对个体及组织的影响。在这个理论演变过程中，出现了几个关键的理论框架并对工作设计产生了深远的影响。工作设计研究在一个多世纪的发展历程中已经经历了至少三次理论升级，分别是工作特征模型、工作需求资源模型以及工作重塑理论的提出。工作特征模型(job characteristics model，JCM)(Hackman and Oldham，1974)是其中一个重要的里程碑。由哈克曼和奥尔德姆在1974年提出，这个模型强调工作的五个核心维度——技能多样性、任务完整性、任务重要性、自主性和反馈——对员工的内在激励和工作满意度的影响。根据该模型，当工作具有这些特征时，员工更可能感到满足、投入并提高工作绩效。JCM不仅促进了对工作激励的更深层次理解，也为工作设计提供了实用的指导方针。进一步的发展是工作需求资源模型(job demands-resources model，JD-R 模型)(Bakker et al.，2007)，这一模型关注工作需求和资源如何共同影响员工的工作压力和工作动力。JD-R 模型提出，工作需求和工作资源的不同组合会产生不同的工作压力和工作满意度，这对理解员工的职业健康、福祉和绩效至关重要。此外，关系型工作设计视角(Grant and Parker，2009)提出了工作中人际关系的重要性。这种理论认为，良好的同事关系和社会支持可以显著提高员工的工作满意度和投入度。而工作重塑理论(job crafting theory，Wrzesniewski and Dutton，2001)则提出了一个更为动态的视角，强调员工可以主动调整和重塑自己的工作任务和工作关系，以适应他们的个人需求、技能和职业目标，从而提高工作满意度和绩效。在这些主要理论的基础之上，近十多年以来，工作设计领域涌现出了不少新的研究方向，并积淀了大量相关研究。其中包括以工作者自发调整工作为核心的工作重塑研究、以数字化时代的工作为背景的有关新型工作特征的研究、以人本主义为视角并涵盖人的学习成长和身心健康等要素的新型工作设计结果的研究等。这些理论的演变不仅反映了对工作设计复杂性的认识增强，也显示了现代工作设计正在从单一的任务效率转向包括员工福祉、个人发展和组织绩效在内的多维度考量。

3.1.3 工作设计的研究现状

当前，工作设计的研究领域正经历着前所未有的扩展和深化。在数字化和全球化的背景下，工作设计领域正迅速适应新兴技术的挑战和机遇，特别是在人工智能、远程工作技术，以及移动互联网等领域。一些研究者不仅关注这些技术如何改变工作的性质和执行方式，还探讨它们如何影响工作设计的理念和实践。这些新技术引发的变革不仅仅局限于传统的物理和认知工作设计层面。更为复杂的情感和社会工作设计问题也被逐渐纳入研究视野。例如，如何在远程工作环境中维持员工的社会联系和团队凝聚力，如何在人工智能辅助的工作场景中平衡人机交互，以及如何利用技术提升工作场所的包容性和多样性，都成为当前研究的热点话题。同时，工作设计的研究也在深入探讨其对员工健康、福祉和职业发展的影响。在快速变化的工作环境和日益多样化的员工需求背景下，工作设计如何促进员工的心理健康，如何支持职业生涯的持续发展，以及如何确保工作安全和工作生活平衡，都是当前研究的关键问题。这些研究不仅提供了对工作设计复杂性的深刻洞见，也为如何设计更具人性化、灵活性和创新性的工作提供了理论指导。此外，研究领域还在不断探索新的研究方法和工具，以更准确地评估和优化工作设计。从数据驱动的分析到用户体验设计的方法，都被应用于研究和实践中，以期在不断变化的工作环境中实现最佳的工作设计方案。这些进展不仅展示了工作设计领域的活力和创新性，也预示着它在未来将持续发挥关键作用。

尽管从表面上看近年来的工作设计领域有大量的新研究涌现，但这些新的研究并没有显著地增强人们对于工作场所中出现的新型工作模式的理解。诚然，关于数字化技术对工作特征影响的研究有助于帮助人们理解数字时代的工作正在经历的变化，推动了工作设计理论在数字化背景下的进展。然而，这一类研究对于很多新近涌现的工作模式的机制设计等关键问题并不能提供充分的理论支持。与此类似，近年来非常热门的工作重塑研究，作为一个新颖的研究视角毫无疑问促进了大量新知识的产生，但是由于其立足点是工作在职者(job incumbent)自发的调整策略而非工作设计者(job designer)的设计策略，因此仍然无法从机制的设计方面为人机协同式工作这一模式提供理论支持。考虑到以上所列举的这些研究缺口，当前的工作设计研究有必要从研究思路上进行新的调整。尽管已有的经典理论，如工作特征模型、工作需求资源模型等仍然能够帮助人们理解当今组织中大多数的工作，面对处于不断变革中的工作和组织，工作设计的研究者有必要摆脱对固有路径的过度依赖，而应回归工作设计研究的"本源"来研究新情境中的新问题。那么何为工作设计研究的"本源"？答案或许就在工作设计的名称之中，即"设计"这个动词，因为"设计"意味着对构成工作的任务和活动的组织(organizing)和安排(arranging)，意味着对工作结构(work structure)的设计，而这些行动本身以及其给工作和工作者带来的影响恰恰是帮助人们理解新型工作模式利弊的关键切入点。基于这一观点，新一代的工作设计研究至少可以从两个方面采取创新的思路以实现理论上的突破，并对新现象提供解释：第一，要从被动式(reactive)的研究思维向主动式(proactive)的研究思维转变，聚焦工作设计的"设计"，对工作任务的配置这类问题进行研究；第二，要多站在工作设计者的角度来研究工作设计问题，从管理的视角探索什么样的工作设计是最有利于人机协同这一新型工作模式的。

3.2 数智时代的工作演变

3.2.1 重塑工作的新兴数智技术

在数智时代，工作环境和模式正在经历一场由大数据、人工智能、机器学习等尖端技术推动的革命性变革。科学技术日新月异的发展推动着人类社会的不断变革。进入新世纪特别是最近十年以来，随着以大数据、机器学习、人工智能等为代表的新科学与新技术的不断升级换代，构成人们生产和生活重要组成部分的工作也已经或正在发生着巨大的变化(Cascio and Montealegre，2016；Makarius et al.，2020)，其中最主要的一个变化就是越来越多的智能机器人融入了组织当中并成为工作流程中的重要参与者(Wilson and Daugherty，2018)。更为重要的是，区别于蒸汽机、电机、计算机时代的机器或机器人对此前由人类所承担的机械式、重复式、体力劳动为主的工作任务的替代，以人工智能技术为基础的新型机器人已经能够承担并胜任大量认知类、决策类的工作，甚至在一些场景中已经能够完全替代人类并独立完成工作(Parker and Grote，2020；Frey and Osborne，2017；Brynjolfsson and McAfee，2014)。这种颠覆式的技术进步推动了机器人在组织中的功能和角色的升级，即其已经不再仅仅是作为人类的工具服务于对工作流程的自动化(automation)，而是已经能够作为人类的同事与人类协同完成工作并实现对人类智能的增强(Raisch and Krakowski，2021；Davenport and Kirby，2015；谢小云等，2021)。

在更复杂的场景中，人工智能和机器学习技术正在变革传统的工作方式，特别是在医疗诊断和金融分析等领域。这些技术通过分析和处理大量数据，能够帮助专业人员更快地识别模式和趋势，从而做出更准确的判断和决策。例如，在医疗诊断中，人工智能可以通过分析病历和医学图像来辅助医生诊断疾病，而在金融分析中，机器学习可以帮助分析市场趋势，预测股价变动。此外，生成式人工智能的应用也在这些领域展现出巨大潜力。例如，在药物研发领域，生成式人工智能模型可以基于现有的化合物数据生成新的药物候选分子，从而加速新药的发现过程。在财务领域，生成式人工智能可以分析历史数据，提供基于市场趋势的财务策略建议。这些应用不仅提高了工作效率，还增强了决策的准确性和创新性。在某些领域，人工智能和机器学习技术已经实现了任务的完全自动化。例如，制造业中的机器人自动化生产线可以独立完成复杂的组装和加工任务，而服务业中的智能客户服务系统则能够自动处理客户咨询，提供即时的客户支持。这种自动化不仅提高了生产效率，还降低了人为错误的可能性。生成式人工智能在这些自动化系统中的应用，如基于实时数据生成优化的生产流程或客户互动策略，进一步提高了这些系统的创新能力和适应性，使其能够更好地满足不断变化的市场需求和客户期望。

3.2.2 数智时代的新型工作模式

这些技术的应用不仅极大地提高了工作效率和质量，也开辟了新的创新路径。它们使得组织能够探索新的商业模式，发展新产品和服务，同时也带动了对现有工作技能和角色的重新评估。工作岗位的需求正在向技术敏感性、数据分析能力和跨领域能力方向转变。例如，在零售业，数据分析技术的应用正在帮助企业更准确地预测消费趋势和库存需求；在医疗领域，人工智能正被用于辅助诊断和实现患者护理的个性化。这些变化要求员工不仅要具备相关的技术技能，还需要能够适应快速变化的工作环境。此外，这些变化也对工作场所的文化和结构提出了新的挑战，比如，如何在自动化和人力之间找到平衡，如何保持团队的创造力和协作精神，以及如何确保技术的伦理和公平性。在实现自动化的同时，组织必须确保员工感到他们的工作有价值，并鼓励他们发展新的技能以适应这些变化。例如，通过提供技术培训和职业发展机会，组织可以帮助员工从事更具挑战性和创造性的工作，同时减少因技术取代而产生的不安和抵触。

因此，数智技术对工作设计和管理提出了新的要求，要求组织不断适应和创新，以充分利用这些技术带来的机遇。数智技术的发展正在催生多种新型工作模式，这些模式对传统的工作理念和实践产生了深远的影响。远程工作成为这一变革中的一个显著趋势。特别是在全球性疫情的背景下，许多组织和员工体验到了远程工作的便利性和有效性。通过利用云技术、协作软件和通信平台，远程工作不仅允许员工在家办公，还使得团队能够跨越地理界限进行协作。这种工作模式的普及，展示了现代技术如何使得工作更加灵活和可访问，同时也带来了对工作生活平衡、团队沟通和远程管理的新挑战。人机协同则是另一种日益普及的工作模式。在这种模式下，人类员工与智能系统或机器人协作，共同完成任务。这种协作可以在制造业中的机器人辅助装配线上看到，也可以在服务行业中的人工智能驱动的客户服务系统中体现。人机协同不仅提高了工作效率，还增加了作业的精确度和安全性。它还促进了工作角色的转变，员工不再仅是执行者，而是变成了监督者、策略制定者和创新者。总的来说，这些新型工作模式体现了数智技术如何引领工作方式的变革。它们不仅提高了工作的灵活性和效率，也促进了工作质量的提升和工作满意度。

3.2.3 工作的未来和未来的工作

展望未来，数智技术将以前所未有的速度和规模继续重塑工作环境，这一趋势将在多个领域产生深远影响。首先，人工智能驱动的自动化和半自动化工作流程将变得更为普遍，不仅仅局限于传统的制造业和数据处理领域。新的专业服务领域，如医疗、法律和教育，也将积极采用这些技术。这些自动化流程将极大地提高工作效率，减少错误，同时也会解放人类以从事更具创造性和策略性的工作。员工将不再被迫执行重复性和机械性的任务，而是能够专注于需要人类思维和判断力的工作领域。其次，预计对于那些依赖创造性思维和人际交互的工作角色的需求将会增加。随着机器承担更多的重复性和计算密集型的任务，人类的创造力、情感智能和复杂问题解决能力将变得更加宝贵。设计、艺术创作、战略规划、人力资源管理等领域将迎来增长期，因为这些领域需要人类的创造性思维和与人互动的技能。这也意味着未来的工作将更加多样化，更注重人类独特的能力和才智。随着这些变化，工作技能的需求也将发生相应的变化。技术理解、数据分析和跨领域能力将成为更加重要的技能。员工需要不断学习和适应新技术，以保持其在职场的竞争力。这可能会推动终身学习成为工作生活的一部分，促使组织提供持续的培训和发展机会，以确保员工具备必要的技能。然而，这一趋势也带来了一系列挑战。就业安全性成为一个重要问题，因为一些传统的工作可能会被自动化取代，导致一些岗位的减少。技能差距可能会扩大，而那些不能跟上技术发展步伐的人可能会面临职业困境。此外，在高度数字化的工作环境中维持工作与生活的平衡也会成为一个挑战，因为技术的普及可能导致工作时间的延长和边界的模糊化。因此，未来的工作设计不仅需要紧跟技术发展的步伐，还需要考虑这些变化如何影响员工的福祉和职业发展。组织需要积极探索如何在提高效率的同时，确保工作的人性化和员工的整体福祉。这可能包括开发新的工作模式，提供灵活的工作安排，以及创建支持性和包容性的工作环境。总之，未来的工作设计将是一个综合性的挑战，需要在技术创新和人类需求之间找到平衡，以实现更加繁荣和有意义的工作生活。

3.3 数智驱动的工作设计

3.3.1 理念与原则：以人为本和可持续发展

在数智驱动的工作设计中，以人为本和可持续发展的原则显得尤为重要。技术，尤其是自动化和智能化技术，正迅速改变工作的本质和方式。在这种背景下，以人为本的工作设计变得至关重要。这意味着，在追求效率和生产力的同时，还需充分考虑员工的满意度、职业成长和心理健康。例如，工作设计应当提供灵活性，以适应员工的不同工作习惯和生活需求，同时也应该提供学习和发展的机会，以帮助员工适应快速变化的技术环境。同时，可持续发展的理念也在工作设计中占据着核心位置。这不仅指环境层面的持续性，也涉及社会责任和经济效益的平衡。工作设计需要考虑其对环境的长期影响，如资源使用的效率和废物的最小化。此外，也应该确保工作设计对社会具有积极影响，例如，推动注重公平和包容性的职场实践、设计能为社会创造价值的工作内容。综上所述，工作设计必须在追求技术和效率的前进道路上，不断考虑和重视人的因素和可持续发展的目标。这需要在工作流程设计、组织文化建设以及技术应用决策中寻找平衡点，以确保在创造经济价值的同时，也能维护员工的福祉，并对社会和环境负责。通过这样的设计，组织不仅能在当下提高效率和竞争力，也能确保长期的健康和可持续发展。

3.3.2 信息沟通技术赋能的工作设计：以远程工作为例

信息和通信技术（information and communication technology，ICT）在塑造数智时代的工作设计方面发挥着至关重要的作用，尤其是在远程工作领域。云计算、高速互联网和协作软件等技术的发展极大地促进了远程工作的普及和高效执行。这些技术工具使得员工能够在全球任何地点进行工作，同时保持与团队的有效沟通和协作。例如，云技术允许远程存储和访问工作文件，视频会议软件支持虚拟会议，而协作平台则促进了团队成员间的项目管理和沟通。然而，成功实施远程工作不仅仅是技术层面的问题，同样需要考虑管理策略和工作效率的优化。有效的远程工作政策应包括明确的工作指导、沟通预期和绩效评估标准。此外，维护远程工作团队的凝聚力和公司文化也至关重要。这可能涉及定期的虚拟团队建设活动、在线社交互动以及对员工福祉的关注。例如，通过定期的在线团队会议和非正式的虚拟社交活动来增强团队成员之间的联系。此外，确保远程工作的高效率和参与度也是关键。这可能涉及对远程工作环境的优化，如确保员工具备高质量的网络连接和适宜的家庭办公环境，以及提供必要的技术支持和培训。同时，管理层需采取灵活的管理方式，更多地依赖目标导向和结果导向的评估方法，而不是传统的时间和出勤导向的管理。总而言之，信息和通信技术在远程工作的推广和成功实施中发挥着关键作用，但要实现高效的远程工作，还需要全面考虑技术、管理和文化等多个方面的因素，以创造一个高效、互动和支持性的工作环境。

3.3.3 人工智能技术增强的工作设计：以人机协作为例

人工智能技术在工作设计中的应用正在迅速增加，特别是在人机协作领域。在这种协作模式中，人类员工与人工智能系统或机器人共同完成各种任务。这种集成了人类的创造性和机器的效率的协作方式不仅可以显著提高工作效率和质量，还能够创造全新的工作机会和业务模式。例如，在制造业中，机器人可以进行重复性高且劳动强度大的任务，而人类员工则负责监控、维护和优化生产流程。在服务行业，人工智能可以处理大量的客户咨询，而人类员工则处理更复杂和个性化的客户需求。在人机协作模式下，人工智能的角色通常集中在处理数据分析、进行预测和执行重复性任务，而人类员工则能够更加专注于决策制定、创意思考和复杂问题解决。这不仅提高了工作的效率，还增加了工作的价值和满意度。例如，在医疗行业中，人工智能可以协助医生进行疾病诊断，而医生则专注于病患的治疗和护理。为了实现有效的人机协作，工作设计需要将智能技术融入各个层面。这包括优化工作流程，以适应人工智能的能力和局限性，以及设计界面和工具，以便人类员工与人工智能系统高效互动。此外，这种协作模式还要求重新考虑员工的技能培训和发展。员工需要掌握如何与人工智能合作的技能，包括理解人工智能的功能和局限、有效地管理和监督人工智能的工作，以及在需要时进行人机交互。因此，人工智能技术增强的工作设计不仅是技术的应用问题，也涉及人力资源管理、组织文化和工作流程的全面考量(图 3-1)。通过有效地设计和实施人机协作，组织可以最大化这一模式的潜力，创造更高效、更具创新性和更令人满意的工作环境。

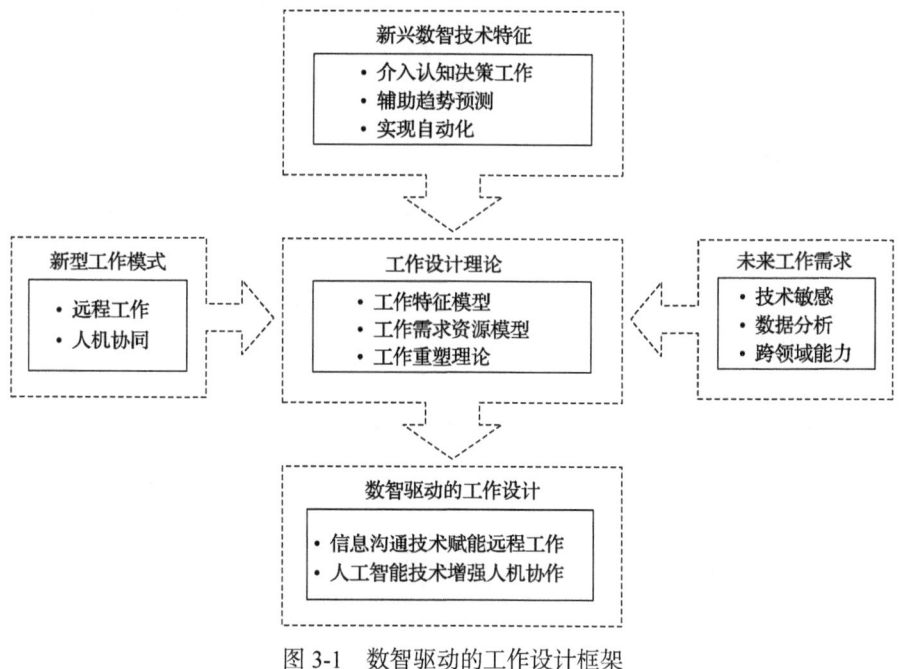

图 3-1 数智驱动的工作设计框架

3.4 面向第四范式的工作设计研究

3.4.1 理解工作本质的新型数据

数据科学和大数据的兴起正在以一种前所未有的方式彻底改变我们对工作本

质的理解。在这个被称为第四范式的数据密集型科学时代，海量的数据被用来分析和理解从商业运营到员工行为等一系列复杂现象。在工作设计领域，这意味着通过收集和分析广泛的工作相关数据来揭示工作流程和员工行为的深层次模式和趋势。例如，组织可以通过分析员工绩效数据、工作流程日志和员工互动数据来深入理解哪些因素影响着工作效率、员工满意度和团队间的协作动态。这些数据的分析能够揭示工作流程中的效率瓶颈、员工参与度低下的原因，甚至预测团队冲突的可能性。通过这种方法，组织能够采取更有针对性的措施来改善工作环境和流程。此外，大数据的应用也促使组织更加客观和系统地识别工作设计中的问题和改进机会。例如，通过分析员工离职率和员工满意度调查数据，组织可以识别出导致员工流失的关键因素，如工作压力、管理风格或职业发展机会的缺乏。同时，通过监测员工的在线工作习惯和行为模式，组织可以发现如何更有效地安排工作，以提高效率和增强员工的工作满意度。总之，数据科学和大数据正在为工作设计领域提供前所未有的深度和广度，使组织能够基于数据驱动的洞察来优化工作环境和提高员工的工作体验。这不仅有助于提升员工的效率和福祉，也为组织带来了更强的竞争优势和可持续发展能力。

3.4.2 数据驱动的工作设计研究议题

在数据驱动的工作设计领域中，随着技术的发展和应用，多个重要议题开始显现，这些议题对于确保工作设计的有效性和公正性至关重要。其中，数据隐私成为一个主要的关注点。随着越来越多的员工数据被收集和分析，如何在挖掘这些数据的潜在价值的同时，保护员工的个人隐私成为一个棘手的问题。组织需要制定严格的数据管理政策和实践，以确保对敏感信息的保护，同时遵守相关的隐私法律和规定。算法公平性也是数据驱动工作设计中不可忽视的议题。随着人工智能和机器学习技术在人力资源管理中的应用日益增多，如何确保这些技术在招聘、晋升和工作分配等决策中的公正性成为一个挑战。这些算法可能会无意中放大现有的偏见和不平等，特别是当它们基于有偏差的数据集进行训练时。因此，需要对这些算法进行仔细的审查和调整，以确保它们的决策基于客观和公平的标准。此外，随着工作设计技术的发展，技术伦理成为一个日益重要的议题。这涉及如何确保工作设计的技术应用不仅符合效率和生产力的目标，同时也遵循道德标准和社会价值。例如，在使用监控和追踪技术来提高工作效率的同时，也需要考虑这些技术对员工自由和尊严的影响。组织需要在推动技术创新的同时，确保其应用不会损害员工的福祉或导致不公平的工作条件。综上所述，数据驱动的工作设计研究议题反映了在快速发展的技术背景下，工作设计面临的复杂挑战和道德考量。确保数据隐私、算法公平性和技术伦理的同时，也是实现有效、公正和人性化工作设计的关键部分。

3.4.3 数据驱动的工作设计研究方法

在数据驱动的工作设计研究中，多种先进的方法论和技术正在被应用，以提升工作设计的科学性和有效性。数据挖掘技术在此过程中扮演着关键角色，它被用来从庞大且复杂的工作数据中提取有价值的洞察。通过分析工作流程数据、员工互动记录和绩效指标等，数据挖掘技术可以揭示工作流程中的隐藏模式、趋势和异常。这些洞察为组织优化工作流程、提高操作效率和改善员工体验提供了重要依据。机器学习技术在预测工作表现和优化人力资源配置方面发挥着重要作用。它能够处理和分析大量的历史数据，如员工的绩效记录、职业发展路径和工作满意度调查结果，以建立模型预测未来的趋势。例如，机器学习模型能够分析不同团队的组合特性和历史表现，预测最有可能达成目标的团队配置。同样，这些技术也可以用于识别哪些员工发展计划和培训最有效，从而帮助组织更加精准地投资于员工成长和发展。此外，仿真和建模技术在工作设计中的应用也日益增多。这些技术可以模拟不同的工作设计方案，如新的办公布局、工作流程调整或技术应用，以评估这些变更对员工生产力、满意度和整体工作环境的潜在影响。通过这种方式，组织可以在实际实施前评估和完善工作设计方案，从而降低风险并提高实施成功率。综上所述，数据驱动的工作设计研究方法为理解和优化工作环境提供了强大的工具。通过数据挖掘、机器学习以及仿真和建模技术的应用，组织能够以更加科学和系统的方式设计和改进工作流程，从而实现更高的效率、更佳的员工体验和更优的组织绩效。

3.5 本章小结

随着数智技术的快速发展，我们正处于一个工作设计变革的关键时刻。这种变革不仅带来了工作方式的改变，还提出了新的挑战和机遇。数智驱动的工作设计要求我们不仅关注技术本身，更要关注它对人的影响和社会的整体福祉。我们必须确保技术的发展与人性化的工作设计相结合，从而创造一个既高效又具人性关怀的工作环境。在这个过程中，我们需要重视数据隐私、算法公平性和技术伦理，确保工作设计的实践不仅科学、先进，而且公正、合理。未来的工作设计将越来越多地依赖于数据驱动的方法。这种方法提供了深入理解和优化工作流程的强大工具，但同时也需要我们在应用这些工具时保持警惕。随着技术的发展，工作设计领域面临的挑战将会变得更加复杂。我们必须在追求效率和创新的同时，牢记技术应用的伦理和社会责任。只有这样，我们才能确保技术的发展能够惠及所有人，并为社会的可持续发展做出贡献。综上所述，数智驱动的工作设计是一个多维度、跨学科的挑战，它要求我们在技术、人文和社会学科之间寻找平衡。

在未来，我们将继续见证技术如何重塑工作的本质，同时我们也必须努力确保这些变革能够带来正面的社会影响。通过持续的研究和创新，我们有望构建一个更加高效、公平和人性化的工作环境，使工作不仅是生产力的体现，更是个人成长和社会进步的平台。从开展数智驱动的工作设计问题研究的角度来说，为了确保技术进步能够造福于所有员工，并推动社会的全面发展，我们认为未来的研究需要深入探讨一系列关键问题。

(1) 如何平衡人工智能在提高工作效率的同时对员工工作满意度的影响？在数智驱动的工作设计中，人工智能的应用无疑可以极大地提升工作效率，但同时也可能对员工的工作满意度产生负面影响。未来的研究需要探讨在引入人工智能技术的过程中，如何确保员工感到自己的工作依然具有价值和意义，以及如何通过工作设计来维持和提升员工的工作满意度。

(2) 远程工作模式下如何维护团队凝聚力和协作精神？随着远程工作的普及，如何在非传统的工作环境下保持团队的凝聚力和协作精神成为一个重要问题。研究应关注如何通过虚拟团队建设和在线互动来增强团队成员之间的联系，以及如何利用技术手段促进有效的远程沟通和协作。

(3) 数智技术对工作技能需求的影响及员工培训策略的调整。数智技术的发展正在改变工作技能的需求，对未来的员工培训策略提出了新的挑战。研究需要关注如何识别和预测新兴技术对工作技能的影响，以及如何设计有效的培训和发展计划，帮助员工适应这些变化，保持其在职场的竞争力。

(4) 如何确保数据驱动的工作设计遵循数据隐私和算法公平性原则？在利用大数据和人工智能优化工作设计的同时，保护员工的个人隐私和确保算法的公平性是必不可少的。未来的研究应当探讨如何制定和实施有效的数据管理政策，以及如何审查和调整算法，防止偏见和不公平现象的发生。

(5) 工作设计与技术伦理之间的关系如何协调？随着工作设计领域的技术创新，如何处理好技术应用与伦理责任之间的关系变得尤为重要。研究应该关注如何在追求技术进步和效率提升的同时，确保工作设计的实践符合伦理标准，尊重员工的权益，并营造公平和具有包容性的工作环境。

(6) 如何评估和优化人机协作模式下的工作任务分配？在人机协作的工作环境中，合理分配任务给人类员工和人工智能系统是提高整体工作效率和满意度的关键。未来的研究需要探讨如何评估不同任务的性质，确定最适合由人类或人工智能处理的任务类型，并研究如何动态调整任务分配以适应不断变化的工作需求和员工能力。

(7) 数智技术如何增进工作生活平衡和员工福祉？数智技术的发展对员工的工作生活平衡产生了深远影响。研究应关注如何利用这些技术如智能时间管理和压力监测工具来帮助员工更好地管理工作与个人生活，以及如何设计工作模式和政策来支持员工的身心健康和个人发展。

(8)在数字化转型中,组织文化和价值观如何适应和演变?随着工作设计数字化转型的深入,组织文化和价值观也面临着重新审视和调整的需求。未来的研究应当探讨在技术驱动的工作环境中,如何塑造和维护积极的组织文化,如何将组织的核心价值观与新兴技术的应用相结合,以及如何培养员工对于新技术的适应性和创新精神。

参 考 文 献

谢小云, 左玉涵, 胡琼晶. 2021. 数字化时代的人力资源管理: 基于人与技术交互的视角. 管理世界, 37(1): 200-216, 13.

Bakker A B, Hakanen J J, Demerouti E, et al. 2007. Job resources boost work engagement, particularly when job demands are high. Journal of Educational Psychology, 99(2): 274-284.

Brynjolfsson E, McAfee A. 2014. The Second Machine Age: Work, Progress, and Prosperity in a Time of Brilliant Technologies. New York: WW Norton & Company.

Cascio W F, Montealegre R. 2016. How technology is changing work and organizations. Annual Review of Organizational Psychology and Organizational Behavior, 3: 349-375.

Chatterjee S, Chaudhuri R, Vrontis D. 2022. Does remote work flexibility enhance organization performance? Moderating role of organization policy and top management support. Journal of Business Research, 139: 1501-1512.

Davenport T H, Kirby J. 2015. Beyond automation. Harvard Business Review, 93(6): 59-65.

Dwivedi Y K, Hughes L, Ismagilova E, et al. 2021. Artificial intelligence (AI): multidisciplinary perspectives on emerging challenges, opportunities, and agenda for research, practice and policy. International Journal of Information Management, 57: 101994.

Filieri R, Lin Z, Li Y, et al. 2022. Customer emotions in service robot encounters: a hybrid machine-human intelligence approach. Journal of Service Research, 25(4): 614-629.

Franke R H, Kaul J D. 1978. The Hawthorne experiments: first statistical interpretation. American Sociological Review, 623-643.

Frey C B, Osborne M A. 2017. The future of employment: how susceptible are jobs to computerization? Technological Forecasting and Social Change, 114: 254-280.

Gilbreth F B, Gilbreth L M. 1920. Motion Study for the Handicapped. London: Routledge & Sons, Limited.

Gopal P R C, Rana N P, Krishna T V, et al. 2024. Impact of big data analytics on supply chain performance: an analysis of influencing factors. Annals of Operations Research, 333(2): 769-797.

Grant A M, Parker S K. 2009. Redesigning work design theories: the rise of relational and proactive perspectives. Academy of Management Annals, 3(1): 317-375.

Hackman J R, Oldham G R. 1974. The job diagnostic survey: an instrument for the diagnosis of jobs and the evaluation of job redesign projects.

Liu Q, Liu Z, Xu W, et al. 2019. Human-robot collaboration in disassembly for sustainable manufacturing. International Journal of Production Research, 57(12): 4027-4044.

Makarius E E, Mukherjee D, Fox J D, et al. 2020. Rising with the machines: a sociotechnical framework for bringing artificial intelligence into the organization. Journal of Business Research, 120: 262-273.

Morgeson F P, Humphrey S E. 2008. Job and team design: toward a more integrative conceptualization of work design//Morgeson F P, Humphrey S E. Research in Personnel and Human Resources Management. London: United Kingdom, Emerald Group Publishing Limited: 39-91.

Parker S K. 2014. Beyond motivation: job and work design for development, health, ambidexterity, and more. Annual Review of Psychology, 65: 661-691.

Parker S K, Grote G. 2020. Automation, algorithms, and beyond: why work design matters more than ever in a digital world. Applied Psychology, (10): 1-45.

Parker S K, Grote G. 2022. More than "more than ever": revisiting a work design and sociotechnical perspective on digital technologies. Applied Psychology, 71(4): 1215-1223.

Raisch S, Krakowski S. 2021. Artificial intelligence and management: the automation–augmentation paradox. Academy of Management Review, 46(1): 192-210.

Taylor F W. 1911. The Principles of Scientific Management. New York: Harper & Brothers.

Wilson H J, Daugherty P R. 2018. Collaborative intelligence: humans and AI are joining forces. Harvard Business Review, 96(4): 114-123.

Wrzesniewski A, Dutton J E. 2001. Crafting a job: revisioning employees as active crafters of their work. Academy of Management Review, 26(2): 179-201.

第4章 数智时代中的团队管理[①]

4.1 团队的定义和关键要素

4.1.1 团队的定义

团队作为组织设计中的重要形式之一,在完成组织相关任务中扮演着基本的单元角色。长期以来,团队一直是组织管理研究的核心议题。过去的学术界研究主要基于工作团队的经典定义,将团队定义为由一组为了实现共同目标而相互协作的个体所组成的正式群体(Cohen and Bailey,1997)。具体来说,工作团队具备以下特征:第一,工作团队由两个或两个以上的个人组成;第二,团队存在的目的是执行组织的相关任务;第三,团队共同追求一个或多个共同的目标;第四,任务的完成依赖于团队成员之间的相互协作和依赖;第五,团队成员之间进行社会互动,以促进任务的完成和团队的发展;第六,团队保持和管理着自身的边界,明确团队成员和非团队成员之间的关系;第七,团队嵌入在一个特定的组织情境中,受到组织的影响和制约(Kozlowski and Bell,2013)。

团队不仅仅是一群个体的简单聚合体,而且是一个具有独特性和相互关系的实体。团队成员之间的协作和互动是实现团队共同目标的关键。通过有效的沟通、知识共享和决策协商,团队成员能够集中各自的专长和资源,达到高效的绩效和成果。此外,团队的边界和组织情境对团队的运作和表现起着重要的影响。团队边界的管理涉及团队成员和非团队成员之间的界定和互动规则的制定。团队必须在组织的框架内运作,受到组织的目标、政策和资源的制约。组织的文化、结构和领导风格等因素也会对团队的形成、发展和绩效产生重要影响。

简单来说,团队是由一组成员共同协作以实现组织任务的正式群体。了解团队的定义和特征有助于组织管理者和研究者更好地理解和引导团队的运作,提高团队的工作效率,达到更好的团队工作结果。

4.1.2 团队定义中的关键要素

在理解工作团队时,有四个概念性问题或者关键要素至关重要。

[①] 本章部分研究工作得到了国家自然科学基金项目(72202207)资助。

1. 多层次的嵌套结构

团队的多层次嵌套结构是团队的重要特征。具体而言，个人、团队和组织是一种逐层嵌套的结构。团队可以嵌套在更大的组织系统中，而组织又可以嵌套在更宏观的层次上，如产业层次、国家层次和文化层次等。这种多层次嵌套和耦合的结构特点凸显了采用多层次视角来理解和研究团队现象的重要性。然而，在相关研究和团队管理实践中，往往忽视了多层次视角和思维方式，当人们试图将个人特征对团队整体特性的影响归因于团队集体时（如团队能力、团队个性、团队学习等），这些问题尤为突出。因此，我们需要深入剖析团队现象，去理解团队成员行为和特质在多大程度上是个体水平上的特征，以及在多大程度上反映了团队作为一个整体的特性。这对于我们全面了解团队现象的过程至关重要。

2. 情境的约束和塑造

如上所述，团队是嵌套在更大组织结构中的一个单位，而组织又嵌套在更高层次的环境中，因此，不可避免地，团队的运作就要受到情境的限制和塑造。这里的情境包括组织结构、组织文化、领导风格、资源可用性、科技水平乃至外部的政策制度等因素，这些因素会对团队的目标、决策和行为产生重要影响，常常对团队的工作过程和表现产生影响或制约。

同时，团队本身也为组成团队的个人提供了一个类似的情境边界。团队成员在这个有界限的情境中相互互动，并受到这个情境边界的限制。值得注意的是，在这个过程中，团队成员所属的团队情境边界也是通过团队成员的属性和彼此间的互动不断塑造的。一般而言，团队成员的特征和彼此间的互动过程对团队情境的塑造起着重要作用。团队层面的规范性期望、共同的认知以及团队层面上的信息和知识共享通常是在团队成员之间的互动过程中产生的。这意味着团队成员的个体特征和彼此间的互动既受到团队情境的限制，同时也不断动态地塑造着新的团队情境特征。

3. 流程或任务互依性

为了实现团队的共同目标，团队中的成员通常需要协同完成任务或工作流程，这是团队和一般工作群体（work groups）的重要区别。团队成员之间的相互依赖性决定了他们如何合作、协调和交流，这对团队的绩效和效率具有重要影响。

在团队相关的研究和管理实践中，我们必须考虑任务或工作流程的走向以及影响团队成员相互依赖程度的因素。这可能涉及确定任务分配和协作方式，确保团队成员之间的沟通和协调顺畅，以及促进技术和工具的有效使用，以支持团队的协作和目标达成。

4. 时间的动态影响

团队的组成、运作和发展具有时间性质。随着时间的推移，团队会经历不同的阶段，包括组建、成熟以及可能的发展、演化或解散阶段(Morgan et al., 1993)。这个过程中，团队成员可能会变动，目标和优先事项可能会调整，外部环境也可能发生变化。因此，团队需要具备适应性和灵活性，以便应对变化并保持高效的运作。实际上，几乎所有的团队现象或团队层面的概念都是动态的，随着时间的推移而不断发展。例如，团队效能、共享心智模式和团队绩效是从个人层面聚合到团队层面的，并随着时间的推移不断展开和动态发展。团队现象的发展和演进可能呈现线性、周期性或偶发性的特征。

4.2 数智驱动团队的新特征

在当前的新一轮科技革命和产业革命浪潮中，数智技术成为推动数字经济蓬勃发展的核心引擎。在这样的数智化背景下，智能增强时代正在悄然来临。这一时代的主要特征是数智技术深度融入人类的生产生活，无论是宏观层面的产业或企业运转，还是中观的团队运作，乃至微观层面的个体响应，都依靠数智技术的支持。智能机器的优势被用于提升人类的决策能力和智能水平，实现认知的增强和智力的放大(Raisch and Krakowski, 2021; 谢小云等, 2021)。

在这个数智驱动的时代背景下，团队发展面临着更为复杂和多样化的挑战和机遇。数智驱动团队指的是通过运用数据和技术来增强团队的决策能力、创新能力和绩效。这样的团队能够将数据科学、人工智能、机器学习、大数据分析等数智技术与团队的工作流程和业务目标相结合，以实现更加智能化、高效化和创新化的团队运作。与此同时，数智驱动团队利用数据分析和算法模型来解决问题、做出决策，并借助技术工具和平台来提升工作效率和协同能力。此外，这种团队还注重数据驱动的思维方式，积极追求技术创新，并鼓励团队成员的学习与合作，以应对日益复杂和多变的商业环境。

数智驱动团队的发展出现了一系列新的团队特征，包括团队成员多样化、工作任务细分化、人际互动虚拟化等，如图 4-1 所示。这些特征影响了团队在数据和技术驱动下的创新力和竞争优势。

4.2.1 团队成员多样化

在团队研究和实践中，人们一直努力寻找最佳的团队组建方式，以促进成员之间的良好互动并实现团队目标。团队的构成对团队的运作过程和成效产生显著影响，因此学者和实践者一直在探讨不同构成状态的影响，以最大限度地减少团队构

```
┌─────────────────────┐      ┌─────────────────────┐
│   数智时代           │      │   数智时代           │
│   团队新特征         │      │   团队新形式         │
│ ┌─────────────────┐ │      │ ┌─────────────────┐ │
│ │·团队成员多样化  │ │ ⇄    │ │·线上线下混合型团队│ │
│ │·工作任务细分化  │ │      │ │·虚拟团队        │ │
│ │·人际互动虚拟化  │ │      │ │·人机协同型团队  │ │
│ │                 │ │      │ │·多团队系统      │ │
│ └─────────────────┘ │      │ └─────────────────┘ │
└──────────┬──────────┘      └──────────┬──────────┘
           │                             │
           └──────────────┬──────────────┘
                          ↕
            ┌─────────────────────────────┐
            │   数智时代团队管理新挑战     │
            │ ┌─────────────────────────┐ │
            │ │·团队认知、情感、行为过程│ │
            │ │  的重塑和管理           │ │
            │ └─────────────────────────┘ │
            └─────────────────────────────┘
```

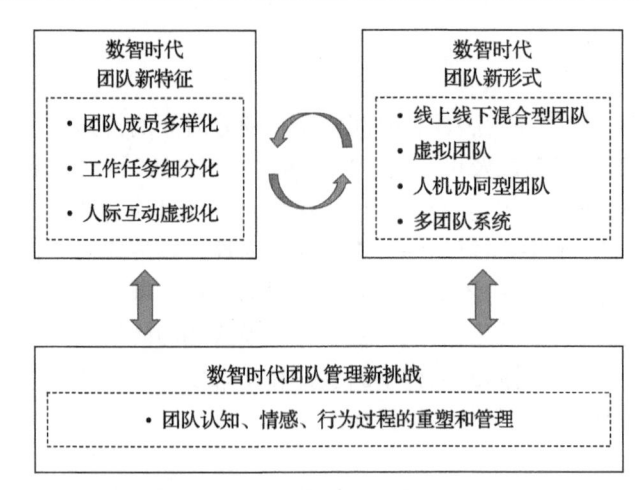

图 4-1 数智时代团队新特征、新形式、新挑战

成特性可能带来的潜在风险,并发挥团队构成特征对团队过程和效能的积极作用。

团队成员多样性就是团队构成的一个重要方面。在对团队构成的讨论中,了解团队成员多样性的特征及其作用机理至关重要。一个经典而关键的研究问题是,在组建团队时,是更好地保持成员之间的相似性(即较低的多样性水平),还是追求成员之间的多样性?团队成员的多样性指的是成员在背景、年龄、技能、知识、经验、思维方式等各个方面的差异程度。在团队研究中,学者将团队成员之间的多样性分为表层多样性和深层多样性两种。表层多样性指的是成员在外部可观察的特征,如年龄、性别、种族等方面存在较大差异;而深层多样性则指成员在个性特质、态度、价值观等内部难以直接观察到的特征上存在差异(Harrison et al., 2002)。

理解团队成员多样性对团队效能的影响是非常重要的。团队里的成员多样性可以带来丰富的观点、创新的思路和更广阔的问题解决能力。当团队成员具有足够的多样性时,团队可以从不同的认知和行为过程中获益,团队成员之间的异质性可以提供更广泛的信息和知识,为团队的集体决策和创新创造提供基础(Bell et al., 2011)。然而,高度的多样性也可能导致沟通障碍、冲突和合作困难。这是因为当团队成员存在较大差异时,他们在观念、态度和行为方面可能存在分歧,从而阻碍团队成员之间的融洽互动,影响团队整体效能(Harrison et al., 2002)。

在数智驱动的时代背景下,数智驱动团队通常会呈现更高的成员多样性。几个原因共同导致了这一现象:第一,机器人和人工智能成为人类的工作伙伴。数智技术的快速发展使得机器人和人工智能成为团队的一部分。机器人和人工智能能够执行复杂的任务和处理大量的数据,它们的参与使得团队成员不再局限于人类,从而增加了成员多样性。以人工智能为主的数智技术,正以其强大的计算智能、感知智能和认知智能,逐渐融入各个工作流程,与人类共同协作完成任务,在某些情况下,人工智能或者机器人甚至可以替代人类工作者独立地完成工作

(Wilson and Daugherty，2018)。

第二，打破时间空间限制。数智技术的发展打破了团队工作的时间和空间限制。通过远程协作工具和云技术，团队成员可以跨越地理边界和时差限制，来自不同国家或地区的成员，都能够在同一个团队中协同工作。这种能力使得团队可以容纳来自不同文化背景、不同地理位置的成员，增加了团队的多样性。团队可以由来自世界各地的人员组成，例如，中国和美国的员工可以共同组成一个工作团队，这为团队工作带来了不同的视角和思维方式。

第三，跨学科合作。在不断动荡、复杂且快速变化的环境中，团队面临着迅速应对和有效完成工作任务的挑战。为了应对这种情况，团队需要汇聚各种不同的知识和技能，以便快速响应并有效应对变化(DeChurch et al.，2019；Zaccaro et al.，2020)。而数智驱动团队通常涉及多个领域的专业知识和技能，数智技术的应用需要从数据分析、机器学习到领域专业知识的交叉融合。因此，数智驱动团队往往由不同领域的专业人员组成，如数据科学家、工程师、设计师和领域专家等。这种跨学科合作使得团队成员在知识和技能上具有更高的多样性。

除此之外，还有一点值得我们注意。在数智驱动的时代，由于技术的发展和跨界合作的增加，团队成员不再被限制在单一团队中工作，而是可以同时参与多个团队的活动和项目。也就是说，员工可以隶属于多个团队，同时拥有多个团队的成员身份。一方面，这使得团队纳入更多跨团队员工作为团队成员成为可能，增加了团队成员多样性，另一方面，成员在不同团队之间的跳转又会使得团队与团队之间的边界变得更加模糊。

简而言之，数智驱动的时代背景下的数智驱动团队通常往往具有更高的成员多样性。机器人和人工智能的引入、团队工作时间和空间的灵活性、跨学科合作的需求，以及成员不再隶属于单一团队的多重身份，这些因素都推动了团队成员的多样化趋势。这种多样性有助于团队从不同的角度解决问题、创新思考，并提高创造力，使团队能够更好地适应变化、创新和解决复杂问题，发挥团队效能。

4.2.2　工作任务细分化

当谈及数智驱动团队的显著特征时，工作任务细分化这一趋势和现象就不可忽视。任务细分化是将整个工作目标分解为更具体、可操作的任务和子任务。通过将目标层层细分到个人层面，团队成员可以更清楚地了解自己在整个工作中扮演的角色和职责。这有助于提高团队成员的自主性和责任感，使他们能够更好地专注于自己的任务并高质量完成工作。

此外，任务细分还为团队成员的多样性提供了更大的发挥空间。不同的团队成员可能具备不同的专业背景、技能和经验，通过将任务细分为更小的子任务，可以让更多的团队成员参与到同一任务中，并发挥各自的优势。这种多样性的融合可以带来创新性的解决方案和更好的问题解决能力，通过集思广益、合理分工、发挥各自的专业技能和促进团队合作，团队可以更好地应对复杂的任务，从而提升团队的综合效能和成果。

另一个与任务细分相关的方面是工作任务的标准化和量化。由于缺乏面对面的沟通和监督，明确的任务标准可以帮助团队成员更好地理解任务的期望结果、行动方式和要求的能力水平。比如，在分布式远程办公的情况下，团队成员可能无法面对面地交流和协调工作，这为明晰自己的工作职责增加了难度。因此，通过任务细分可以更好地管理和监控团队的工作流程，确保团队成员在分散的环境下高效协同工作。通过量化标准，团队成员可以更加明确地了解工作任务的具体要求，以此指导自己的工作，并提高工作的导向性和效率。

任务细分还促使团队在分布式远程办公环境下更加重视资源和支持的规划和分配。在物理距离较远的情况下，协调和沟通的成本较高，因此在任务细分的过程中，团队需要提前考虑并明确资源和支持的需求，以确保团队成员能够顺利完成任务，并满足工作目标的要求。

总之，工作任务细分化是数智驱动团队的显著特征之一，它可以提高团队的协同性、任务管理能力和决策质量。通过细分任务，团队成员可以更清晰地了解自己的职责，充分发挥团队成员的多样性优势，并确保工作任务的标准化和量化，同时有效规划和分配资源和支持，以提高团队的工作效率和成果质量。

4.2.3 人际互动虚拟化

数智技术的深度嵌入使团队的结构和运作方式产生了巨大的改变，无论是作为基础设施还是协作伙伴，它都在团队中扮演着重要的角色。得益于强大的信息通信技术，数智驱动团队的成员可以跨越时空限制，进行交流和合作。现代组织和团队广泛使用社交媒体平台（如 Slack、GroupMe）和协作编辑工具（如 Google Drive、Microsoft Teams），这些工具提供了强大的信息交流和视频会议功能，为团队的线上沟通和虚拟协作提供了便利条件（Larson and DeChurch, 2020）。这样一来，团队便能够超越物理限制，通过虚拟或远程工作，更加灵活地组织人力资源，满足多样化的工作需求，并获得更大的竞争优势。这种趋势使得许多工作者从传统的正式组织内部工作转变为作为松散联系的社区成员进行工作，如虚拟办公室员工在许多行业中的兴起。

而人际互动虚拟化的现象就是远程工作和虚拟协作工具技术的广泛应用所带来的必然趋势。通过在线连接，团队成员能够进行联系协作，人际互动不再需要传统的线下会议或者面对面沟通，而是主要依托于数字化平台和实时可视化方式进行，团队成员可能长时间无须面对面互动即可完成团队任务和计划。这种工作状态在过去可能难以想象，但在未来很可能成为常态。

然而，人际互动虚拟化也带来了一些挑战。虚拟协作缺乏面对面的非语言交流和直接的社交联系，可能导致信息传递不及时或不完整。在缺乏或仅有有限面对面交流的条件下，让团队成员掌握和熟悉各自的工作任务流程以及整个团队的协作模式是有一定难度的。同时，在进行虚拟协作的成员也需要在传统面对面交流和沟通机会受限的情况下，摸索和理解团队和其他成员在团队和具体工作中的角色分配。

与此同时，团队建设和建立信任也变得更加困难，因为团队成员缺乏面对面的互动机会和非工作相关的交流。在虚拟或者线上环境中，团队成员可能难以建立深入的人际关系和情感连接，这对团队的凝聚力和合作精神的形成构成了挑战。缺乏直接的非语言交流和情感表达，使得团队成员之间更容易产生误解或沟通障碍。此外，由于时间和地理距离的限制，协作团队中的团队成员可能来自不同的地区、文化背景和时区，这进一步增加了团队成员之间理解和协调的复杂性。

人际互动虚拟化带来的挑战需要团队采取一系列措施来克服。首先，团队成员应积极利用即时性强的虚拟协作工具和技术，以促进信息共享和交流。这包括使用视频会议、即时消息和共享文档等工具，以提高沟通效果、减少误差和延迟。其次，团队领导者在人际互动虚拟化中扮演着关键角色。领导者应该提供明确的目标和期望，并激励团队成员的参与和贡献。建立开放、信任和支持的团队文化也是至关重要的。领导者可以通过定期组织团队会议、进行个别沟通和提供反馈等方式来增强团队成员之间的联系，鼓励积极的合作和知识共享。最后，团队成员也应主动发展个人技能和自我管理能力，以适应虚拟工作环境的要求。这包括培养自律性、良好的时间管理能力，以及提升沟通技巧和跨文化意识。个人的积极参与和合作对于建立团队的信任和凝聚力至关重要。

总之，数智技术给团队带来追求效率和灵活性的同时，也使得数智驱动团队面临着人际互动虚拟化所带来的挑战，如缺乏直接社交联系、团队建设和信任的难度提升，以及来自不同文化背景和地理位置的团队成员之间的协调问题。然而，通过有效利用即时虚拟协作工具、建立明确的沟通渠道和规范，以及发展个人技能和自我管理能力，团队或许可以克服这些挑战，建立高效的工作环境和良好的团队协作。适应并克服这些挑战将是数智驱动团队成功的关键。

4.3 数智驱动的团队构建新形式

4.3.1 线上线下混合型团队

科技发展加之疫情因素为远程工作提供了加速器，而随着疫情常态化以及由于远程工作自身存在的部分局限性，人们开始探索更多工作模式，一些远程工作者返回线下工作，由此形成了混合型团队(hybrid team)的模式，即团队中部分员工在线下工作，而另外的成员依然居家远程工作，成员之间使用不同的物理或虚拟的沟通平台展开协作。

较之传统模式的工作团队，线上线下混合型团队有几大优势。第一，混合型团队融合线上和线下工作模式，可以帮助团队建立抵抗不确定性的反脆弱性。特别是在面临疫情封锁等紧急情况时，混合模式可以作为应对疫情的直接方法，也可以用作全员远程工作的过渡性尝试，帮助管理者知晓在没有监控的情况下，团队中的员工是否依然可以保持高效率以及团队协作受影响的程度，从而决定是否大面积推广远程工作模式。第二，最大化员工生产力并促进其形成积极的心理感受。一项随机对照试验的研究发现，混合工作模式增加了员工线上沟通交流的频率，提升了员工自我报告的生产率和工作满意度，并降低了员工的流失率(Bloom et al., 2022)。同时，混合型团队允许团队中不同员工在办公室或家中完成不同的任务，员工也不需要在面对面沟通和不用去办公室的便利之间进行权衡，最大化了生产率，并且混合型团队的灵活性和便捷性也能让员工感到团队和组织对自己的授权与关心，因此会处于不断受到激励的状态(Iqbal et al., 2021)。第三，混合型团队还可以降低企业的成本，通过灵活安排部分岗位员工远程工作，可以降低公司运作成本和员工通勤成本。最后，混合工作的实践也促进了相关配套技术的发展与改进。

当然，正如每个硬币都有两面，混合型团队也不可避免地存在一些缺陷。首先，类似于远程工作，混合型团队可能面临员工之间缺乏互动的挑战，导致员工感到被孤立和边缘化(Iqbal et al., 2021)；物理空间的限制也阻碍了员工之间的非正式交谈，而这对于知识共享、信任和团队士气至关重要。其次，混合型团队需要更加注重团队成员之间的信任，因为它同时融合了线上和线下工作模式。最后，混合型团队在团队沟通和协作方面也存在一些风险。不同的沟通方式(线上与线上、线上与线下、线下与线下)增加了团队面临的风险。例如，远程或者混合型团队常用的视频会议可能会抑制创造性思维和想法的诞生(Shockley, 2021)。在视频会议中，线下员工难以看到和听到线上员工，而线上员工也难以参与到线下员工在会议期间进行的并行聊天中，这不利于信息的同步和沉浸式的会议体验。此外，混合型团队的工作方式可能会给员工带来精神压力，例如，长时间的视频会议会带来视频会议疲劳。同时，混合型团队需要借助各种软硬件在多个地点进行线上协作，这可能给员工带来技术焦虑(Shao et al., 2021)，并且容易引发网络风险和数据丢失风险。

线上线下混合型团队是一种新兴的工作模式，它结合了远程工作和传统办公室工作的优势。混合型团队可以提高团队的抗逆性和生产力，并减少成本。然而，混合型团队也面临一些挑战，如员工间缺乏互动、信息同步问题、视频会议疲劳以及技术焦虑和安全风险。总的来说，混合型团队模式是一个具有潜力和挑战的工作模式，需要继续探索和改进，组织和团队要加快适应线上线下混合型团队的工作模式，才能取得理想的工作效果。

4.3.2 虚拟团队

鉴于工作流程的日益去中心化和全球化的深入发展，以及疫情下企业存续的现实需要，许多组织已经通过引入虚拟团队来应对动态变化的经营和竞争环境，这些团队中的成员在地理位置上往往是分散的，主要通过电子信息和通信技术协调团队工作(Hertel et al., 2005)。

虚拟团队(virtual teams)是指在地理上和/或组织上或其他方面分散的个人的集合，团队成员通过信息和通信技术和电子媒介在时间和距离上一起工作，以联合努力并实现特定的目标(Hoch and Kozlowski, 2014)。虚拟团队的定义意味着虚拟团队有一个共同的目标，并依赖于技术来处理各种层面上的由分散导致的问题。作为一个最低限度的共识，虚拟团队由两个或两个以上的人组成，他们通过互动协作来实现共同的目标，而至少有一个团队成员在不同的地点、组织或在不同的时间工作，以便沟通和协调，这些沟通与协调主要基于电子通信媒介(电子邮件、传真、电话、视频会议等)(Hertel et al., 2005)。这样看来，无论是临时性的项目团队还是持续多年的委员会都可能成为虚拟团队。最极端的虚拟团队可以做到100%远程工作，即所有成员都在不同的地点工作，并且只通过电子媒介进行交流，成员从不线下见面；而最传统的线下团队，其成员100%在同一时间同一地方进行工作，从不远程。但在实际企业运作中，大多数现有的虚拟团队成员或多或少都有一些面对面的线下接触交流，传统团队的成员也可能使用电子媒介进行交流。

对于虚拟团队的组建与管理有效性而言，所面临的一项关键挑战在于在团队成员没有(或较少程度的)面对面交流和互动的工作条件下，如何推进团队成员掌握和熟悉各自和团队整体的工作任务流程、团队协作模式。与此同时，在传统面对面交流和沟通机会缺乏和受限的条件下，虚拟团队的团队成员往往也需要摸索和掌握自己和团队中其他成员在团队和具体工作中的角色分配。此类针对团队成员的关于工作任务和人际互动的过程，由于受限于虚拟交流和线上互动模式的特征的影响，往往比采用传统线下互动和交流的团队面临更多挑战，或是需要更长的时间、更充分的设计和准备来完善团队成员彼此和团队成员之间任务适应和人际互动适应的过程。

虚拟团队作为一种应对动态变化的经营和竞争环境的工作模式，在组织中将越来越普遍。通过使用信息和通信技术，虚拟团队能够克服地理分散的挑战，使成员能够在时间和距离上协同工作。未来，随着技术的不断发展和全球化的加剧，虚拟团队将成为常态。组织将越来越依赖虚拟团队来实现灵活性、效率和创新。

同时，随着人工智能和协作工具的进一步发展，虚拟团队将更加智能化和自动化，然而，虚拟团队仍面临一些挑战。团队成员需要适应远程工作环境，掌握协作工具和沟通技巧。组织和团队需要投入资源，提供培训和支持，以确保团队成员能够有效地协同工作和实现共同目标。

为了更好地应对未来的挑战，组织和团队应重视以下方面：提供支持和培训，帮助团队成员适应虚拟工作环境；积极采用新技术和工具，提高协作效率和沟通质量；注重团队文化和团队凝聚力，建立信任和合作的氛围；定期评估和优化虚拟团队的工作流程和绩效，以持续提升团队效能。

4.3.3 人机协同型团队

随着人工智能技术的进步，一种新型的团队协作模式正在崛起，即人与人工智能或智能机器人的协同工作模式，也被称为人机协同工作模式。这种模式中，人工智能或智能机器人作为"合作者"加入团队工作中，与人类成员共同协作。这种新型协作模式的出现彻底改变了传统团队成员的构成方式。团队不再局限于由人类工作者组成，而是能够以"人机混合"的形式组建。

在人与人工智能或智能机器人的协同工作中，团队成员可以共享任务和责任，充分利用人工智能的算法和学习能力，提高工作效率和质量。同时，人工智能技术还可以提供实时数据分析、智能决策支持和自动化处理等功能，为团队提供更多的智能化支持。

然而，人与人工智能或智能机器人的协同工作模式也面临一些挑战。团队成员需要适应与人工智能合作的方式和流程，理解和利用人工智能的特点和优势。此外，还需要解决隐私和安全等问题，确保人机协同型团队兼顾效率与可靠性。

在人机协同型团队中，人起着决定性作用。不论人工智能的技术水平或功能如何，人机交互的最终结果在很大程度上取决于人。在人机协同型团队的相关研究中，人对机器的信任问题备受关注。人机协同型团队的核心机制在于人类如何选择：采纳或拒绝人工智能的建议。因此，人机协同型团队的总体效能在很大程度上取决于人类对人工智能的信任程度。信任是一个团队成功的核心要素，定义为"一方愿意受另一方行为的影响，预期另一方将采取对信任者来说重要的特定行动，而不考虑监督或控制另一方的能力"。

从技术视角来看，人类对人工智能的认知信任（cognitive trust）在很大程度上受到人工智能特征与行为的影响，如有形性、透明性、可靠性。人类信任的研究表明物体的表现形式和可触摸性对于信任的建立至关重要。透明性反映了技术的基本操作规则和内在逻辑对人类的展示程度，被认为是影响人类是否信任新技术的关键因素。可靠性即人工智能随着时间推移能否表现出预期行为，也是其是否值得被信任的关键（Hoff and Bashir, 2015）。此外，人工智能被视为更擅长某些特定的任务(如人类认为人工智能更擅长处理技术问题而不是人际关系),因此,任务特征是人工智能获得人类认知信任的重要先决条件(Hancock et al., 2011)。人类对人工智能的情感信任(emotional trust)则主要受人工智能拟人化程度的影响。人工智能的拟人化即与人类的相似性,如具有人类的外貌特征、品质和情感。这些感知可以由人工智能的类人外形(如人形机器人)、行为特征(如注视和点头)以及意识框架(如给人工智能取名)驱动。

从团队的视角来看,人机协同型团队的信任不能仅限于个人对人工智能的信任,还需包括对整个团队的信任,因此整合团队交互的各个方面来理解人机协同型团队的信任及其随时间的发展便十分重要。团队信任包括两个方面,即对他人动机和意图的期望,以及对与之相关的风险的考虑。因此,当团队成员履行承诺完成约定的事情(即诚信,integrity)、有能力将这件事情完成好(即能力,ability)、同时关心团队发展即共同目标(即善意,benevolence)时,团队信任将处于一个较高的水平。此外,团队成员之间的相互依赖程度也会影响团队信任,高相互依赖的团队需要沟通、协调和决策,这反过来又为团队信任的发展创造了机会。同时,由于人工智能的技术性,先前的技术经验会强烈影响个体,从而影响团队成员对相同或类似技术的信任程度(Hancock et al., 2011)。有学者研究人机协同型团队中的习得性信任(learned trust)时发现,人对人工智能系统的信任建立在其当下所处的情境与过往的经验之上。最后是时间因素,人机信任程度会随着交互时间的长短发生改变,这是一种动态的团队能力。

人机协同型团队是一种具有巨大潜力的工作模式,可以提高工作效率、解决复杂问题和推动创新。然而,团队成员之间的信任和合作是取得成功的关键。通过建立可靠、透明和智能的人机交互系统,并培养人与人工智能之间的信任关系,以实现协同工作的最佳效果,我们可以期待人机协同型团队在未来的进一步发展和应用中发挥出更大的作用。

4.3.4 多团队系统

团队作为组织中完成任务的基本单元,在面临复杂、快速变化的环境时,仅靠单一团队有时不足以应对,往往需要多个团队跨越边界进行协同合作,整合不同的知识和技能,以快速响应并有效完成任务(DeChurch et al., 2019; Zaccaro et al., 2020)。例如,在新产品研发、复杂军事行动和医疗急救等场景中,多团队合作越来越常见。这种多个团队协同完成任务的组织形式被称为"多团队系统"(multiteam system, MTS)。多团队系统作为"团队的团队",其本身往往在结构组成和运作机理上都存在较大的复杂性、动态性,以及各个层次之间的互依性。

目标层级性和高度互依性是多团队系统的两个关键特征(Mathieu et al., 2018)。目标层级性描述了如何将近端目标结合起来,以实现更高层级的多团队系统远端目标。而高度互依性意味着为了实现集体目标，子团队之间的工作输入、过程和结果高度依赖和结合。另外，Zaccaro 等（2020）进一步总结了多团队系统的特征，指出多团队系统可以由来自不同组织的子团队构成，不再局限于传统的组织边界。

多团队系统的效率不仅与各个子团队如何顺利实现其近期目标有关，更重要的是如何共同达成更高级别的目标。考虑到多团队系统的形成往往是为了适应动态环境，其目标也会根据环境的变化而灵活调整。因此，评估多团队系统的效率应该关注整个系统是否能够实现更高级别目标，而不仅仅关注单个子团队的目标实现情况（Mathieu et al., 2018）。这一观点提醒我们在研究和实践中应该更加注重多团队系统的整体绩效，以确保在动态环境中的适应性和协同性。

随着数字化技术的发展，多团队系统在更广泛、更多元的情境中得到应用，使得企业和组织能够更快速地应对外部环境和市场需求的动态变化，使多团队系统作为一个整体具有更强的灵活性。在同一个多团队系统中，系统内部的子团队结构以及各个子团队内部的结构都可以灵活地调整，以适应外部复杂环境的不同需求。然而，这也给组织带来了新的挑战，需要在边界更加动态化的情境中实现多团队系统的高效协同运作。

总之，多团队系统在当前已经成为组织中的重要形式，未来将继续发展并在不同领域发挥重要作用。通过有效的协同合作和跨团队的知识共享，多团队系统有望实现更高效的任务完成和创新能力，为组织带来持续的竞争优势。

4.4 数智驱动团队管理新挑战

在组织任务的完成过程中，团队的工作组织模式已经成为主要手段。企业和组织依赖于各个团队来进行复杂而相互依赖的工作，例如，新产品开发、设计、解决方案的提出和执行等。然而，要确保团队的高效运作和取得优异成果，有效的团队过程至关重要。团队过程是指团队成员之间通过互动和相互协作，将输入转化为团队成果，实现团队目标的一系列认知、情感和行为活动（Marks et al., 2001）。在当今数智时代，团队面临着管理上的新挑战。随着数字技术的迅猛发展，团队成员需要适应日益复杂的任务要求和不断变化的工作环境。这要求团队管理者和成员在认知、情感和行为过程的管理方面进行创新和改进，以提高团队的有效性和实现卓越成果。只有应对这些新挑战，团队才可以在快速变化的环境中保持竞争优势，并为组织的成功做出重要贡献。

4.4.1 对团队认知过程管理的挑战

在数智时代，数智技术的快速发展和深度嵌入对团队的共享心智模型和交互记忆系统产生了深刻的影响，使得数智驱动团队的认知过程管理面临着一系列新的挑战。

共享心智模型是指团队成员共同拥有的关于任务环境中关键要素的系统性知识,包括设备、任务、人员和团队协作等方面。共享心智模型水平较高的团队能够展现以下特征:①团队成员了解团队工作中所需的主要设备和工具;②团队明确任务的要求、目标和绩效标准,并了解在任务执行过程中可能遇到的困难和问题;③团队成员相互了解彼此的特点,包括所需的知识技能和工作习惯;④团队成员共同认可有效的团队协作方式。研究指出,共享心智模型的更新关乎团队适应性,必须与任务情境相匹配,才能改变团队的互动模式并提升绩效(Uitdewilligen et al., 2013)。社会互动是共享心智模型形成的重要因素,团队成员之间的充分互动有助于共同理解团队目标、任务要求、工作习惯和团队协作模式,以及彼此专长(Levesque et al., 2001),从而推动共享心智模型的形成和持续更新。

在数智驱动的团队中,共享心智模型的挑战在于应对快速变化的任务环境和技术创新。团队需要灵活调整共享心智模型,更迅速地进行迭代和更新,以适应新的任务要求和技术工具。此外,信息的爆炸性增长和多样化的知识来源也给共享心智模型的构建和更新带来复杂性。团队需要善于利用数智技术和工具,支持共享心智模型的建立和沟通。

交互记忆系统是团队共同进行信息编码、存储和检索的机制(Lewis and Herndon, 2011)。对于具有较高交互记忆系统水平的团队而言,团队成员通常了解彼此的知识分布,即谁擅长什么。交互记忆系统包含多个维度,涵盖了团队成员个体知识储备的集合以及对彼此知识的认知(Moreland, 1999)。这种认知包括准确性、一致性和复杂性。交互记忆系统的存在有助于提升团队成员对彼此专业程度的认可。当团队成员准确了解彼此的专长时,他们能够更好地吸收不同的信息,在团队决策制定、分工安排和其他方面做出更好的决策。有研究表明,团队任务互依性、合作性目标和支持创新的氛围与交互记忆系统呈正相关,而交互记忆系统与团队业绩显著相关,交互记忆系统在上述三个团队特征与团队业绩之间起到中介作用。

数智驱动团队的交互记忆系统在实践中可能面临多个挑战。首先,数据质量和可靠性是关键问题,因为数智驱动团队的交互记忆系统需要依赖大量数据作为基础。若数据存在错误、偏差或不完整性,会影响团队对彼此专长和知识分布的准确了解。其次,在这个信息指数增长的时代,领域知识和专业技能不断演变和更新,团队成员的能力和知识分布也会发生变化,因此交互记忆系统需要及时更新和维护,以保持对团队成员能力的准确了解。另一个挑战是数智驱动团队成员多样性可能带来的成员间沟通和协作障碍。由于地理位置、语言差异、文化背景等因素,团队成员之间的有效沟通和协作可能受到限制。这可能导致交互记忆系统的信息传递和共享受阻,影响团队成员对彼此专长的认知。此外,高度依赖数智技术进行团队运作的情况下，隐私和安全问题也是一个关键考虑因素。交互记忆系统所涉及的数据可能包含敏感和机密信息，如个人专业能力、知识产权等。团队需要在建立交互记忆系统时考虑隐私和安全问题，确保适当的数据访问和使用权限，并采取相应的安全措施。

数智驱动团队应对共享心智模型和交互记忆系统的新挑战，需要采取综合的策略加以应对。首先，团队成员应加强沟通与合作，通过频繁的交流和知识共享，建立和更新共享心智模型。其次，团队应关注数据质量和知识时效性，定期更新和维护交互记忆系统，以确保信息的准确性和及时性。此外，团队应重视隐私和安全考虑，制定合适的数据访问权限和安全措施。最后，团队需要关注技术限制和可行性，确保所采用的技术基础设施和工具能够支持共享心智模型和交互记忆系统的有效建立和更新。通过这些综合策略，数智驱动团队能够更好地应对新挑战，提升团队的协作效能和绩效水平。

4.4.2 对团队情感过程管理的挑战

团队过程中的情感维度在很多时候也被视作团队过程的动机维度，团队凝聚力是团队情感过程中至关重要的一个概念。而数智驱动团队的团队凝聚力在数字技术时代面临着新的挑战。

团队凝聚力是指团队成员对团队的吸引力程度（Goodman et al., 1987），与团队绩效呈现显著的正向关系，高凝聚力的团队通常表现出更好的绩效，而前期的高绩效表现则增强了团队成员对团队的积极情感和集体成就的自豪感，提高了团队的吸引力。较高的团队凝聚力也促进团队合作，并增强团队成员在面对失败或困难时的工作动机，进一步提升团队的绩效表现。研究发现，团队凝聚力和团队绩效之间存在循环正向影响，凝聚力对团队表现的影响比表现对凝聚力的影响更强，而且随着团队成员共同工作时间的增长，凝聚力对团队表现的影响逐渐增强（Mathieu et al., 2014）。

凝聚力较高的团队通常表现出更好的绩效。此外，团队凝聚力和团队绩效表现之间的影响是相互的。Mathieu 等（2014）的研究证实了团队凝聚力和团队绩效之间存在着互为因果的循环正向影响。研究还表明，团队凝聚力对团队表现的影响显著强于表现对凝聚力的影响，并且随着团队成员共同工作的时间增长，凝聚力对团队表现的影响效应逐渐增强。

但数智驱动团队的特征可能导致其在团队凝聚力方面面临一些挑战。首先，较之传统工作团队，由于数智驱动团队成员具有更高的多样性，团队内部可能存在不同的文化、价值观和工作习惯，这可能导致团队成员之间的认同感和归属感降低，从而影响团队凝聚力的形成。团队成员可能需要花更多的时间和精力去理解和协调彼此之间的差异，以建立共同的目标和价值观。其次，数智驱动团队的成员可能分散在不同的地理位置，这增加了面对面交流的困难。虚拟环境中的交流可能不如直接的面对面交流那样富有情感和沟通效果。缺乏面对面的交流可能导致团队成员之间的理解和信任程度下降，从而降低团队凝聚力。为了克服这个挑战，数智驱动团队可以利用各种在线协作工具和技术来促进实时沟通和合作，并定期组织面对面的会议或团队建设活动，以加强团队成员之间的联系和凝聚力。最后，数智驱动团队的工作方式可能更加灵活和自主，成员之间的互动可能更多基于任务需求而非团队整体。这种情况下，团队成员可能更加关注个人目标和成就，而忽视团队的整体利益。这可能导致团队凝聚力的下降。为了解决这个问题，团队领导者可以设立明确的团队目标，并鼓励团队成员之间的协作和知识共享，以增强团队凝聚力和归属感。

4.4.3 对团队行为过程管理的挑战

配合行为关注于管理团队工作流程中相互依赖的工作活动的行为(Kozlowski and Bell，2013)。协作行为指团队成员为完成彼此工作任务而做出个人贡献的过程(Wagner，1995)。沟通行为在团队中起到重要作用，能促进团队任务进展和塑造团队工作范式。

在数智驱动的大背景下，数智驱动团队在配合、协作和沟通方面可能面临一些挑战。第一，因为高度的成员多样性，数智驱动团队成员通常具有不同的背景、技能和工作方式，这种多样性可能导致团队成员之间存在沟通和协调的困难。不同的工作风格和沟通方式可能会引发误解和冲突，影响团队的配合和协作。第二，地理分散导致的沟通障碍也会带来影响。数智驱动团队的成员可能分散在不同的地理位置，面对面的线下交流机会减少。虚拟环境中的沟通和协作可能不如面对面交流那样直接和有效。时间差、语言和文化差异等因素可能会进一步增加沟通的复杂性。第三，高度依赖远程工作和虚拟协助等技术工具带来挑战。数智驱动团队需要依赖各种技术工具进行远程协作和沟通。然而，使用新的技术工具可能需要团队成员适应和学习，而且技术问题和故障可能会干扰沟通和协作过程。第四，缺乏非言语沟通带来的局限性。数智驱动团队经常采用的在线沟通通常限于文字、语音和视频等方式，缺乏面对面交流中的非语言元素，如肢体语言、面部表情和直觉等。这可能导致信息传递的不完整性和误解，影响团队成员之间的理解和配合。第五，时间和时间管理的挑战。数智驱动团队通常跨越不同的时区和工作时间安排，团队成员可能需要面对协调不同工作时间的挑战，以确保有效的协作和沟通。时间管理和协调成为关键因素，以避免工作延误和工作冲突。

为了克服这些挑战，数智驱动团队可以采取以下策略和措施。首先，建立明确的沟通渠道和规范，包括使用哪些沟通工具、频率和时间安排等。其次，培养跨文化和跨时区意识，提高团队成员对不同文化背景和时区差异的理解和尊重。

同时，选择适合团队需要的技术工具和平台，并提供必要的培训和支持，以帮助团队成员熟练掌握和有效利用这些工具。此外，通过定期的团队建设活动和远程社交交流，加强团队成员之间的联系和凝聚力。鼓励团队成员积极分享信息、意见和反馈，建立开放和信任的沟通氛围。最后，重视有效的沟通技巧培训，提高团队成员的沟通能力。通过这些策略和措施，数智驱动团队才有可能克服配合、协作和沟通方面的挑战，实现高效的团队协作和沟通，提升团队的绩效和效能。

4.5 本章小结

本章深入探讨了数智时代背景下团队管理的新特征、新挑战以及构建新形式。首先，团队的构成和运作方式在数智时代中呈现出团队成员多样化、工作任务细分化、人际互动虚拟化等新兴特征，这些特征对团队的创新力和竞争优势积累过程产生了重要影响。其次，本章介绍了线上线下混合型团队、虚拟团队、人机协同型团队和多团队系统等新型团队构建形式，这些全新的形式适应了数字化、全球化和技术进步的需求，但也给传统团队管理理论和实践带来了一定挑战。最后，本章进一步讨论了数智驱动团队在认知过程、情感过程和行为过程管理上面临的新挑战，并提出了相应的解决策略，力图为理解和引导数智时代团队的运作提供了理论支持和实践指导方向。接下来，我们提出数智时代团队管理研究领域未来值得关注的几项研究问题。

(1) 在线上线下混合型团队和虚拟团队中，如何建立和维护高效的沟通机制，以克服工作任务分配和成员地理分散带来的挑战？探讨不同沟通工具和技术在虚拟团队中的应用效果，以及如何优化沟通流程和提升信息传递质量。

(2) 在人机协同型团队中，如何培养和增强人类对人工智能的信任和接受度？分析人类对人工智能信任的形成过程和影响因素，研究提升人机交互质量的方法。

(3) 在多团队系统中如何实现跨团队的知识共享和协同工作，以提升整体绩效？研究多团队系统中知识管理和协作机制的有效性，探索促进跨团队合作的策略。

(4) 在数智驱动团队中，如何有效管理和更新共享心智模型，以适应快速变化的任务环境？考察共享心智模型在数智团队中的构建和迭代过程，研究支持模型更新的工具和技术。

(5) 在数智驱动团队中，如何评估和提升团队凝聚力，以增强团队的吸引力和合作精神？探索团队凝聚力的影响因素和提升策略，研究团队建设和维护团队情感联系的方法。

(6) 在数智驱动团队的行为过程管理中，如何优化团队成员的协作行为和沟通行为？分析协作和沟通行为对团队绩效的影响，研究提高团队协作效率的行为管理策略。

参 考 文 献

谢小云, 左玉涵, 胡琼晶. 2021. 数字化时代的人力资源管理: 基于人与技术交互的视角. 管理世界, 37(1): 200-216, 13.

Bell S T, Villado A J, Lukasik M A, et al. 2011. Getting specific about demographic diversity variable and team performance relationships: a meta-analysis. Journal of Management, 37(3): 709-743.

Bloom N, Han R, Liang J. 2022. How hybrid working from home works out. National Bureau of Economic Research, Working Papers: 30292.

Cohen S G, Bailey D E. 1997. What makes teams work: group effectiveness research from the shop floor to the executive suite. Journal of Management, 23(3): 239-290.

DeChurch L A, Bufton G M, Kay S A, et al. 2019. Organizational learning and multiteam systems//Argote L, Levine J M. The Oxford Handbook of Group and Organizational Learning. London: Oxford University Press: 1-29.

Goodman P S, Ravlin E, Schminke M. 1987. Understanding groups in organizations//Cummings L L, Staw B M. Research in Organizational Behavior. Greenwich: JAI Press: 121-173.

Hancock P A, Billings D R, Schaefer K E, et al. 2011. A meta-analysis of factors affecting trust in human-robot interaction. Human Factors, 53(5): 517-527.

Harrison D A, Price K H, Gavin J H, et al. 2002. Time, teams, and task performance: changing effects of surface-and deep-level diversity on group functioning. Academy of Management Journal, 45(5): 1029-1045.

Henfridsson O, Bygstad B. 2013. The generative mechanisms of digital infrastructure evolution. MIS Quarterly, 37(3): 907-931.

Hertel G, Geister S, Konradt U. 2005. Managing virtual teams: a review of current empirical research. Human Resource Management Review, 15(1): 69-95.

Hoch J E, Kozlowski S W J. 2014. Leading virtual teams: hierarchical leadership, structural supports, and shared team leadership. Journal of Applied Psychology, 99(3): 390-403.

Hoff K A, Bashir M. 2015. Trust in automation: integrating empirical evidence on factors that influence trust. Human Factors, 57: 407-434.

Iqbal K M J, Khalid F, Barykin S Y. 2021. Hybrid workplace: the future of work//Khan B A, Kuofie M H S, Suman S. Handbook of Research on Future Opportunities for Technology Management Education. IGI Global: 28-48.

Kozlowski S W J, Bell B S. 2013. Work Groups and Teams in Organizations. Hoboken: John Wiley & Sons.

Larson L, DeChurch L A. 2020. Leading teams in the digital age: four perspectives on technology and what they mean for leading teams. The Leadership Quarterly, 31(1): 101377.

Levesque L L, Wilson J M, Wholey D R. 2001. Cognitive divergence and shared mental models in software development project teams. Journal of Organizational Behavior, 22(2): 135-144.

Lewis K, Herndon B. 2011. Transactive memory systems: current issues and future research directions. Organization Science, 22(5): 1254-1265.

Marks M A, Mathieu J E, Zaccaro S J. 2001. A temporally based framework and taxonomy of team processes. Academy of Management Review, 26(3): 356-376.

Mathieu J E, Luciano M M, DeChurch L A. 2018. Multiteam systems: the next chapter//Ones D S, Anderson N, Viswesvaran C, et al. The SAGE Handbook of Industrial, Work & Organizational Psychology: Organizational Psychology. London: SAGE Publications Ltd: 333-353.

Mathieu J E, Tannenbaum S I, Donsbach J S, et al. 2014. A review and integration of team composition models. Journal of Management, 40(1): 130-160.

Moreland R L. 1999. Transactive memory: learning who knows what in work groups and organizations//Thompson L L, Levine J M, Messick D M. Shared Cognition in Organizations: The Management of Knowledge. Mahwah, NewJersey: Lawrence Erlbaum Associates, Publishers: 3-31.

Morgan B B Jr, Salas E, Glickman A S. 1993. An analysis of team evolution and maturation. The Journal of General Psychology, 120(3): 277-291.

Raisch S, Krakowski S. 2021. Artificial intelligence and management: the automation–augmentation paradox. Academy of Management Review, 46(1): 192-210.

Shao Y D, Fang Y R, Wang M, et al. 2021. Making daily decisions to work from home or to work in the office: the impacts of daily work-and COVID-related stressors on next-day work location. Journal of Applied Psychology, 106(6): 825-838.

Shockley K M, Allen T D, Dodd H, et al. 2021. Remote worker communication during COVID-19: the role of quantity, quality, and supervisor expectation-setting. Journal of Applied Psychology, 106(10): 1466-1482.

Uitdewilligen S, Waller M J, Pitariu A H. 2013. Mental model updating and team adaptation. Small Group Research, 44(2): 127-158.

Wagner J A III. 1995. Studies of individualism-collectivism: effects on cooperation in groups. Academy of Management Journal, 38(1): 152-173.

Wilson H J, Daugherty P R. 2018. Collaborative intelligence: humans and AI are joining forces. Harvard Business Review, 96: 114-123.

Zaccaro S J, Dubrow S, Torres E M, et al. 2020. Multiteam systems: an integrated review and comparison of different forms. Annual Review of Organizational Psychology and Organizational Behavior, 7: 479-503.

第5章 数智组织中的人机协作[①]

伴随着数字经济的蓬勃发展，以人工智能为代表的新兴数字技术正日益融入经济社会的不同领域，深刻地改变组织的运行模式，重塑人们的工作场景与内容，推动组织从数字化进入数智化转型的新阶段(Murray et al., 2021; Raisch and Krakowski, 2021; 张志学等, 2021; 罗文豪等, 2022)。尽管大量的实践案例表明，以人工智能为代表的新兴数字技术在性能上已经展现出了一定的优越性(Bennett and Hauser, 2013; Esteva et al., 2017; Fountaine et al., 2019)，但是组织在导入新技术、推进数智化的过程中仍然充满阻力。一方面，员工可能不愿意或无法有效地使用数字技术(Ge et al., 2021; Liang and Xue, 2009; Yang et al., 2020; 李燕萍和陶娜娜, 2022)，另一方面，员工与技术的交互过程与协作模式可能无法适应不断变化的内外部环境，难以达成预期的协作效能(Davenport et al., 2017; Fountaine et al., 2019)。人与技术的交互与融合困境(Makarius et al., 2020; 谢小云等, 2021)构成了来自组织微观层面的充分发挥数字技术价值的阻力。

关于人与数字技术的交互，心理学、信息系统、人因工程等领域已经做出了一定探索。心理学领域的研究侧重考察人对技术的一般态度，如算法厌恶(Burton et al., 2020; Dietvorst et al., 2015)。信息系统领域对于一般的信息技术的抗拒心理积累了较为丰富的研究，这些研究侧重人对技术特征(有用性、易用性)的感知(Davis, 1989)。人因工程领域则关注技术属性与人对技术的期望之间的匹配，倡导通过优化设计策略来促进人与技术的交互(Grote et al., 2014; Mueller, 2020)。尽管这些研究对于理解人为什么不接纳或无法有效使用数字技术提供了重要的理论保障，但是这些研究都未能真正将技术视为人的工作伙伴(technology as a teammate)(Larson and DeChurch, 2020)，未能深刻地揭示人与技术的交互过程机理。

在组织数智化背景下涌现出的人机协作问题呈现了新的特点，用上述领域研究的某个单一视角难以做出充分解释。有别于传统的信息系统，以算法和人工智能为基础的新一代数字技术具有自学习能力，能够受到环境的多种刺激，适应不断变化的信息或对交互做出反应(Schuetz and Venkatesh, 2020)。数字技术不再只是工具或工作的背景，而逐渐成为自主主体(autonomous agent)，与人形成了越来越紧密的协同(Larson and DeChurch, 2020; Seeber et al., 2020)。当数字技术成为工作伙伴，人与技术的交互表现出了更多的复杂性。一方面，人机协作涌现出

[①] 本章部分研究工作得到了国家自然科学基金项目(71902172)资助。

了一些新问题，比如，两者的角色该如何界定？两者之间如何建立信任？两者如何有效地交换信息？这些原本存在于人与人之间的问题也开始表现在人机之间。另一方面，人与技术的关系不再是点对点的、静态的，而是会随着组织数智化变革的推进和技术的演进而动态发展(Vial，2019)。因此面向当下和未来，对人机协作问题的研究亟须引入组织管理的视角，识别影响人机协作效能的关键作用机理，搭建研究人机协作的系统框架。

5.1 人机协作的内涵及理论

数智化是指组织将数字化能力与人工智能技术融合从而提升运作效率(陈剑和刘运辉，2021)，该过程在微观层面的主要表现之一是泛在的人机协作行为(Larson and DeChurch，2020)。组织的数智化转型是个复杂且多层次的现象，始于新兴数字技术的引入，随着一系列变化的发生，最终取得的或然性结果是转型成功还是失败，取决于人与技术之间的协作是否和谐有效，因此需要把目光聚焦于此。为了更好地理解人机协作中的挑战，采用因素理论和过程理论视角，将已有的人机协作研究进行系统梳理。

组织管理领域对现象的解读往往遵循因素理论和过程理论两种范式(Langley，1999；Mohr，1982)。因素理论视角下的研究大多将现象视为变量之间的线性关系，致力于描述发生了何种变化(即"what"的问题)，在解释引发变化的原因时采用预测性规则，即认为某结果变量的变化来源于多个前因变量的变化；而过程理论视角下的研究认识到现象的复杂性与动态性，致力于解释现象是如何演变发展的(即"how"的问题)，在解释变化时更加关注生成机制，即解释促使现象发生一系列变化的内在动力(Langley，1999；Mohr，1982；王凤彬和张雪，2022；黄江明等，2011)。

基于因素理论，人机协作的挑战主要来源于技术或人的特征。这一派研究认为组织要想成功引入技术并将其整合至既有工作模式中，其首要任务是改善技术或人的特征。这些研究往往是相对独立地看待人与技术这两个主体，其结论和实践启示表明，通过改善某个特征可以提升人机协作的效果。而遵循过程理论的研究则关注人与技术作为平等主体之间的关系和互动，认为人机协作的挑战在于人与技术之间的交互作用。这些研究关注到在人与技术互动过程中，人和技术两大主体在发生变化的同时，也作用于彼此的变化，甚至可以说人与技术各自的特征是在交互过程中形成和存在的。因此，该范式下的研究认为，组织能否顺利地引入与整合新技术取决于人机交互过程是否顺畅，以及人与技术是否能协同适应动荡环境与不断出现的新需求。

5.1.1 因素理论视角下人机协作的挑战：人或技术特征的主导

1. 以技术为中心的研究

以技术为中心的研究(technology-centered)关注技术特征，默认员工对技术的接纳和使用取决于技术特征的优化。信息系统领域通常关注技术的功能性(functionality)、面向人时展现出的特点(factors)以及对环境的适应性(adaptability)(Gebauer et al., 2005; Zhang and Li, 2005)。新兴数字技术以算法和人工智能为基础、具有自学习能力，通常具备很强的环境适应能力，因此现有以技术为中心的研究主要探讨了技术性能和技术特点对人机协作的影响，前者指的是技术对功能的履行效果，而后者侧重对技术内在和外在结构的刻画。

一方面，数字技术的性能影响了人们与其开展协作的意愿。已有研究发现，数字技术的绩效表现、响应时间越符合或超出人们的预期，人们越倾向于与技术进行互动与协作；反之，当技术的性能表现不佳时，人们会减少对技术的使用。这些发现与传统的技术接受模型的观点一致，即技术的有用性是影响人们对技术的使用意愿的决定性因素之一(Davis, 1989; Legris et al., 2003)。

另一方面，一些研究关注到数字技术内在和外在结构的特点对使用者协作意愿的重要影响。通过提升技术的透明性、响应性、拟人性、安全性等特点，人们与技术互动交流以及信任与合作的意愿得到明显提升。Glikson 和 Woolley(2020)的综述总结提出，人工智能的实体性、透明性、可靠性有助于认知信任(cognitive trust)的建立，而人工智能的实体性、拟人性对于情感信任(emotional trust)的建立至关重要。

2. 以人为中心的研究

与以技术为中心的研究不同，以人为中心的研究(human-centered)挑战了"技术越好，人机协作效能越好"的前提假设。这些研究不关注技术的具体功能或者其在具体任务中的性能表现，而是重点考察人对数字技术的总体态度，认为人机协作效能取决于人对数字技术的态度或倾向。

一方面，一些研究发现尽管数字技术在许多领域已经展现出了比人类更优越的绩效表现，但是人们对于这些新技术却常常持有消极的态度。Dietvorst 等(2015)将针对算法的消极态度称为算法厌恶(algorithm aversion)，他们通过一系列的实验研究发现人们之所以不愿意使用算法预测是因为相比看到人类犯错，当他们看到算法犯错时会更快地失去对算法的信心。其他研究也表明，即使算法及其他嵌入式人工智能的实际表现更好，专家和外行也不乐意使用，而是更喜欢表现欠佳的人类的预测。进一步，Hertz和Wiese(2019)的研究发现，当人们在不清楚任务要求时，算法和智能机器人都不是优先选项，而是会倾向于向人类寻求建议。人们对技术产生消极态度源自其自身的领域经验、抗拒改变的特质、人类独特性被威胁的感知等，这导致他们不愿意与数字技术开展协同工作，同时也丧失了提高决策质量和工作绩效的机会。

另一方面，一些研究发现人们并不总是厌恶数字技术，反而对技术有偏好。目前对人类积极态度的研究大多集中在对算法的偏好上，较少涉及智能机器人和虚拟人工智能形象。Logg等(2019)将同等情况下人们对算法更加依赖的现象称为算法欣赏(algorithm appreciation)。例如，You等(2022)发现人们在面对人类专家和人工智能给出的建议时，总是认为人工智能优于或等于人类专家的判断。类似地，Gunaratne等(2018)在模拟养老储蓄场景中发现，尽管算法的基础计算是不透明的，但是相比社会大众的建议，人们倾向于认为算法更加专业、权威，其建议更加有说服力。人们对技术的积极态度与自我信心、依恋风格有关，这导致他们在同等情况下更加偏好或依赖技术，有时也会蒙蔽他们对问题的判断。

我们可以看到，因素理论视角下关于人机协作效能的研究集中在"点对点"人机关系中的单一视角，或关注技术特征对协作意愿的影响，或关注人的态度如何影响其对技术的反应，而缺乏对人与技术两者间协同关系的探究。一方面，在应用科学领域和实践界致力于推动技术进步和产品优化的同时，行为科学领域研究不能仅关注技术的性能与特点对人的影响，而需要以人为立足点、深入探究人机互动过程(Tausch and Kluge, 2020)。另一方面，人们单方面对技术的总体倾向能够解释人使用技术的卷入程度，却无法解释人与技术的具体互动以及其中的微观动力过程，这正是有待进一步探究的方向(de Guinea and Webster, 2013; O'Neill et al., 2020)。

5.1.2 过程理论视角下人机协作的挑战：人机交互作用的主导

虽然以"人机协作""人机交互"为主题的研究层出不穷，但是人与数字技术究竟如何互动与合作仍然是一块缺失的拼图(missing puzzle)(Broadbent, 2017; Obschonka and Audretsch, 2020)。过程理论视角下的研究着眼于该问题，认可人机交互过程中的复杂性与不确定性，尝试从内部探究人与技术的交互作用中的一系列活动、事件和选择，并解释变化是如何发生的。

已有研究意识到人与技术有序的协同状态是不易达成的。比如，人工智能技术将改变员工的岗位技能要求并进一步重塑员工心理(朱晓妹等，2021)，甚至对中低端技能岗位员工产生替代威胁，从而造成员工工作绩效的降低(周文斌和王才，2021）。人们在与智能体互动时，需要消耗更多认知资源来理解和揣测其内部心智状态，甚至导致认知冲突而影响到后续任务中的表现（Riedl et al., 2014; Wiese et al., 2019）。例如，有研究发现，人工智能的知识与专家的实践知识存在脱节，或是专家感受到人工智能系统的威胁，使其自我评估出现问题并采取防御行为，从而导致即使使用高性能人工智能工具开展知识工作（knowledge work），仍会存在工作质量不佳的问题。

过程理论视角下的研究表明，上述的困难并不能通过改善某项条件来克服，而是需要在人机交互过程中不断尝试、不断磨合。例如，Jussupow 等（2021）描述了医生如何在人工智能建议的帮助下做出诊断决策的过程，具体为医生首先会有一个大致的诊断思路，然后针对具体问题进行分析，当人工智能与医生意见发生冲突时，他们就会进入意义构建阶段，反复评估自己与人工智能的能力和决策，最终演化出五种不同的决策模式。在类似的情境中，Lebovitz（2019）观察到放射科医生原本在进行常规专业决策时有习惯的搜集信息、分析判断、形成最终诊断的方式，然而引入医学影像人工智能技术后，人工智能提供了远超过惯例的信息，甚至其中内容存在冲突，这让医生对于自己习惯的方式和具体病例诊断产生怀疑，只能不断增加诊断分析时间以获得更加准确的结论和方案。事实上，在人适应技术的过程中也实现了对技术的再创造（reinvention），最终目的仍然是促进人机更好地融合，从而共同促进任务的完成和团队目标的实现（Nevo et al., 2016）。

以过程理论为基础的研究超越了因素理论学派对人机协作研究的单一视角，补充了对人机协同微观过程的探讨。这也呼应了 Latour、Orlikowski 等学者对于人类主体性与技术主体性平等且兼容的观点，即人类创造技术的同时，技术也塑造了人类的主体性，因此在看待具体且动态的实践时，需要捕捉人类与技术要素相互作用并产生影响的联合能力（Cecez-Kecmanovic et al., 2014; Latour, 2007; Orlikowski and Scott, 2008）。尽管已有研究对人机协作的过程进行了诸多探索，但相对来说仍然更侧重于现象，缺乏理论上对于人机协作根本机制的提炼。

我们对因素理论视角和过程理论视角下的人机协作研究现状进行了总结（图 5-1）。总体而言，因素理论视角的研究将人机协作现象视为变量之间的线性关系，关注技术特征对协作意愿的影响，或关注人的态度如何影响其对技术的反应，缺乏对人机协同关系的探究。过程理论视角的研究补充了该不足，关注到人与技术的交互作用，并关注现象演变发展的过程和内在动力，然而目前这部分研究大多停留在现象层面，整体研究不够系统，缺乏理论上对人机协作根本机制的总结。

```
┌─────────────────────────────────────────────────┐
│              因素理论视角                        │
│  ┌──────────┬──────────────┬─────────────────┐  │
│  │ 研究视角 │ 以技术为中心 │ 以人为中心      │  │
│  ├──────────┼──────────────┴─────────────────┤  │
│  │ 理论基础 │ 将人机协作现象视为变量之间的线性关系 │  │
│  ├──────────┼──────────────┬─────────────────┤  │
│  │ 关注重点 │ 技术工具的性能、内在和外在结构的特点 │ 人对数字技术的总体态度或倾向 │
│  ├──────────┼──────────────┼─────────────────┤  │
│  │ 核心观点 │ 技术越好，协作成效越好 │ 人的态度越积极，协作成效越好 │
│  ├──────────┼──────────────┴─────────────────┤  │
│  │ 研究不足 │ 集中在"点对点"人机关系中的单一视角（人或技术），缺乏对人与技术两者间协同关系的探究 │
│  └──────────┴────────────────────────────────┘  │
└─────────────────────────────────────────────────┘
                        ▼
┌─────────────────────────────────────────────────┐
│              过程理论视角                        │
│ • 理论基础：认识到现象的复杂性与动态性，致力于解释现象是如何演变发展的 │
│ • 现有发现：人与技术有序的协同状态不易达成，需要在人机交互过程中不断尝试、不断磨合 │
│ • 研究不足：研究大多停留在现象层面，整体研究不够系统，缺乏理论上对人机协作根本机制的总结 │
└─────────────────────────────────────────────────┘
                        ▼
┌─────────────────────────────────────────────────┐
│         缺乏理解人机协作挑战的理论框架           │
└─────────────────────────────────────────────────┘
```

图 5-1　因素理论和过程理论视角下人机协作研究现状

5.2　数智组织中人机协作的关键机制

伴随着人工智能技术的不断发展，新兴技术逐渐深度嵌入人们的日常工作中，技术不再是简单的工具或手段，而是作为团队的一部分进行有效工作（National Academies of Sciences，Engineering，and Medicine，2021）。然而，通过上述文献梳理，我们发现组织引入新兴技术并不一定带来生产力的提升，而是在微观的人机协作层面面临诸多新的挑战。因此，我们提出一个理论框架，以帮助厘清人机协作的挑战，并加深对于人机协作交互过程的理解。如前所述，考虑到以人工智能为代表的新兴数字技术具有自学习能力（Schuetz and Venkatesh，2020），逐渐成为与人一样平等的主体（Latour，2007），与人开展紧密的协作，因此我们采用技术作为工作伙伴的视角来看待数字技术的导入（Larson and DeChurch，2020）。该视角的核心理念是技术不是简单地辅助于人，而应当在人机团队中扮演重要的角色。另外，我们关注技术引入通过影响人机协作关键过程机制，对人机协作效能产生影响的微观过程，并考虑任务要素和环境要素的情境权变效应。

基于上述考量，我们整合团队领域相关理论，在对现有人机协作过程研究做出进一步梳理之后，提炼和构建有关人机协作过程研究的系统性框架。Mathieu 等(2017)对团队研究的综述表明，团队结构、团队动态性质和团队成员互依行为对于团队结果具有重要影响。基于该框架，我们捕捉了影响人机协作效能的三个重要方面。首先，团队结构指的是团队将超出任何个体能力的大型或复杂任务分解为较小部分的方式，涉及技能和权威的分化(Hollenbeck et al.，2012；Mathieu et al.，2017)。因此，我们考虑到在人机协作中人与数字技术如何达成角色分配，以更好地进行任务分工。其次，团队的动态性质是团队互动过程中形成的集体性质，描述了团队成员的态度和感受(Fyhn et al.，2022；Marks et al.，2001)。在人机团队中，我们认为最重要的动态性质便是人机之间的信任，而信任是在互动过程中涌现并发展的。最后，团队成员互依行为是指通过认知、语言和行为活动来系统化工作任务，以促进集体目标的实现(Marks et al.，2001)。由此，我们重点关注人机团队中基于任务的信息交换行为，其对于理解人机协作效能意义重大。

具体而言，我们提出了影响人机协作效能的三种过程机制——角色重构(role reconfiguration)机制、信任形成(trust building)机制和信息交换(information exchange)机制。在接下来的内容中，我们将依次阐述三种过程机制的重要性以及存在的挑战，并尝试分析三种机制之间的关联与区别。最后，我们将超越人与技术这两个互动主体，考虑任务与情境因素对人机协作过程产生的不可忽视的影响。图 5-2 是对该部分内容的总结。

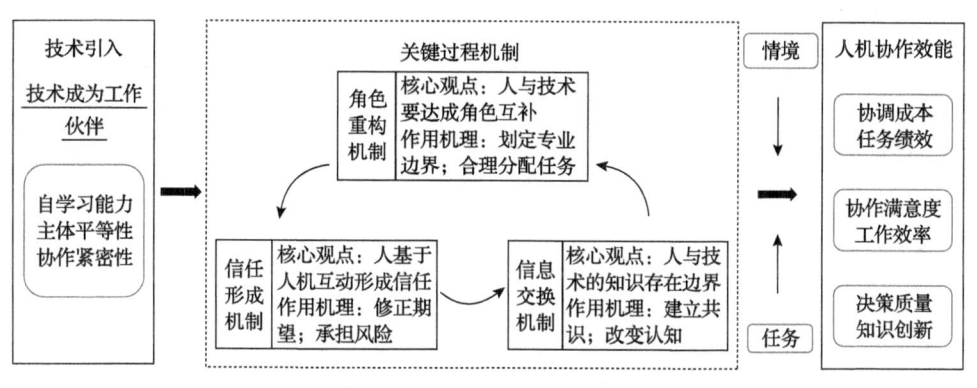

图 5-2 人机协作过程研究框架

5.2.1 角色重构机制

在有关人机协作效能的研究中，任务绩效是一个常被关注的结果变量，然而现有研究往往以单一视角研究人或技术的特征如何影响绩效结果。鉴于人和技术在能力上都有一定局限性，我们更需要关注的是如何通过角色重构来实现更好的任务绩效(Serrano and Karahanna，2016)。

引进技术往往是为了提高工作效率，但即使是敬业的员工使用先进的技术，也不一定能促进工作效率的提升(Tang et al.，2022)，就如同两块质量上乘的拼图，如果不能紧密嵌扣，也是无用的。在人机的角色分配中，既需要考虑人与技术以及环境的匹配程度，也需要在实际工作中不断调整与磨合。角色作为协调机制，通过划定专业管辖的边界，为不同个体分配各自的任务和责任，同时也建立了相应的专业期望，有助于减少团队内部的协商成本，并维持多个成员间的互动(Barley，1990；Sergeeva et al.，2020；Valentine and Edmondson，2015)。

由于技术和人在能力上都有其固有的局限，如何能实现角色互补对后续的任务绩效将产生重要影响(Serrano and Karahanna，2016)。从能力和角色的角度出发，最基本的一种认识是技术擅长计算、人擅长社交(Wilson and Daugherty，2018)，这种"分析师(技术)+销售(人)"的模式形成了一种角色互补，除此之外还有更多的可能，比如，技术更适合作为"老板"来分配任务，人更适合作为"员工"来执行任务(Fügener et al.，2021；Wesche and Sonderegger，2019)。这是因为人类无法像人工智能那样正确评估自己的能力，从而导致授权决策不佳，而恰恰人工智能技术具有强大的元认知，能够进行合理分工。而人和技术如何进行角色分配，其实是需要协商的。人只有在获得分配权和控制权的情况下才更愿意与技术进行合作，并且对协作过程更加满意(Haesevoets et al.，2021；Tausch and Kluge，2020)。

人机角色互补的达成需要角色中的非关系性要素(non-relational elements)和关系性要素(relational elements)的匹配，前者不需要特定的合作伙伴，而后者需要依靠特定的另一方而存在(如没有领导就没有下属)(Barley，1990，2020；Nadel，1957)。也就是说，在人机团队中基于岗位职责的角色分配需要人机互补，人与技术结构性的互动也需要相互匹配。在技术的引入打破原有角色划定后，如何能进行重新分配、促进人与技术的角色互补，将决定人机协作的有效性。

5.2.2 信任形成机制

人机之间的信任一直是研究的焦点，对人机协作效能具有重要影响。一方面，信任有助于克服人机协作过程中面临的认知复杂性(Lee and See，2004)，能够提高协作满意度，促进人机长期协作的意愿(Bisantz and Seong，2001)。另一方面，当人们不信任高性能技术时会减少对它的使用，导致人机协作的时间成本增加，损害工作效率(Glikson and Woolley，2020；Lee and See，2004)。

我们认为，对人机交互中信任形成机制的讨论应该建立在将数字技术视为工作伙伴这一前提之上。在早期功能性视角的研究下，人类是否愿意使用技术首先取决于他们是否信任该技术，在技术接受模型(technology acceptance model)(Davis，1989)框架下，研究学者主要讨论技术的可用性和易用性对人们接受(acceptance)或采纳(adoption)行为的影响。诚然，人们会在接触技术的第一时间基于功能性对其可信度进行判断，但功能性视角在当今时代存在一定局限性，难以充分解释以人工智能为基础的技术对员工工作产生的影响。一方面，新兴数字技术大多是功能复杂的综合系统，并内嵌具有"黑箱"属性的算法，使得人们在接触初期很难判断技术的功能性优劣并产生信任，而是需要通过不断深入交互才能了解技术的价值。另一方面，面对同样的技术，不同员工与技术的交互模式各不相同，同样的技术对不同员工工作内容和流程的影响也不尽相同，因此无法简单地基于功能性视角来解读员工对技术的信任问题。这种相互协作中的信任在概念上已经不同于单纯对于技术工具功能性的信任，而是需要综合考虑用户的信任倾向、技术功能与设计的可信度，以及任务与情境因素等(Chi et al., 2021)。总之，功能性视角难以适用于当今时代的人机信任问题，本质原因在于该视角没有平等地看待技术与人，仍将技术视作一种工具，而非人的合作伙伴。

进一步的问题在于，人机之间的信任是否等同于人际信任(interpersonal trust)。在人际信任中，信任是与他人互动的基本前提，代表了对他人执行特定行为的期望并愿意承担一定风险(willingness to be vulnerable)(Mayer et al., 1995)。较为激进的观点认为，人与技术之间的信任等同于人与人之间的信任(Nass et al., 1996)，因此人际信任的研究结论可以直接适用于人机协作之中。当技术作为工作伙伴与员工进行合作时，也同样存在员工是否愿意承担风险的问题，风险不仅来源于技术可能不能很好地完成任务，或是合作完成任务过程中出现差错，还在于人们是否愿意接受被技术操纵的可能性(Nass and Moon, 2000)。而较为温和的观点认为，技术毕竟不是人，人机协作中的信任具有其独特特征(Hoff and Bashir, 2015)，因此需要有修正地借鉴人际信任的研究结论。由于人们对技术特征的感知与技术实际的特征可能存在偏差，人们需要消耗更多的认知资源来理解技术(Riedl et al., 2014)，这给人机之间的信任引入诸多干扰，因此，需要更综合地考虑人机协作的全过程，并纳入情境因素的影响。我们认为这两种观点都有其合理之处，人机信任相比于人际信任的特点在于，人类基于对技术的信任而表现出的行为将被技术所捕捉，进而影响技术后续的行为表现，从而再次影响人类对技术的信任。因此，信任是基于人机互动过程形成并发展的，如何修正期望、平衡承担风险的意愿将是实现人机协作效能的关键。

5.2.3 信息交换机制

在人机协作中，人和技术获取的信息类型不同，很容易导致双方知识存在脱节，对人机协作效能构成挑战。例如，人类通过理解故事、音频、视频和社交媒体推文，获取情绪信息和上下文含义，而技术通过分析海量新闻获取的是环境中的数字信息(如市场价格波动)以及非数字信息(如新闻事件对金融交易的影响)(Cetina, 2016)。为了使双方知识能够共享，人机之间需要进行充分的信息交换。但事实上，人机之间的信息交换常常是难以同步的。

知识不是一种可以拥有和交换的静态物件，而是一种嵌入人们工作中的持续过程，在日常实践中随着人们与世界的互动而出现(Dougherty and Dunne，2012；Lave and Wenger，1991；Orlikowski，2002)。尽管数字技术带来了大量有价值的新信息，但该价值却极有可能在人机信息交换的渠道中有所折损，难以全部转换为有价值的新知识。一方面，人与技术虽处于反馈与被反馈的循环中，却无法像人与人面对面沟通一样同步，而在异步交流中损失部分对所传递信息的准确理解；另一方面，技术获取的新信息本身可能与人已有知识相悖，甚至有可能从根本上挑战或破坏专业人员现有的认知方式，该矛盾对知识的迭代与创新既是机会，也是挑战。

信息交换机制对人机协作效能产生重要影响的根本原因在于人与技术之间知识的共同基础(common ground)很难建立。在现实实践中，人类往往掌握的是基于实践的知识，而技术往往掌握的是基于数据的知识，这两类知识之间可能存在适用边界。例如，Lebovitz(2019)对于放射科医生的现场研究发现，科室使用的人工智能工具给医生提供的大量信息，挑战了医生依据实践经验形成的诊断惯例以及具体病例的诊断，导致医生以为的常规决策任务变得非常规，需要他们花费更多的时间来分析和学习。知识的边界意味着创新的可能，如果双方能突破边界，接纳部分对方的知识并改变部分自己的认知，那么有可能共同创造出新颖的、有价值的知识(Dougherty and Dunne，2012)。然而，在实际的人机交互中，人机双方的知识边界是模糊的，无法通过同步交流或者其他有形的方式明确边界，也就难以建立"求同存异"的基础，更难以突破所谓的边界进行创新。

5.2.4 三个过程机制之间的联系

值得说明的是，角色、信任和信息不是完全独立的三个要素，它们之间存在一定的关联。首先，角色反映了人与技术之间的分工，在数字技术导入的背景下，技术导致组织员工原有的角色发生变化，需要重新界定任务与职责(Levy and Murnane，2012)，这样的角色重构可能会直接影响人机之间的信任水平。没有人面对技术时会是一张白纸，而是总会抱有某些期望，这些期望可能来源于使用类似技术的一手经验、自己在专业领域的经验，或是来源于同事或媒体的二手信息(Burton et al.，2020)，由此对人机之间的信任产生影响。而我们认为，在技术作为工作伙伴的视角下，人对技术的期望也可能来源于角色分配，从而进一步影响人机信任的建立。如果因为技术的引入，人的角色受到了负面的影响，比如，决策权或工作自主性受到剥夺，那么必然会阻碍人机信任的形成(Tausch and Kluge，2020)。相反，当技术扮演的新角色有利于人发挥其原有角色中的核心价值，专注于从事那些最能贡献于团队和组织的工作，那么人机之间的信任建立就会更加容易。信任的本质是要接受由对方行动给自身带来的脆弱性(Mayer et al., 1995)，而角色重构的过程就给这种预判提供了最为直接的参考。

其次，信任体现了一个主体对另一个主体在认知上的评价或情感上的交互意愿。人机之间的信任因而也会影响两者在行为上的实质互动。我们认为，信任会直接影响人机之间的信息交换过程。正如上文所述，人与数字技术掌握的知识是不同的，难以建立共同理解，因此阻碍了信息的流动与交换。然而，信任则有助于跨越知识的"边界"。当信任形成，人一方面对数字技术的知识会持有更高的评价(Burton et al., 2020)，更愿意接纳和吸收来自技术的知识，另一方面会更乐于让技术的知识来挑战和改变自己的认知，引发新的思考(Lebovitz, 2019)。事实上，不少实证研究将"建议利用"(advice utilization)作为信任的结果或代理行为变量(Prahl and van Swol, 2017)，表明信任与信息加工存在较强关联，但仅对技术提供的信息和知识进行采纳是不够的，在技术作为工作伙伴的视角下，"建议利用"将包含更多人机之间的信息交换，通过观点碰撞不断促进共享知识的形成。

最后，人与技术在行为层面的信息交换也会进一步影响人机之间的角色重构过程。信息交换的主要目的是协同完成任务，但是吸收和理解新知识带来的认知上的改变却可能对人机交互造成更深远的影响。为了更好地理解技术的输出，人需要进行许多新的学习和练习活动(Christin, 2017)，尝试理解技术的语言和思维。人们进而会了解到自己和技术各自擅长之处，在创造共识的过程中相互补充、迁就，比如，人需要学会寻找技术搜集不到的信息、处理技术无法处理的非常规问题，或是发挥一些软技能(Dewhurst and Willmott, 2014)。这些活动最终可能实现人对自身知识结构和技能的调整与优化，而技能的改变将会带来工作重新设计的必要性(Makarius et al., 2020)，进一步导致人机之间做出新的角色调整。

尽管我们尝试厘清三种机制之间的关系，但是我们并不是要强调三种机制的发生存在先后顺序。事实上，在人机交互的过程中，角色重构、信任形成和信息交换可能是同时发生、相互交织的。哪一个过程机制对人机协作效能占主导的解释作用，取决于人机协作的任务阶段以及其他的团队和组织因素。

5.3　数智组织中人机协作新实践

微观的人机协作过程与团队和组织情境高度相关，而情境的变化往往取决于组织数智化转型所处的阶段。新技术从来不是"问题解决者"(Lyytinen, 1987)，即使是同样的技术，不同组织引入之后的效果也不尽相同，这便是因为变革过程中发生的一系列事件不同，最终导致全然不同的走向。已有部分研究支持这一观点，认为技术引入的成效并不是自动实现的，而是在不断试验和调整中迂回前进，逐渐实现人与技术的融合(Kellogg，2022；Nevo et al.，2016)。尽管我们在上文中明确人与技术达成角色互补、基于互动形成信任、同步信息交换的重要性，但是在组织数智化转型中，角色重构、信任形成和信息交换机制面临更为复杂且动态的挑战。

5.3.1 从静态到动态：人机角色的相互塑造

随着技术逐步嵌入人们的工作，人与技术将进行角色的相互塑造。原有"拼图式"的角色重构机制将面临新的动态挑战，即人与技术各自持有的角色"拼图"已不再有清晰的边界，而是在互动过程中不断"变形"、融合，可能导致角色冲突、角色转换等情形。角色冲突在于员工可能会试图保护自己的角色边界，因为角色边界在很长一段时间内已经稳定下来，并与其职业身份交织在一起(Barrett et al.，2012；Nelson and Irwin，2014)，但是技术的引入使得角色边界变得可塑、与具体人机交互行为交织在一起(Sergeeva et al.，2020)，其间可能存在矛盾。而角色转换在于技术可能挤占了员工发挥以往经验的空间，例如，技术引入使设计师转变为实验员(Zhang et al.，2021)。因此，组织数智化转型对人机团队角色的动态匹配提出了更高的要求，即人机团队不仅要应对环境的不确定性，还要随着转型的不断发展，根据具体工作任务灵活转换各自的角色。进一步，人机角色构型还可能完全逆转过来，即人类逐渐成为技术塑造和使用的工具，机械地执行技术的指令(Demetis and Lee，2018)。在人机协作中，技术之所以会改变人的角色，是因为当今的技术应用已不再是毫无章法地将任务进行自动化，而随着人们将技术融入个体工作活动中，他们也逐渐失去了对工具独立性的认知(Riemer and Johnston，2017)。换言之，人输入的信息影响技术如何解读环境，反之技术帮助人观察和感知环境时也不是简单地反映客观世界(Sergeeva et al.，2020)，在人机深入互动中，人和技术既是塑造者，也将被对方所塑造。

5.3.2 从短期到长期：人机信任的动态演进

放眼数智化转型的长期过程，人机之间的信任构建面临动态挑战。信任动力学研究表明，信任不是表征人际关系的静止状态或特征，而是描述了双方之间信任演变的动态过程，包括信任发展(development)、破裂(dissolution)和修复(restoration)三个阶段(Korsgaard，2018；Korsgaard et al.，2018)。随着双方关系的发展，信任水平可能提升或下降，并且随着促成或破坏信任条件的变化，信任也将继续发生变化(Korsgaard et al.，2018)。由于缺乏社交互动，人无法对诸如技术的努力程度、组织承诺等有所感知，因而人机之间的信任往往基于工作任务形成，而且具有明显的结果导向特征。一旦信任破裂，人会受到责任归因中自我服务偏见(self-serving bias)的影响,将消极结果归因于技术而非自身,但双方都无法像人际互动那样通过道歉、解释等方式修复信任,人机之间的信任修复渠道非常受限。因此,为了使人机团队绩效平稳上升,信任只能在较小范围内波动,这对人机信任的韧性(trust resilience)构成了较大挑战。高绩效纯人类团队的关键特征是他们能够长期建立、发展和校准信任,那么人机团队中建立纵向的信任校准就成为维持并发展人机信任韧性的关键(de Visser et al., 2020)。面临组织内外部环境的不确定性,人机团队对信任破裂的抵抗力能否逐步增强仍需探索,可能与技术的特征、人与技术的关系、组织的问责机制等因素均有关联。

5.3.3 从简单到复杂:人机团队的交互记忆系统建设

在组织数智化转型过程中,人与技术的交互协作不断深入。当人机初步接触时,人与技术的信息交换挑战来源于人机获取的信息类型不同,需要更丰富、顺畅的信息交换渠道来保证知识的共享,避免出现知识脱节等问题。随着技术进一步深度嵌入工作中,人与技术形成较为稳定的合作模式,分工协作以完成工作任务,这便逐渐形成小型的人机团队(单人单机)。在员工原有团队中,每位成员各自与技术形成小型人机团队后,原有团队便成为更加复杂、庞大的人机团队(多人多机),使得原有团队内部的协调模式不再适用。正是因为人机组队,人与技术不再是独立的实体,其各自的特征将逐渐融合变为人机团队的特征,因此需要重新适应不断变化的任务与环境(National Academies of Sciences, Engineering, and Medicine, 2021)。数智化转型不仅要求大型复杂团队注重人与技术之间的信息交换,更需要保证多个小型人机团队之间的知识共享,才能基于原有团队知识基础重新建立复杂人机团队的交互记忆系统。Wegner(1987)将交互记忆的形成过程分为编码(encoding)、存储(storage)、检索(retrieval)三个环节。编码环节的挑战多存在于小型人机团队中,而对于多人多机的复杂团队,存储和检索环节的挑战便要求他们基于合理分工将团队记忆分配给合适的人类成员或技术成员,并保障多个小型人机团队间的知识共享,以此促进团队知识沉淀,从而提升人机协作效能。内外部环境的变化将给团队带来新的需求,此时复杂人机团队是否能准确地定位到有相应专长的成员并快速响应,将直接决定团队完成任务的效率和质量。

组织中的人机协作始终是一个动态发展的过程,随着变革不断深入,组织目标可能发生进一步变化,从而给人机协作带来新的机遇与挑战。成功的数智化转型在于借力新兴数字技术不断解决从前棘手的问题、不断更新组织目标,真正实现技术赋能组织,促进生产效率与员工福祉的提升。

5.4 数智组织中人机协作新挑战

组织的数智化转型方兴未艾。基于算法和人工智能的新兴数字技术对于提升组织效率和推动产业升级有着巨大的潜能。2021年,中国产业数字化规模已达到37.2万亿元,占GDP比重32.5%,成为数字经济发展的主引擎。然而要充分发挥新技术的价值,就必须克服组织微观层面的阻力,消除人对技术的抵抗或不适应,探索和优化人与技术的协作模式,最终实现人与技术的融合。数智组织中人机协作的理论研究与实践探索面临如下三点新挑战。

5.4.1 组织数智化转型的不可控性

正如前文所述,组织导入技术的过程是一种变革,其对员工个体的工作流程、团队结构与协作模式以及组织架构等都将产生重要影响。传统的计划变革(planned change)以因素理论视角看待技术的导入,希望把关变革线性过程中的各个要素,强调通过人为干预对技术变革进行细致的内容划定、专业的流程设计以及合理的方法实施,从而使变革按照计划逐步推进(Parnas and Clements, 1986;Truex et al., 2000)。然而在数字技术的导入实践中,我们可以观察到人机协作模式常常处于迭代之中,甚至会阶段性地进入震荡过程,其协同机制和效果面临着更为复杂且动态的挑战。已有部分研究支持这一观点,认为技术引入的成效并不是自动实现的,而是在不断试验和调整中迂回前进,逐渐实现人与技术的融合(Kellogg, 2022; Nevo et al., 2016)。

Lyytinen 和 Newman(2008)的间断社会技术变革模型(a punctuated socio-technical change model)为我们理解组织中的技术导入与整合过程提供了很好的框架。不同于计划变革的研究,间断变革的研究以过程理论视角看待技术变革,通过关注变革过程中的动力学与生成机制,把握变革轨迹(trajectory)的变化。该模型认为,技术变革不是有计划的匀速渐变过程,而是一个多层次、不间断变革的过程,是在较长的增量适应期(incremental adaptation)与较短的革命性剧变期(revolutionary upheaval of episodic change)之间交替进行的,强调技术、人类、架构、任务四要素之间的相互作用(Lyytinen and Newman, 2008)。技术的引入往往带领组织从增量适应期转向进入革命性剧变期,此时新技术对组织内部原有的工作内容、流程、惯例等产生巨大挑战,人与任务、技术、情境之间将出现新缺口和新需求,因此需要进行较为激烈的变革;而随着人们的逐渐适应,四要素之间的缺口被进一步填充时,组织将重新进入增量适应期,进行平稳而微小的变革与适应。我们力图通过该模型揭示技术变革的动态过程(图5-3),并进一步提出该过程中人机交互的信任形成、信息交换与角色重构机制所面临的新挑战。

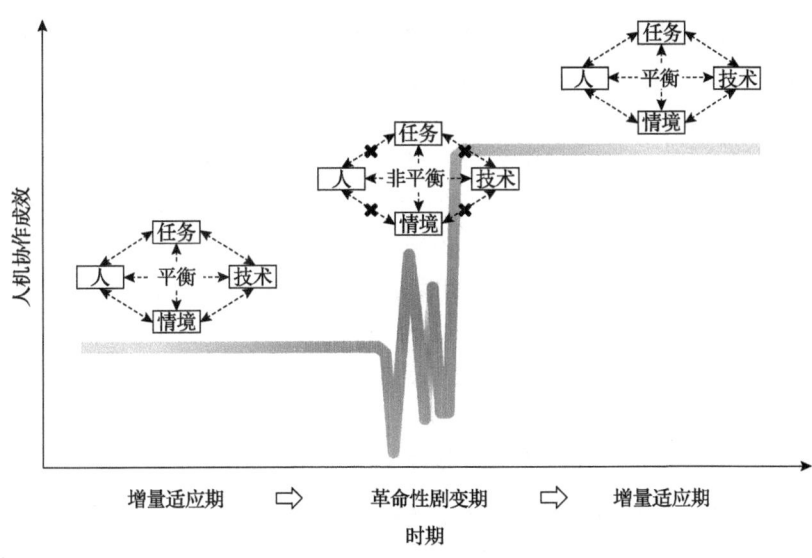

图 5-3　间断变革视角下组织中技术导入与整合过程示意

组织中的人机协作始终是一个动态发展的过程，随着变革不断深入，组织目标可能产生进一步变化，从而在长期稳定的微小变化与短期的剧变中不断反复。失败的变革是在原点反复徘徊，反复解决员工对技术的抵触，而成功的变革则是螺旋式上升的过程，借力新兴数字技术不断解决从前棘手的问题，不断更新组织目标，真正实现技术赋能组织，为生产效率与员工福祉的提升做出贡献。

5.4.2　建立全景式研究范式的必要性

人机协作研究亟须打开学科边界，拓展人机协作研究主题和内涵。作为扎根企业实践的现实问题，人与数字技术的交互受到了来自不同学科研究者的关注。不同的学科往往遵循不同的学科范式，关注不同的问题侧面，因此也各有其局限性。比如，本书将人机协作限定在组织内员工与数字技术的交互，而没有充分考虑顾客等组织外部的互动对象。在医疗服务场景中，医生可以利用临床决策支持系统提高诊疗手段，但是患者却会因此对医生的专业性做出更低的评价（Shaffer et al.，2013），这可能会反过来影响医生与系统的协作意愿。可见，当把组织外部的服务对象纳入人机关系的研究视野中，可能就需要借助诸如消费行为等领域的理论视角和方法。又如，算法的黑箱属性是阻碍数字技术有效应用的关键原因之一，提升算法的可解释性不仅需要计算机科学，也需要其他学科的领域知识（domain knowledge）（DeGrave et al.，2021；Lebovitz et al.，2021）。

更重要的是，学界需要融合宏微观视角，建立人机协作的全景式研究范式。在组织中，人与数字技术的协作不只是点对点的简单交互，两者的关系嵌入于具体的任务中,其协作效能将受到团队和组织情境因素的影响。因此,在研究切入点上,对人与数字技术融合问题的研究要突破对人或技术本身的分析,要全面考察人、技术、任务和情境的要素,以及各要素之间的相互关联。具体而言,可以多层次地考察人与数字技术的关系(如替代或互补)、数字技术导入的团队情境(如团队结构特征)以及组织高层领导者的技术导入策略(如愿景沟通)等对新兴数字技术导入的影响,综合运用宏微观理论视角,更系统和充分地识别与化解人机协作中的阻碍。例如,民族志就是一种适合开展人机协作研究的全景式研究范式(Anthony,2021;Kellogg,2022;Kellogg et al.,2021)。民族志研究不仅深入实践、强调具体详细的观察,同时也注重地方性细节和通用结构之间的辩证关系(Geertz,1973;Tholen,2018),并且民族志往往以较长时间段的数据收集为基础,有助于未来学者对人机协作现象进行综合、全面、动态的探究。

5.4.3 对构建共生共荣的数字经济体系的期许

我们立足人与技术关系,展望未来,希望构建共生共荣的数字经济体系。技术的更迭如此之快,已经超过了很多人的想象。近年来,ChatGPT,一款由 OpenAI 研发的大型语言模型风靡全球,其问题解决能力如此之强,以至于一些学者也开始探讨如何利用该技术来开展研究工作。2022 年,在美国科罗拉多州艺术博览会上,一位设计师凭借一幅人工智能完成的画作赢得了数字艺术奖的第一名,引发了不小的争议。数字技术打破了行业边界,一些职业面临被替代的风险;与此同时,数字技术的发展又催生了新的职业。在这样的背景下,人们既担忧自己的职业被淘汰,又渴求保持职业的独特性(distinctiveness)(Vaast and Pinsonneault,2021)。未来的研究可以从身份活动(identity work)的视角探究人如何通过工作重塑、学习、抵抗等方式应对来自新兴数字技术的挑战。作为管理学者,我们应当秉持人本主义,积极探索组织数智化进程中相互塑造、共同演进的人机协作模式,在提升组织效率的同时彰显人的独特价值。

5.5 本章小结

随着数字科技的日新月异,工作场景正经历一场深刻且不可逆的重塑:昔日以人类个体为核心的传统组织架构,正逐渐演变为由人类与先进数字技术紧密融合而成的新型生态。面对这一历史性的变革趋势,我们亟须深度剖析人与技术的互动界面,揭示人机协作的内在挑战,探寻实现高效融合的策略蓝图。本章旨在通过对既有研究成果的系统梳理与归纳,提炼出人机协作中不可或缺的若干核心机制,为学术研究与管理实践提供一个强有力的理论框架。

尤为重要的是,人机协作在数字化转型背景下的探讨,绝非仅局限于提升协作效率的技术层面,而是应当置于更为宏大的组织转型与变革全景之中。唯有如此,方能全面审视数字技术渗透带来的全方位影响,进而有效地驾驭与整合这些革新力量。据此,我们前瞻性地勾勒出以下一系列有价值的研究问题。

(1) 数字技术与人类角色的协同塑造。随着数字技术成为工作团队的"新成员",它不仅颠覆了既有的作业流程,更与员工共同构建起全新的协作网络与职责分配体系。深入探究数字技术与个体员工间的关系本质,是理解员工对技术接纳或抵触的关键。明确这一问题的核心在于,揭示为何某些员工对技术持抗拒态度,而另一些员工却能欣然接纳并与其和谐共舞。

(2) 人机关系对员工适应性反应的驱动作用。地位变动理论为我们剖析人机关系与员工适应性行为(如抵制与接纳)之间的动态关联提供了有力视角。数字技术凭借其对员工专业技能的替代或补充效应,可能导致团队内部权力结构与地位秩序的微妙调整,而这恰恰构成了员工对技术产生差异化反应的深层诱因。未来研究可进一步挖掘这一理论框架在解释人机关系影响适应性反应方面的潜力。

(3) 组织情境与领导策略对员工接纳度的影响。数字技术的引入并非孤立事件,其效果深受组织环境与高层管理策略的双重塑造。团队任务特性、人际关系网络、组织结构特征等因素,以及领导者在导入过程中所采取的管理干预措施,均直接或间接地影响着员工对新技术的接纳程度。未来研究可通过实证方法,详细解析这些因素如何具体作用于员工对数字技术的接受态度与行为响应。

(4) 人机协作模式的演化与个性化构建。当数字技术成功嵌入工作流程,员工将如何创造性地发展出多元化的协作模式,是值得深入探索的课题。特别是在知识密集型领域,员工往往享有较高的工作自主权,这为他们灵活运用技术、创新工作序列与人机协作方式提供了充足的机会。未来研究可在特定应用场景中,细致描绘各类人机协作模式的形态、成因及其对工作绩效的影响。

(5) 以人为本:数字技术对个体学习与成长的双重效应。在肯定数字技术与人类智能优势互补、显著提升协同效能的同时,我们不能忽视其潜在的负面影响。尤其是当人机协作模式趋于固定化,过度依赖技术是否可能抑制员工个人技能的拓展,进而对其职业成长构成阻碍?这一问题警醒我们,在推进数字化进程中必须秉持人本主义理念,密切关注并研究生成式人工智能等前沿技术对个体学习路径与职业发展的影响,以期在提升组织效能的同时,确保员工的持续成长与全面发展。

参 考 文 献

陈剑, 刘运辉. 2021. 数智化使能运营管理变革:从供应链到供应链生态系统. 管理世界, 37(11): 227-240, 14.

黄江明, 李亮, 王伟. 2011. 案例研究:从好的故事到好的理论: 中国企业管理案例与理论构建研究论坛(2010)综述. 管理世界, 27(2): 118-126.

李燕萍, 陶娜娜. 2022. 员工人工智能技术采纳多层动态影响模型: 一个文献综述. 中国人力资源开发, 39(1): 35-56.

罗文豪, 霍伟伟, 赵宜萱, 等. 2022. 人工智能驱动的组织与人力资源管理变革:实践洞察与研究方向. 中国人力资源开发, 39(1): 4-16.

裴嘉良, 刘善仕, 钟楚燕, 等. 2021. AI 算法决策能提高员工的程序公平感知吗? 外国经济与管理, 43(11): 41-55.

王凤彬, 张雪. 2022. 用纵向案例研究讲好中国故事: 过程研究范式、过程理论化与中西对话前景. 管理世界, 38(6): 191-213.

谢小云, 左玉涵, 胡琼晶. 2021. 数字化时代的人力资源管理: 基于人与技术交互的视角. 管理世界, 37(1): 200-216, 13.

张志学, 赵曙明, 连汇文,等. 2021. 数智时代的自我管理和自我领导: 现状与未来. 外国经济与管理, 43(11): 3-14.

周文斌, 王才. 2021. 机器人使用对工作绩效的影响及其作用机制: 以中低端技能岗位员工为例的研究. 中国软科学, (4): 106-119.

朱晓妹, 王森, 何勤. 2021. 人工智能嵌入视域下岗位技能要求对员工工作旺盛感的影响研究. 外国经济与管理, 43(11): 15-25.

Allen R T, Choudhury P. 2022. Algorithm-augmented work and domain experience: the countervailing forces of ability and aversion. Organization Science, 33(1): 149-169.

Al-Natour S, Benbasat I, Cenfetelli R. 2021. Designing online virtual advisors to encourage customer self-disclosure: a theoretical model and an empirical test. Journal of Management Information Systems, 38(3): 798-827.

Anthony C. 2021. When knowledge work and analytical technologies collide: the practices and consequences of black Boxing algorithmic technologies. Administrative Science Quarterly, 66(4): 1173-1212.

Barley S R. 1990. The alignment of technology and structure through roles and networks. Administrative Science Quarterly, 35(1): 61-103.

Barley S R. 2020. Work and Technological Change. Oxford: Oxford University Press.

Barrett M, Oborn E, Orlikowski W J, et al. 2012. Reconfiguring boundary relations: robotic innovations in pharmacy work. Organization Science, 23(5): 1448-1466.

Bennett C C, Hauser K. 2013. Artificial intelligence framework for simulating clinical decision-making: a Markov decision process approach. Artificial Intelligence in Medicine, 57(1): 9-19.

Bisantz A. M, Seong Y. 2001. Assessment of operator trust in and utilization of automated decision-aids under different framing conditions. International Journal of Industrial Ergonomics, 28(2): 85-97.

Black L J, Carlile P R, Repenning N P. 2004. A dynamic theory of expertise and occupational boundaries in new technology implementation: building on barley's study of CT scanning. Administrative Science Quarterly, 49(4): 572-607.

Blohm I, Antretter T, Sirén C, Grichnik, D, et al. 2022. It's a peoples game, isn't it?! A comparison between the investment returns of business angels and machine learning algorithms. Entrepreneurship Theory and Practice, 46(4): 1054-1091.

Broadbent E. 2017. Interactions with robots: the truths we reveal about ourselves. Annual Reviews of Psychology, 68: 627-652.

Burton J W, Stein M K, Jensen T B. 2020. A systematic review of algorithm aversion in augmented decision making. Journal of Behavioral Decision Making, 33(2): 220-239.

Cecez-Kecmanovic D, Galliers R D, Henfridsson O, et al. 2014. The sociomateriality of information systems. MIS Quarterly, 38(3): 809-830.

Cetina K K. 2016. What if the Screens Went Black? The Coming of Software Agents//Rannenberg K. IFIP Advances in Information and Communication Technology. Cham:Springer International Publishing: 3-16.

Chi O H, Jia S Z, Li Y F, et al. 2021. Developing a formative scale to measure consumers' trust toward interaction with artificially intelligent (AI) social robots in service delivery. Computers in Human Behavior, 118: 106700.

Chong L, Zhang G L, Goucher-Lambert K, et al. 2022. Human confidence in artificial intelligence and in themselves: the evolution and impact of confidence on adoption of AI advice. Computers in Human Behavior, 127: 107018.

Christin A. 2017. Algorithms in practice: comparing web journalism and criminal justice. Big Data & Society, 4(2): 205395171771885.

Davenport T H, Loucks J, Schatsky D. 2017. Bullish on the business value of cognitive: Leaders in cognitive and AI weigh in on what's working and what's next (The 2017 Deloitte State of Cognitive Survey). Deloitte Development LLC.

Davis F D. 1989. Perceived usefulness, perceived ease of use, and user acceptance of information technology. MIS Quarterly, 13(3): 319.

de Guinea A O, Webster J. 2013. An investigation of information systems use patterns: technological events as triggers, the effect of time, and consequences for performance. MIS Quarterly, 37(4): 1165-1188.

de Visser E J, Monfort S S, McKendrick R, et al. 2016. Almost human: anthropomorphism increases trust resilience in cognitive agents. Journal of Experimental Psychology Applied, 22(3): 331-349.

de Visser E J, Peeters M M M, Jung M F, et al. 2020. Towards a theory of longitudinal trust calibration in human-robot teams. International Journal of Social Robotics, 12(2): 459-478.

DeGrave A J, Janizek J D, Lee S-I. 2021. AI for radiographic COVID-19 detection selects shortcuts over signal. Nature Machine Intelligence, 3(7): 610-619.

Demetis D S, Lee A S. 2018. When humans using the IT artifact becomes IT using the human artifact. Journal of the Association for Information Systems, 19(10): 929-952.

Dewhurst M, Willmott P. 2014. Manager and machine: the new leadership equation. McKinsey Quarterly, 4(3): 76-86.

Dietvorst B J, Bharti S. 2020. People reject algorithms in uncertain decision domains because they have diminishing sensitivity to forecasting error. Psychological Science, 31(10): 1302-1314.

Dietvorst B J, Simmons J P, Massey C. 2015. Algorithm aversion: people erroneously avoid algorithms after seeing them err. Journal of Experimental Psychology General, 144(1): 114-126.

Dougherty D, Dunne D D. 2012. Digital science and knowledge boundaries in complex innovation. Organization Science, 23(5): 1467-1484.

Efendić E, van de Calseyde P P F M, Evans A M. 2020. Slow response times undermine trust in algorithmic (but not human) predictions. Organizational Behavior and Human Decision Processes, 157: 103-114.

Elkins A C, Dunbar N E, Adame B, et al. 2013. Are users threatened by credibility assessment systems? Journal of Management Information Systems, 29(4): 249-262.

Esteva A, Kuprel B, Novoa R A, et al. 2017. Dermatologist-level classification of skin cancer with deep neural networks. Nature, 542(7639): 115-118.

Fountaine T, McCarthy B, Saleh T. 2019. Building the AI-powered organization. Harvard Business Review, 97(4): 62-73.

Fügener A, Grahl J, Gupta A, et al. 2021. Cognitive challenges in human-artificial intelligence collaboration: investigating the path toward productive delegation. Information Systems Research, 33(2): 399-764.

Fyhn B, Schei V, Sverdrup T E. 2022. Taking the emergent in team emergent states seriously: a review and preview. Human Resource Management Review, 33(1): 100928.

Ge R Y, Zheng Z E, Tian X, et al. 2021. Human-robot interaction: when investors adjust the usage of robo-advisors in peer-to-peer lending. Information Systems Research, 32(3): 774-785.

Gebauer J, Shaw M J, Gribbins M L. 2010. Task-technology fit for mobile information systems. Journal of Information Technology, 25(3): 259-272.

Gebauer J, Shaw M J, Gribbins M L, et al. 2005. Towards a specific theory of task-technology fit for mobile information systems. University of Illinois at Urbana-Champaign, College of Business Working Paper.

Geertz C. 1973. Thick description: towards an interpretive theory of culture//Geertz C. The Interpretation of Cultures. New York: Basic Books: 3-30.

Gillath O, Ai T, Branicky M S, et al. 2021. Attachment and trust in artificial intelligence. Computers in Human Behavior, 115: 106607.

Glikson E, Woolley A W. 2020. Human trust in artificial intelligence: review of empirical research. Academy of Management Annals, 14(2): 627-660.

Goodhue D L, Thompson R L. 1995. Task-technology fit and individual performance. MIS Quarterly, 19(2): 213-236.

Grote G, Weyer J, Stanton N A. 2014. Beyond human-centred automation: concepts for human-machine interaction in multi-layered networks. Ergonomics, 57(3): 289-294.

Gunaratne J, Zalmanson L, Nov O. 2018. The persuasive power of algorithmic and crowdsourced advice. Journal of Management Information Systems, 35(4): 1092-1120.

Haesevoets T, de Cremer D, Dierckx K, et al. 2021. Human-machine collaboration in managerial decision making. Computers in Human Behavior, 119: 106730.

Hertz N, Wiese E. 2019. Good advice is beyond all price, but what if it comes from machine? Journal of Experimental Psychology-Applied, 25(3): 386-395.

Hoff K A, Bashir M. 2015. Trust in automation: integrating empirical evidence on factors that influence trust. Human Factors, 57(3): 407-434.

Hollenbeck J R, Beersma B, Schouten M E. 2012. Beyond team types and taxonomies: a dimensional scaling conceptualization for team description. Academy of Management Review, 37(1): 82-106.

Jensen T B, Kjærgaard A, Svejvig P. 2009. Using institutional theory with sensemaking theory: a case study of information system implementation in healthcare. Journal of Information Technology, 24(4): 343-353.

Johnston A C, Warkentin M. 2010. Fear appeals and information security behaviors: an empirical study. Mis Quarterly, 34(3): 549-566.

Jones R A, Jimmieson N L, Griffiths A. 2005. The impact of organizational culture and reshaping capabilities on change implementation success: the mediating role of readiness for change. Journal of Management Studies, 42(2): 361-386.

Joshi A, Roh H. 2009. The role of context in work team diversity research: a meta-analytic review. Academy of Management Journal, 52(3): 599-627.

Joshi K. 1991. A model of users' perspective on change: the case of information systems technology implementation. MIS Quarterly: 229-242.

Jussupow E, Spohrer K, Heinzl A, et al. 2021. Augmenting medical diagnosis decisions? An investigation into physicians' decision-making process with artificial intelligence. Information Systems Research, 32(3): 713-735.

Kellogg K C. 2022. Local adaptation without work intensification: experimentalist governance of digital technology for mutually beneficial role reconfiguration in organizations. Organization

Science, 33(2): 571-599.

Kellogg K C, Myers J E, Gainer L, et al. 2021. Moving violations: pairing an illegitimate learning hierarchy with trainee status mobility for acquiring new skills when traditional expertise erodes. Organization Science, 32(1): 181-209.

Khan R F, Sutcliffe A. 2014. Attractive agents are more persuasive. International Journal of Human-Computer Interaction, 30(2): 142-150.

Khandwalla P N. 1974. Mass output orientation of operations technology and organizational structure. Administrative Science Quarterly, 19(1): 74-97.

Kim H-W, Kankanhalli A. 2009. Investigating user resistance to information systems implementation: a status quo bias perspective. MIS Quarterly, 33(3): 567-582.

Kim P H, Dirks K T, Cooper C D, Ferrin D L. 2006. When more blame is better than less: the implications of internal vs. external attributions for the repair of trust after a competence-vs. Integrity-based trust violation. Organizational Behavior and Human Decision Processes, 99(1): 49-65.

Korsgaard M A. 2018. Reciprocal trust: a self-reinforcing dynamic process//Gillespie N, Siebert S. The Routledge Companion to Trust. London: Routledge: 14-28.

Korsgaard M A, Kautz J, Bliese P, et al. 2018. Conceptualising time as a level of analysis: new directions in the analysis of trust dynamics. Journal of Trust Research, 8(2): 142-165.

Kuncel N R, Klieger D M, Connelly B S, et al. 2013. Mechanical versus clinical data combination in selection and admissions decisions: a meta-analysis. Journal of Applied Psychology, 98(6): 1060-1072.

Langley A. 1999. Strategies for theorizing from process data. Academy of Management Review, 24(4): 691-710.

Larson L, DeChurch L A. 2020. Leading teams in the digital age: four perspectives on technology and what they mean for leading teams. The Leadership Quarterly, 31(1): 101377.

Latour B. 2007. Reassembling the Social: An Introduction to Actor-Network-Theory. Oxford: Oup Oxford.

Laumer S, Maier C, Eckhardt A, et al. 2016. User personality and resistance to mandatory information systems in organizations: a theoretical model and empirical test of dispositional resistance to change. Journal of Information Technology, 31(1): 67-82.

Lave J, Wenger E. 1991. Situated learning: legitimate peripheral participation. Cambridge: Cambridge University Press.

Lebovitz S. 2019. Diagnostic doubt and artificial intelligence: an inductive field study of radiology work. https://aisel.aisnet.org/icis2019/future_of_work/future_work/11[2020-10-05].

Lebovitz S, Levina N, Lifshitz-Assa H. 2021. Is AI ground truth really true? The dangers of training and evaluating AI tools based on experts' know-what. MIS Quarterly, 45(3): 1501-1526.

Lebovitz S, Lifshitz-Assaf H, Levina N. 2022. To engage or not to engage with AI for critical judgments: how professionals deal with opacity when using AI for medical diagnosis. Organization Science, 33(1): 126-148.

Lee J D, See K A. 2004. Trust in automation: designing for appropriate reliance. Human Factors, 46(1): 50-80.

Legris P, Ingham J, Collerette P. 2003. Why do people use information technology? A critical review of the technology acceptance model. Information & Management, 40(3): 191-204.

Leidner D E, Kayworth T. 2006. A review of culture in information systems research: toward a theory of information technology culture conflict. MIS Quarterly, 30(2): 357-399.

Levy F, Murnane R J. 2012. The New Division of Labor. Princeton:Princeton University Press.

Liang H, Xue Y. 2009. Avoidance of information technology threats: a theoretical perspective. MIS Quarterly, 33(1) 71-90.

Logg J M, Minson J A, Moore D A. 2019. Algorithm appreciation: people prefer algorithmic to human judgment. Organizational Behavior and Human Decision Processes, 151: 90-103.

Lyytinen K. 1987. Different perspectives on information systems: problems and solutions. ACM Computing Surveys, 19(1): 5-46.

Lyytinen K, Newman M. 2008. Explaining information systems change: a punctuated socio-technical change model. European Journal of Information Systems, 17(6): 589-613.

Makarius E E, Mukherjee D, Fox J D, et al. 2020. Rising with the machines: a sociotechnical framework for bringing artificial intelligence into the organization. Journal of Business Research, 120: 262-273.

Marks M A, Mathieu J E, Zaccaro S J. 2001. A temporally based framework and taxonomy of team processes. Academy of Management Review, 26(3): 356-376.

Mathieu J E, Hollenbeck J R, van Knippenberg, D, et al. 2017. A century of work teams in the Journal of Applied Psychology. Journal of Applied Psychology, 102(3): 452-467.

Mayer R C, Davis J H, Schoorman F D. 1995. An integrative model of organizational trust. Academy of Management Review, 20(3): 709-734.

Mohr L B. 1982. Explaining Organizational Behavior. San Francisco: Jossey-Bass.

Mueller S T. 2020. Cognitive anthropomorphism of AI: how humans and computers classify images. Ergonomics in Design: The Quarterly of Human Factors Applications, 28(3): 12-19.

Murray A, Rhymer J, Sirmon D G. 2021. Humans and technology: forms of conjoined agency in organizations. Academy of Management Review, 46(3): 552-571.

Nadel S F. 1957. The Theory of Social Structure (Reprinted). London: Routledge.

Nass C, Fogg B J, Moon Y. 1996. Can computers be teammates? International Journal of Human-

Computer Studies, 45(6): 669-678.

Nass C, Moon Y. 2000. Machines and mindlessness: social responses to computers. Journal of Social Issues, 56(1): 81-103.

National Academies of Sciences, Engineering, and Medicine. 2021. Human-AI Teaming: State-of-the-Art and Research Needs. Washington: The National Academies Press.

Nelson A J, Irwin J. 2014. "Defining what we do: all over again": occupational identity, technological change, and the librarian/internet-search relationship. Academy of Management Journal, 57(3): 892-928.

Nevo S, Nevo D, Pinsonneault A. 2016. A temporally situated self-agency theory of information technology reinvention. MIS Quarterly, 40(1): 157-186.

Obschonka M, Audretsch D B. 2020. Artificial intelligence and big data in entrepreneurship: a new era has begun. Small Business Economics, 55(3): 529-539.

O'Neill, T, McNeese N, Barron A, et al. 2020. Human-autonomy teaming: a review and analysis of the empirical literature. Human Factors, 64(5): 904-938.

Orlikowski W J 2002. Knowing in practice: enacting a collective capability in distributed organizing. Organization Science, 13(3): 249-273.

Orlikowski W J, Scott S V. 2008. 10 sociomateriality: challenging the separation of technology, work and organization. Academy of Management Annals, 2(1): 433-474.

Parnas D L, Clements P C. 1986. A rational design process: how and why to fake it. IEEE Transactions on Software Engineering, 2: 251-257.

Prahl A, van Swol L. 2017. Understanding algorithm aversion: when is advice from automation discounted? Journal of Forecasting, 36(6): 691-702.

Promberger M, Baron J. 2006. Do patients trust computers? Journal of Behavioral Decision Making, 19(5): 45-468.

Raisch S, Krakowski S. 2021. Artificial intelligence and management: the automation-augmentation paradox. Academy of Management Review, 46(1): 192-210.

Renier L A, Schmid Mast M, Bekbergenova A. 2021. To err is human, not algorithmic-Robust reactions to erring algorithms. Computers in Human Behavior, 124: 106879.

Riedl R, Mohr P N C, Kenning P H, et al. 2014. Trusting humans and avatars: a brain imaging study based on evolution theory. Journal of Management Information Systems, 30(4): 83-113.

Riemer K, Johnston R B. 2017. Clarifying ontological inseparability with heidegger's analysis of equipment. MIS Quarterly, 41(4): 1059-1081.

Schuetz S, Venkatesh V. 2020. Research perspectives: the rise of human machines: how cognitive computing systems challenge assumptions of user-system interaction. Journal of the Association for Information Systems, 21(2): 460-482.

Schuetzler R M, Grimes G M, Scott Giboney J. 2020. The impact of chatbot conversational skill on engagement and perceived humanness. Journal of Management Information Systems, 37(3): 875-900.

Seeber I, Bittner E, Briggs R O, et al. 2020. Machines as teammates: a research agenda on AI in team collaboration. Information & Management, 57(2): 103174.

Sergeeva A, Faraj S, Huysman M. 2020. Losing touch: an embodiment perspective on coordination in robotic surgery. Organization Science, 31(5): 1248-1271.

Serrano C, Karahanna E. 2016. The compensatory interaction between user capabilities and technology capabilities in influencing task performance: an empirical assessment in telemedicine consultations. MIS Quarterly, 40(3): 597-621.

Seymour M, Yuan L, Dennis A, et al. 2021. Have we crossed the uncanny valley? Understanding affinity, trustworthiness, and preference for realistic digital humans in immersive environments. Journal of the Association for Information Systems, 22(3): 591-617.

Shaffer V A, Probst C A, Merkle E C, et al. 2013. Why do patients derogate physicians who use a computer-based diagnostic support system?. Medical Decision Making, 33(1): 108-118.

Stein J-P, Liebold B, Ohler P. 2019. Stay back, clever thing! Linking situational control and human uniqueness concerns to the aversion against autonomous technology. Computers in Human Behavior, 95: 73-82.

Tang P M, Koopman J, McClean, S T, et al. 2022. When conscientious employees meet intelligent machines: an integrative approach inspired by complementarity theory and role theory. Academy of Management Journal, 65(3): 1019-1054.

Tausch A, Kluge A. 2020. The best task allocation process is to decide on one's own: effects of the allocation agent in human–robot interaction on perceived work characteristics and satisfaction. Cognition, Technology & Work, 24:39-55.

Tholen B. 2018. Bridging the gap between research traditions: on what we can really learn from Clifford Geertz. Critical Policy Studies, 12(3): 335-349.

Truex D, Baskerville R, Travis J. 2000. Amethodical systems development: the deferred meaning of systems development methods. Accounting, Management and Information Technologies, 10(1): 53-79.

Vaast E, Pinsonneault A. 2021. When digital technologies enable and threaten occupational identity: the delicate balancing act of data scientists. MIS Quarterly, 45(3): 1087-1112.

Valentine M A, Edmondson A C. 2015. Team scaffolds: how mesolevel structures enable role-based coordination in temporary groups. Organization Science, 26(2): 405-422.

Vial G. 2019. Understanding digital transformation: a review and a research agenda. The Journal of Strategic Information Systems, 28(2): 118-144.

Waytz A, Heafner J, Epley N. 2014. The mind in the machine: anthropomorphism increases trust in an autonomous vehicle. Journal of Experimental Social Psychology, 52: 113-117.

Wegner D M. 1987. Transactive memory: a contemporary analysis of the group mind//Mullen B. Theories of Group Behavior. Berlin: Springer : 185-208.

Wesche J S, Sonderegger A. 2019. When computers take the lead: the automation of leadership. Computers in Human Behavior, 101: 197-209.

Wiese E, Mandell A, Shaw T, et al. 2019. Implicit mind perception alters vigilance performance because of cognitive conflict processing. Journal of Experimental Psychology-Applied, 25(1): 25-40.

Wilson H J, Daugherty P R. 2018. Collaborative intelligence: humans and AI are joining forces. Harvard Business Review, 96(4): 114-123.

Yang H H J, Fast N, Hildebrand C, et al. 2020. Resisting artificial intelligence: when do decision-makers avoid or use algorithmic input? Academy of Management Proceedings, (1): 17721.

You S, Yang C L, Li X. 2022. Algorithmic versus human advice: does presenting prediction performance matter for algorithm appreciation?. Journal of Management Information Systems, 39(2): 336-365.

Zhang P, Li N. 2005. The intellectual development of human-computer interaction research: a critical assessment of the MIS literature (1990-2002). Journal of the Association for Information Systems, 6(11): 227-292.

Zhang Z, Yoo Y, Lyytinen K, et al. 2021. The Unknowability of Autonomous Tools and the Liminal Experience of Their Use. Information Systems Research, 32(4): 1192-1213.

第6章 数智组织中的伦理领导力[①]

近年来，伴随数字经济蓬勃发展，算法（algorithm）等数字技术快速进入各类企业组织，引发数智化变革，出现了一批数智组织，受到人们高度关注。工业与组织心理学会（Society for Industrial and Organizational Psychology，SIOP）在"Top 10 workplace trends for 2020"中，将基于算法智能建构的数智组织列为工作场所变革发展十大趋势之首（SIOP Administrative Office，2020）。算法是指一系列定义清晰，用于批量化解决特定问题的有限步骤或次序指令（Lindebaum et al.，2020）。当前，算法不仅在互联网、高新技术、金融等新兴领域中大显身手，也在医疗、零售、传媒等众多行业中被广泛运用，用于重塑招聘选拔、员工管理、绩效评价等组织管理场景（Briône，2020）。麦肯锡和埃森哲等管理咨询公司发布的全球调查研究报告均表明，算法能切实地帮助企业激发潜能，提升效率（Accenture，2022；McKinsey，2018）。普华永道发布的预测报告进一步显示，到2030年，算法等数智技术可以推动全球经济增长15.7万亿美元（Fountaine et al.，2019）。

当前，数智组织最具代表性的特征是大量应用算法管理技术。具体而言，算法管理是指算法技术手段自主地完成向员工布置任务、督促执行以及跟进反馈等功能（de Cremer，2020；Feshchenko，2021）。它被称为泰勒科学管理2.0，近来受到大量企业青睐（Schildt，2017）。尤其是在新冠疫情暴发并肆虐全球期间，多种算法管理工具快速占领市场，成为许多企业实施数智变革的"标配"。例如，医院规范临床诊疗路径及护理服务的智能管理系统，零售和传媒组织控制员工工作进展的算法管理系统和及时反馈工具，互联网企业监督员工工作效率的高科技坐垫、步伐管理、视频监控、云上办公等。这些技术手段之所以受到如此热捧，是因为算法管理强化了现场数据采集、流程分析、效率管理等（Walsh，2019），让组织内个体和团队的时间和能力得到最有效利用。

然而，必须引起高度重视的是，依托算法管理的数智组织在有效提升生产率和绩效的同时，也引发员工幸福感急剧下降的风险。在数智组织中，大量员工遭遇工作倦怠、职业压力、职场焦虑、工作-家庭冲突等问题，甚至出现群体性职业不健康等负面事件（Newlands，2021；Norlander et al.，2021）。《2020德勤全球人力资本趋势报告》指出，80%的受访者认为员工幸福感的重要性排名第一，是企业成功的关键（德勤，2020）。而同时，脉脉发布的《中国城市人才吸引力报告2020》

[①] 本章部分内容在苏逸、莫申江等发表于《清华管理评论》（2022年5月刊）的《谁来助我与算法共舞——算法管理中的领导力》一文基础上进行改编整理。

显示，包括"打工人"等 2020 年度网络新词均直击员工幸福感问题，也反映出数智组织遭遇的多重挑战。"生活的大部分时间都在努力工作，幸福感却越来越少"的普遍现状，非常不利于数智组织实现长期业绩稳定，且在互联网、医疗、零售、教育、传媒等行业中表现尤为突出（脉脉，2020）。员工幸福感问题亟待关注，是数智组织追求基业长青的基石（Jones et al.，2019）。

虽然人们已经意识到上述问题的严重性，但当前学界和业界均聚焦于数智技术本身，探讨如何改造算法技术本身，让它更像人，优化个体工作感受和结果（Balasubramanian et al.，2022；de Cremer，2020；Feshchenko，2021；Murray et al.，2021）。然而，这样做的效果并不理想。依据莫拉维克悖论，对人类而言困难的问题，对算法来说则很容易；对人类而言容易的问题，对算法来说反而比较难。因此，数智工具只能执行清晰设定的管理规定，并不能完全替代人。面对数智组织在人性关怀、多向思考等方面存在着的功能局限性，我们急需采取有效的应对措施，探讨管理者如何激励、支持、推动员工与算法为友，发挥伦理领导力。

6.1 伦理领导力的概念及理论

6.1.1 伦理领导力的定义及内涵

近二十年来，诸多学者与管理学家针对"伦理领导力是什么""伦理领导力有何独特作用"等基础理论问题展开了丰富的探讨和辩论，得出了一系列有关伦理领导力之于组织可持续发展的重要观点与研究结论。与此同时，随着组织网络化、数智化、全球化程度快速提升，企业与员工、企业与外部利益相关者间的关系也正发生着剧烈变化。企业必须清楚地思考如何回应与员工之间的关系，并真正实现同频发展。这些新需求、新情境，都促使伦理领导力不再仅仅是一个学术概念，而成为管理实务界共同关注的关键实践。

Enderle（1987）最早提出伦理领导力（ethical leadership）概念。他将伦理领导力界定为一种领导者思维方式，旨在明确描述管理决策中的伦理问题，并对决策过程所参照的伦理原则加以规范。我们发现，Enderle 在对伦理领导力的注释中指出，它应当包括个体领导（影响他人）与公司领导（影响组织）两个层面的内涵。一些学者借鉴这一观点，具体指出伦理领导力关注的焦点是领导者在管理决策、采取行动以及影响下属等过程中，如何使用其所具备的社会权力（social power）。Treviño 等（2000）综合上述定义，更加清晰地阐述伦理领导力包含了两方面含义，一是有道德的个人（ethical person），具备诚信等个体特征，并执行符合伦理的行为决策；二是有道德的管理者（ethical manager），采取影响组织道德观点与行为的伦理策略。值得关注的是，Treviño 等（2000）在解释伦理领导力内涵的同时，还提出了几方面重要的相关命题。他们认为,管理者所树立的伦理榜样对直接下属具有显著影响;高层管理者伦理领导力对组织整体伦理发展具有决定性作用。此后,Brown等(2005)基于社会学习视角,对伦理领导力进行了较为系统的内涵界定,认为其是指领导者通过个体行为和人际互动,向其下属表明什么是规范的、恰当的行为,并通过双向沟通、强制与决策等方式,促使他们照之执行。在研究讨论中,Brown等同样指出,不同层面的伦理领导力存在着被感知模式上的显著差异,且相互间存在着逐层传递(cascade)影响效应。

在明确概念定义的基础上,大量学者针对伦理领导力的具体内涵展开实证研究。一些针对高层管理者的伦理领导力的研究发现,这种领导力主要强调了与组织整体发展更紧密相关的权力分配、道德规范等相关内容;而针对中层管理者开展的伦理领导力研究则表明,这种领导力特别注重激励、关怀、引导等对直接关联下属员工产生影响的要素。因此,基于工作内容区分,不同层面管理者需求的伦理领导力是有所差异的(莫申江和王重鸣,2010)。在看到差异的同时,我们也注意到,它们也存在着许多共性内涵要素,如以人为本、真实可信、利他主义、道德公正、细心正念等(Treviño et al.,2003;Brown et al.,2005)。

6.1.2 伦理领导力与其他新兴领导力的区别和联系

技术变革背景下领导力研究主要采纳强调技术有用性(usefulness)和可用性(ease of use)的技术接受模型(Davis,1986)。在该模型基础上,一些学者又进一步延伸出领导力-技术接受模型(leadership-TAM,L-TAM),即个体把技术系统当作一个领导者,服从或跟随其给出的系统指令,从而产生后续评价和行为结果(Wesche and Sonderregger,2019)。L-TAM模型指出,技术系统的体验相关特征(experience-related)、结果相关特征(output-related)以及领导力相关特征(leadership-related)三者共同影响个体行为意向和结果。其中,领导力相关特征的主要功能是促使技术系统更具合法性(legitimacy),从而更好地促使员工认同技术系统的有用性和可用性。在这一理论引领下,一些学者从不同领导力视角开展了一系列技术变革背景下的有效领导力特征及行为研究,包括技术领导力(E-leadership)(Avolio et al.,2000;Avolio et al.,2014)、分布式/共享型领导力(distributed/shared leadership)(Carson et al.,2007)以及领导替代元素(leadership substitutes)(Kerr and Jermier,1978)等。

具体而言,技术领导力是在各类信息技术手段(如知识管理系统、实时沟通系统等)大量兴起背景下被提出,指依托先进信息技术(advanced information technology)来实现对个体、团队和组织的态度、情感、行为和绩效产生影响的社会过程(Avolio et al.,2000)。可见,技术领导力将信息技术作为新兴信息沟通载体,尝试解答的问题是如何利用好各类先进信息技术手段,来实现高效率沟通。

在新兴技术背景下，分布式/共享型领导力研究则侧重回应技术如何促使人与人之间互动关系发生显著改变。它是一种团队领导力，指团队成员共享团队影响力，实现集体效能的能力。例如，知识型员工运用知识管理技术，可以更加有效地组建以问题解决为目标的临时团队和自组织团队等。在这类组织中，领导力分布在团队内各个成员身上，大家共享权力、重视协同。

领导替代元素理论主要强调一些领导力功能是可以被特定情境元素替代的。情境元素可以通过中和化（neutralized）或加强化（reinforced）等方式来实现替代效果（Kerr and Jermier，1978）。尤其是在技术变革背景下，特定新兴技术已经对包括沟通、监督等功能产生明显替代效果。

可见，伦理领导力与上述三项数字技术发展背景下出现的新兴领导力还是存在许多特征差异的。它着重强调"人"的影响力，即在充分理解个体或团队所处的技术背景或所采用的技术工具的基础上，尝试帮助领导者与个体下属间，以及下属与下属间建立起更高质量的影响关系，详见表6-1。

表6-1 伦理领导力与其他新兴领导力的差异比较

比较内容		技术领导力	分布式/共享型领导力	领导替代元素	伦理领导力
概念定义及内涵		依托先进信息技术实现对个体、团队和组织的态度、情感、行为和绩效影响的社会过程	团队领导力，指团队成员共享团队影响力，实现集体效能的能力	情境元素替代特定领导力功能	通过个体行为和人际互动，表明什么是规范的、恰当的行为，并通过双向沟通、强制与决策等方式，促使他们照之执行
回应的关键问题		如何利用好先进信息技术，实现高效率沟通	如何促使自组织团队形成更高效的共享心智	如何理解情境元素中和/强化特定领导力功能	如何促使人们开展伦理决策，采取伦理行动
概念的文献出处		Avolio et al.，2000	Carson et al.，2007	Kerr and Jermier，1978	Brown et al.，2005
技术视角	把技术视为背景		√	√	
	把技术视为工具	√			√
	把技术视为伙伴				√
关系视角	关注人与技术交互关系	√			√
	关注人与人交互关系		√	√	√
	关注团队整体互动		√		√

6.2 算法管理急需伦理领导力：悖论理论视角

6.2.1 算法管理的利与弊

算法管理最早由 Lee 等(2015)提出，他们在优步(Uber)、来福车(Lyft)等平台上识别出一类新的管理实践，即"算法软件和设备承担了人的管理控制功能"。Schildt(2017)将这类算法管理现象称为泰勒科学管理2.0；这是因为算法管理强调算法的"监控功能"，旨在促使受监督对象实现工作效率最优化，与泰勒科学管理原则非常相似。此后，Wiener 等(2020)提出技术中介控制(technology-mediated control)概念，即企业运用先进的数字技术和智能算法来控制员工工作进程。可见，这些学者在界定算法管理时，着重强调了算法管理的监督控制功能。相对应地，他们认为，算法管理的核心是算法控制，会对员工产生负面影响。

Duggan 等(2020)则把算法管理定义为自学习的算法系统开展并执行决策来影响劳动过程，从而减少人为因素和过程疏忽。他们特别强调，算法管理对工作场所中员工心理健康的影响并不确定：有消极的一面，也有积极的一面。算法管理的内涵也并不局限于行为控制，它将在很大程度上替代传统人力资源管理部门承担的任务分配和绩效管理等功能。Kellogg 等(2020)指出，算法管理除了控制，还能实现引导(direction)、评价(evaluation)和规制(discipline)等功能。因此，领域学者逐步形成了一个新的共识，即算法管理并非简单的算法控制，而是可以替代人完成一系列管理职能。

此后，伴随算法管理越来越多出现在各类行业数智组织当中，学者对于算法管理的观察也越加细致，得出了更加具体的概念界定。当前，最为广泛且被大家接受的算法管理定义是，算法技术手段自主地完成向员工布置任务、督促执行以及跟进反馈等功能(de Cremer, 2020; Feshchenko, 2021)。

6.2.2 算法管理下的个体：人性恶，还是人性善

McGregor(麦格雷戈)在《企业中人的方面》提出了关于人性假设的 X 理论和 Y 理论。该理论提出，人有两种完全相反的工作动机，一种是强调消极工作动机的 X 理论，另一种是强调积极工作动机的 Y 理论(McGregor, 1960; McGregor and Bennis, 1966)。具体而言，X 理论认为，人们本性懒惰，因而常常出现消极的工作动机，例如，不关心集体的目标，希望工作越少越好，甚至逃避工作任务等。相对应地，管理者和组织必须设定严格的规章制度，如威胁惩罚、指导监督、施加压力等，才能减少员工对工作的消极性，确保员工完成工作任务。而 Y 理论则认为，人们并不抗拒工作；即使没有外界压力和处罚等规章制度约束，人们也会

自我约束遵守规则，并为集体的目标而不断努力，甚至接受一些创新挑战。相对应地，管理者和组织应当给予员工更多人性化关怀，并授予员工更大的自主权力，从而激发员工更高的工作积极性。该理论在不同组织管理场景中均得到了验证和支持。值得注意的是，同一个个体可以同时拥有两种不同的工作动机；此外，同一种工作实践也可以同时激发同一个个体的两种不同的工作动机，形成一组矛盾动机。回顾以往文献，我们认为，员工在算法监督场景中，就可能会同时产生 X 理论和 Y 理论所分别支持的不同工作动机，并最终影响工作效能。

具体而言，X 理论强调个体面对工作的消极性；因而，依据 X 理论，算法监督作为一种严格的工作管理方式，会激发员工产生明确的完成工作任务的责任感。也可以帮助员工避免因为人为因素而忽略某些工作环节(Murray et al., 2021)。但同时，也会因为受到监督控制而产生的压力或受到歧视感知(Kellogg et al., 2020)，甚至导致工作不安全感知，如表 6-2 所示。例如，Curchod 等(2019)对法国和比利时的 77 个高绩效 eBay(易贝)卖家进行跟踪研究发现，以客户及时反馈为核心的算法监督工具促使卖家不得不紧密关注过往售卖经验，并不断调整售卖方式，从而提升销售业绩。

表 6-2 基于 X 理论和 Y 理论的算法管理效能分析

动机框架	基本理论观点	算法管理结果
X 理论	本性懒惰 不关注集体目标 逃避工作任务	激发工作责任感/义务感 明确工作角色和职责 避免人为因素差错 增加工作压力 产生工作不安全感知
Y 理论	本性积极 关注集体目标 自我约束	减少自主性/主动性 降低信任感知 增加被操纵感受 丧失权力 产生职业无望感

另外，依据 Y 理论，因为算法监督强调严格控制与监管，会显著影响员工感受到的工作自主性，减少信任感知，以及降低工作主动性(Parker and Grote, 2020)。近年来，多项有关算法管理的研究均表明，员工在算法管理影响下，会因为自主性受限，而显著影响工作幸福感(de Cremer, 2020; Feshchenko, 2021; Kellogg et al., 2020; Newlands, 2021)。此外，在算法监督下，员工还会倾向于产生被操纵(manipulation)、缺少信任以及丧失权力(disempowerment)等心理感受(Kellogg et al., 2020)，甚至产生职业无望感(career disruption)。这些负面结果都会进一步导致个体主观和客观工作效能降低。

基于上述 X 理论和 Y 理论分析，不难发现，算法管理一方面会依照 X 理论框架，激发个体工作责任感/义务感、明确工作角色和职责，从而提升工作效率和绩效结果，另一方面也会依照 Y 理论框架，减少个体工作自主性，产生被操纵、权力丧失等负面效能，从而降低工作绩效和幸福感。

6.2.3 算法管理下的伦理领导力需求

近年来，一些学者围绕算法管理对个体效能可能产生的积极或消极影响展开了一系列理论性探讨(Feshchenko，2021)，但相关实证证据则相对有限(Parry et al.，2016)。更值得我们注意的是，一些学者结合以往团队动力学理论，已经提出理论预测，当算法管理被正式引入工作团队场景后，它不仅会影响受到算法管理的个体感受及行为，也会对工作团队整体氛围以及集体效能产生影响(de Cremer，2020；Feshchenko，2021)。例如，在 Feshchenko(2021)的综述中，她认为算法为代表的数智管理系统就是一种组织设计和架构(organizational design and structure)。她发现算法系统一方面可以促使团队内形成民主文化和信息分享氛围，但同时也可能导致员工群体去技能化(de-skilling)和士气低落(demoralization)，使得员工自身的价值感和意义感显著降低。

Raisch 和 Krakowski(2021)在其开展的综述研究中指出，当算法等数智技术进入到组织管理场景中，就会形成算法与人之间的一股明显张力，即算法究竟是替代了人，还是强化了人。他们进一步强调，这股张力最终演变为一个存在于"自主性与增强性"之间的悖论(paradox)，即算法既不能完全独立于人自主存在，也不是纯粹为人提供增强作用。更进一步地，将这一悖论迁移到数智组织中的领导力研究场景下，亟待探讨解决的问题就是，算法管理能否完全替代人作为管理者需要发挥的伦理领导力？让我们具体来分析。

1. 算法管理可以替代人的伦理领导力

de Winter 和 Hancock(2015)基于"能够被机器替代掉的功能都应当被替代掉"的原则提出，人相对于机器更胜一筹的功能包括即兴(improvization)、归纳(induction)以及判断(judgment)等方面，而机器则在侦查、感知、长期或短期信息存储与重获、速度和力量、计算推导、并行加工等方面显著胜出。基于 Yukl(2012)识别出的 15 种核心领导力功能，Harms 和 Han(2019)从"算法无法实现哪些领导力功能"的角度开展研究发现，算法智能已经可以实现大部分伦理领导力功能，但仍无法替代深度互动、主动代表、引领变革等伦理领导力功能。这一观点在 Feshchenko(2021)的算法管理综述中进一步得到支持。Wesche 和 Sonderegger(2019)则转换思路，从"算法已经替代掉的领导力功能"角度入手开展研究。他们指出，在信息搜寻与架构(信息获取、组织和评估信息)、问题解决中的信息使用(识别需求、计划协调、信息沟通)、人力资源管理(获取和配置人力资源、人力资源开发、人员激励)以及经营资源管理(获取和配置经营资源、维护经营资源、利用和监督资源使用)等方面,算法管理似乎已更胜一筹,并逐步替代了人在这些方面所发挥的伦理领导力功能。

基于上述研究结果,我们发现,已经有多项理论研究基于替代视角,提出了算法管理已经实现的伦理领导力功能,并尝试从中进一步识别出尚未被算法替代掉的伦理领导力功能。表 6-3 针对算法管理和伦理领导力的功能差异做了归纳总结。

表 6-3 基于 Yukl(2012)的算法管理和伦理领导力功能比较

导向	功能	算法管理	伦理领导力
任务导向	澄清:明确任务和规则、预期目标	√	√
	计划:目标和优先级规划、布置任务	√	
	监督:控制进度、给予绩效反馈	√	
	问题解决:应对不安全、违反规则的操作	√	√
关系导向	支持:帮助应对压力,构建合作关系	√	√
	发展:提升技能和自信,促进职业发展	√	√
	认可:褒奖卓越业绩和重要贡献	√	√
	授权:提供决策自主性		√
变革导向	倡导变革:解释变革的重要性和必要性	√	√
	引领变革:促进变革承诺和行动		√
	鼓励创新:培育、鼓励并促成创新想法	√	√
	促进集体学习:鼓励并促成集体学习		√
外部导向	多元互动:构建并维护关系网络		√
	情报搜寻:分析外部机会和威胁	√	
	主动代表:争取资源、捍卫声誉		√

注:"√"表示相对侧重、更有优势实现的功能。作者基于多篇文献结论整理而得

2. 算法管理可以提升人的伦理领导力

Larson 和 DeChurch(2020)的综述指出,近年来,人们看待算法等数字化技术与人之间的关系正在发生变化,从原先把数字化技术视为替代伦理领导力功能的最佳实践到现在把数字化技术视为团队或组织发展的重要成员。事实上,这一转变过程反映出学者纷纷意识到,算法等数智技术本身并不能完全替代人的伦理领导力功能。或者说,算法更应当成为领导者的亲密队友;人和算法发挥各自功能,

相互补充，共同实现团队目标(de Cremer，2020；Wilson and Daugherty，2018)。

de Cremer(2020)强调，算法管理是一种模仿过程，即依据人所设定的规则和范式，执行决策和行动。因此，算法只能完成任务，而无法理解背后原理。要想提升算法管理的成效，组织管理者作为人的因素，就必须担当起强化算法管理过程中处理情绪情感、思维决策等问题的角色，必须前瞻性地识别方向、创建愿景，应对算法管理可能存在的不确定性。例如，Davenport 和 Bean(2018)的调查结果显示，41.5%的受访者不相信算法等数智工具提供他们的投资决策；此外，只有4%的受访者愿意相信算法工具运用到员工管理中是有效的。可见，只有当人促进团队内构建起充分信任的氛围，才能够真正促使算法管理工具发挥其最大功效；反之，可能事与愿违。

基于上述研究结论，我们发现，算法管理无法完全替代人的伦理领导力，其中，最为重要的原因是算法数智技术无法有效解决与人的复杂情绪情感、伦理道德直接相关的决策问题。只有当人可以发挥这部分的伦理领导力，才能够使得算法智能真正成为人的队友，实现数智倍增效应。因此，在数智组织中，伦理领导力是急需品、必需品。接下来，我们将打开数智组织中伦理领导力的内涵，刻画伦理领导者应当注意的关键实践，如图 6-1 所示。

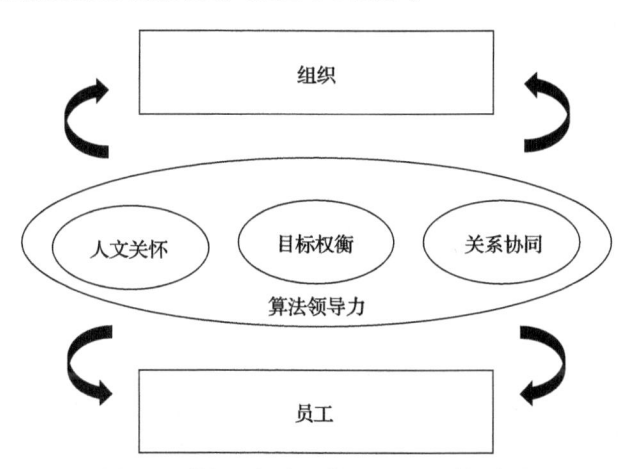

图 6-1 数智组织中的伦理领导力关键实践

6.3 数智组织中伦理领导力关键实践

6.3.1 人文关怀

数智组织中的伦理领导力应该是一种强调人文关怀的领导力。有人认为在领导力核心职能中，只有深度互动，主动代表和引领变革没有被机器立即取代的危险。算法管理在一定程度上接管了真人领导者的部分职能，减少了领导者与员工面对面双向沟通与理解的机会，降低了领导者与员工的互动深度。而领导者与员工之间的工作联结与社会联结对于建立良好的上下级关系以及提升员工角色绩效和情境绩效都具有适当的促进作用。因此，算法管理发挥作用并不意味着领导者在管理中缺位。伦理领导者应该发挥人文关怀的作用，消除算法作为一个冰冷的监督与评价主体对员工造成的不利影响。例如，亚马逊 Flex 员工在遭遇算法"错误"解雇后，申诉后收到的回复邮件也体现出机器人回复的迹象，且不能真正解决问题，更多是推诿与敷衍。这时如果领导者能够及时介入，给予员工沟通对话的渠道以及专业性回复，并用客观、真诚的态度解决问题，就能够最大限度地弥补算法由于刻板且有限的数据集得出的错误结果，减少恪尽职守的员工遭遇不公平对待的可能性。

拥有人文关怀的伦理领导者需要处理好帮助员工在接受算法"理性管理"的同时满足"情感需求"的问题。伦理领导者需要让员工知道算法管理是能够协商的，组织和团队重视员工合理诉求以及工作体验，应用算法智能工具的目的始终是帮助组织和员工更好地提升效率，而不是进行工作控制。同时，伦理领导者也需要关注算法管理下每一位员工的独特性，适时地融入组织-算法-领导-员工的互动，而不是仅仅将员工视为不断生产数据的机器，以去人性化和不平等姿态对待员工。

6.3.2 目标权衡

数智组织中的伦理领导力应该是一种注重目标权衡的领导力。组织层面设计并引入算法是为了利用数字化技术赋能企业管理过程，提升企业效率和市场竞争力。与之相对，员工的基本诉求是个人利益的满足，如获得可观的报酬、晋升机会，以及自我实现等。在算法管理背景下，企业往往很难平衡组织整体和员工个体之间的利益关系，且算法作为对员工劳动过程进行控制的手段，使得企业获得了相较于员工更大的优势地位，并往往在利益冲突时选择牺牲处于弱势地位的员工的利益。因此，介于组织和基层员工之间中间层级的领导者有责任更多地思考如何发挥自身作用，有效回应组织内部特别是组织与员工之间的道德张力，例如存在于"利润最大化"与"管理人性化"、"组织定量计算"与"员工价值主张"等之间的张力。这要求伦理领导者对于自己管理的员工，要关注人性，具有温度，善于觉察员工各类情绪表现，倾听并及时反馈员工在算法管理下的诉求。另外，伦理领导者要充分发挥组织和员工之间的纽带作用，善于平衡个体利益和集体利益，尽可能找到不同利益相关者目标间的平衡点。

例如，某车企的智慧工厂拥有极高水平的自动化，人发挥主动作用的机会大大减少。在这种情况下，年轻且具有专业技能的员工往往需要学会与机器配合，遵守标准化生产规范，满足企业生产效率最大化目标。可想而知，长期、重复、枯燥的劳动，以及机器取代人的趋势造成的工作成就感和获得感下降，使本身就心浮气躁的年轻员工离职倾向很高。该企业虚心纳贤，始终向有技能、有抱负的员工敞开大门。在管理过程中，该企业在车间内设置了通过班组长向上反馈的渠道，员工可借由班组长表达自己在生产和生活方面的诉求。同时，班组长还会帮助员工进行职业生涯规划，树立合理的职业观与价值观，让员工不断提升与机器协作的专业能力，同时实现职业稳步发展。由此可见，虽然很多情况下组织利益重于员工个人利益，员工需要服从组织的算法管理，但是伦理领导者应该在这个过程中挖掘出利益平衡点，尽量照顾员工合理诉求，帮助员工更好地成长与发展。

6.3.3 关系协同

数智组织中的伦理领导力应该是一种倡导关系协同的领导力。算法管理在很大程度上实现了对员工个体劳动过程的引导、评价与规训，可以对员工进行实时、全方位的监控与绩效反馈。这可能导致员工更加关注自身绩效目标以及劳动过程和结果，而在一定程度上忽视了如何与团队和组织中其他人进行合作来实现既定目标。算法管理过于依赖结构化的数字化工作流程，导致人际互动显著减少，产生低质量协同关系，甚至成为"一盘散沙"，不利于有效合作。当今社会中，知识型员工占比逐渐增加，他们本身具有实现自我价值的强烈愿望，高度重视成就激励，热衷于通过精细化的评价结果充分展现自身独特竞争力。在一些过程和结果相对容易被量化的工作中，算法可能进一步加深知识型员工单打独斗的倾向，但是对于知识型员工所在的团队而言，缺乏开放协作和知识分享，会最终影响整个团队的进步。

诚然，人们在算法设计之初就应该纳入对于合作过程和绩效的指标考量，但仍需要伦理领导者发挥自身作用，有效地减少由于个体化评价造成的员工间疏离以及自利倾向。伦理领导者可以充分利用数字化技术提供的线上沟通渠道，推动自己与员工以及员工之间的高质量多边沟通，及时了解员工的工作、生活、家庭情况，并给予充分反馈，帮助员工更好地融入团队，体会到团队、领导和同事的支持。伦理领导者还可以积极采用团队和个人工作进度可视化、户外团建、知识分享会等方式，一方面让团队内成员更好地将团队整体目标和价值观内化为个人自身目标和价值观，另一方面加强团队成员之间相互了解，降低不信任和误会的产生，同时加强彼此之间的信息传递，让团队内的员工知道每个人的相对优势与不足，从而在完成工作过程中，增加相互合作的意愿，更好地寻求优势互补，提升工作效率与质量。

6.4 数智组织中伦理领导力新挑战

如上所述,在建设有效的数智组织过程中,伦理领导力将扮演"黏合剂"的重要角色,可以促使组织内的个体和团队在数字算法技术的帮助下,真正实现效率和幸福感平衡共赢。然而,我们必须意识到,这并不是一件容易的事情;在践行伦理领导力的过程中,领导者非常可能会面临以下三方面挑战。

6.4.1 人性化与标准化的博弈

正如人们给算法管理冠以的别称"泰勒制 2.0",数智组织的建设非常倡导基于算法、大数据、人工智能等的标准化。例如,采用电子绩效管理技术来把各项绩效指标精细化并达到即时可测;再例如,运用数字算法工具来规范每个员工的工作职能,甚至是每一个工作动作。我们在前面的章节中介绍,这些做法会导致员工工作意义感和成就感的下降,让人感受到组织缺少人性关怀等;因而,我们需要领导者发挥伦理领导力,去补足员工关怀的缺失。然而与此同时,我们也必须清醒地意识到,倘若领导者过度关注个性化需求,很可能会对组织既有的规范及标准体系产生严重冲击。例如,当采用电子绩效管理的组织领导者出于对某个员工特殊情况的照顾,允许其不遵照绩效细化要求来开展工作时,就会对组织整体既有行为标准和规范产生明确冲击。此外,一些组织中的个体仅考虑自身需求,质疑所有新兴技术工具,甚至反抗,这也可能导致组织系统整体低效。因此,当我们谈论领导者在新兴数智组织中如何发挥伦理领导力的时候,绝不应该追求"面面俱到""事事求全",而必须艺术地处理好人性化与标准化之间的关系平衡。

6.4.2 多数人与少数人的利益

在新兴数智组织中,占据少数地位的个体,尤其是团队和组织的领导者,凭借先进的数智技术工具,变得更加可能影响、改变,甚至操控多数人的想法和行动。本章有关数智组织中如何发挥伦理领导力的讨论指出,伦理领导者应当展现出对基层员工更丰富多样的关爱,帮助他们理解数智技术的价值,并与之成为"工作合作伙伴"。然而,在现实数智化变革组织中,我们发现,大多数基层员工由于惯性思维驱使,很难看到并相信数智化变革的价值。他们常常选择拖延等待,甚至会在一个非常漫长的时段中,采取消极抵抗,维持现状。而对于组织来说,只有少数人看到了未来,快速推进数智化变革,才能意味着组织整体实现可持续发展。显然,少数人追求组织长远未来,而多数人关注个体短期阵痛。那么,伦理领导者是否为了关怀员工,依循每个人的差异想法,才是伦理道德的选择呢?

此外,越来越多个体或组织都与企业建立起了或紧密或松散的共生关系,成为利益相关者，构成复杂的企业生态系统。这给企业领导者决策带来的全新挑战是，要调和多方利益相关者提出的差异诉求，变得愈加艰难。实践表明，企业要想既让股东和员工等内部利益相关者满意，又让政府、社区、自然环境等外部利益相关者满意，是极其困难，甚至不可行的。因此，企业领导者必须在自身决策过程中做出权衡，这会带来另一个层面上的"少数人"和"多数人"利益博弈。特别对于领导者来说，有效地说服自己坚定伦理价值观，开展勇敢的伦理决策，是极其具有挑战性的。

6.4.3 帮助人与控制人的困局

数智技术的广泛应用究竟是旨在"帮助人"，还是"控制人"？这一议题在过去五年中，一直受到广泛争议。对于这个问题，伦理领导者自然义不容辞，必须给出明确答复，希望有效地发挥数智技术的积极价值，来赋能组织内的个体及团队变得更好。然而与此同时，我们不得不承认，这是一件非常具有挑战性的任务。在数智化变革的过程中，哪怕伦理领导者试图时刻给予员工更多关注，将组织发展目标与个体成长需求有机地联系起来，并帮助每个数智团队营造出更友好的协作氛围。作为变革终端的个体员工，还是会感受到各种各样因由变化而产生的不确定和不适应，从而倾向于认为领导者运用这些新兴技术手段来更有效地管控他们。对于这样的认知偏差，我们必须承认这是一种正常反应，且无法避免。对于伦理领导者而言，必须付出更多努力，尝试与组织内的个体及团队建立起更高质量的沟通和信任关系，才可能在这组争议中生存下来，并引领组织迎来数智化未来。

总而言之，我们非常有必要清醒地意识到，数智组织的快速发展是一柄双刃剑。作为工具，算法智能等新兴技术帮助企业实现了之前难以想象的管理范围、深度与强度。但这些新兴技术工具本身不应该替代目的，算法智能的目的始终是提效而不是控制，它本身也不应该替代人的管理。

在数智组织中，人的因素，不管是员工作为一个有情感、有动机的人，还是领导者作为一个和数智算法技术进行协作互补的人，都是算法管理应用过程中必须有机考虑进入的内容。值得强调的是，伦理领导力并不是在算法背景下产生的新概念，但其内涵要素及关键实践都应当被全新认识和充分理解，值得企业不同层级的管理者结合自身所经历的真实数智组织建设过程，继续开展积极探索、应用与反思。

6.5 本 章 小 结

通过深入理解数智组织运作机理，并将伦理规范和准则应用到具体管理实践中去，伦理领导者有助于组织在数字化转型的过程中，真正平衡好技术应用与员工福祉，确保组织决策既高效又富有人文关怀。本章详细探讨了伦理领导力在数智组织中发挥功能的理论基础和实践应用。伦理领导力的核心在于其能够将技术进步与员工需求相结合，帮助组织领导者洞察管理背后的伦理挑战和机遇，从而做出更加负责任和明智的决策。本章进一步介绍了伦理领导力在数智组织中的关键实践，包括人文关怀的实施、目标权衡的策略和关系协调的重要性。这些实践确保了组织能够在快速变化的数字时代中，保持对员工的关怀和尊重，同时实现组织目标。与此同时，本章也提出了在数智组织中践行伦理领导力的过程中可能遇到的关键问题和挑战，如人性化与标准化的博弈、多数人与少数人的利益平衡，以及帮助人与控制人之间的困局等。这些挑战要求组织在推进数智化的同时，也要关注其对员工个人权益的影响，确保技术的合理和人性化应用。伦理领导力研究发现，伦理领导力实践不仅需要领导者的勇气和担当，还需要匹配的组织文化予以支持，以及具备一定数字素养的员工积极参与，这是一个"领导者-员工-组织"持续迭代、相互适应的变革过程，非常值得组织领导者和学者深入研究和探讨。因此，我们提出了一系列有待未来研究关注的研究问题。

(1)算法管理下，伦理领导力如何提升员工职业健康和心理健康？现有研究发现，算法管理常常容易导致员工产生多种形式的心理健康问题，如情绪耗竭、工作倦怠、职场焦虑、反生产情绪及行为等。那么，伦理领导力如何能够有效地帮助员工缓解这些负面影响？伦理领导者应当采取哪些管理举措，构建哪些组织机制，来促使员工在工作场所获得更多心理资源？

(2)在数智管理时代，如何强化伦理领导力与组织公平氛围间的积极影响关系？传统伦理领导力研究发现，伦理领导力能够通过让组织内每个员工个体直接感受到伦理行为，有效地促使大家提升公平氛围感知。但在数智组织中，员工常常不与领导者开展直接互动沟通，而是更多地依靠虚拟沟通来开展工作交互。那么，在这一数智管理背景下，伦理领导力与组织公平氛围构建间的关系如何才能够得以强化呢？例如，哪些人力资源管理实践能够促使员工更加认同领导者的伦理领导行动？哪些反而会增加两者间的张力？

(3)在数字化转型过程中，员工如何培育自身的伦理领导力？正如大多数领导力研究所强调的，领导力并非领导者的专属，而可以是自上而下形成的一个领导力体系。对于越来越扁平化管理的数智组织而言，每一位员工都可以对所在团队中的个体及团队整体产生显著影响。因此，未来研究非常值得关注每个员工的伦理领导力形成及强化机制；例如，开展哪些有效的管理培训，可以帮助员工提升自身伦理领导力等。

(4)管理者如何运用人工智能等新兴技术来实现更高质量的伦理领导力？随着人工智能、大数据、通用大模型等技术不断成熟，领导者可以拥有更多的数字工具来实现对员工的影响力。当我们谈论领导者需要注意到组织采用数智技术而导致员工遭遇伦理困境的同时，也需要看到"硬币的另一面"，即领导者也可以运用数智技术，促使原先无法有效开展的伦理领导行为得以实现。例如，领导者可以更准确地捕捉员工面临的安全风险挑战，帮助其及时应对等。未来研究非常有必要针对"人机如何更有效地互动，助推伦理领导力实现"开展更丰富的实证分析。

(5)在全球数智化背景下，伦理领导力有哪些不同内涵及效能？当我们谈论领导者的伦理领导行为时，一定会被不同国家文化所影响。当前，全球都在被数字化潮流席卷，但每个国家对于数字化的接受程度和感知态度都具有显著差异。因此，未来研究学者非常值得开展跨文化的比较研究，以更好地理解不同国家对于伦理领导力内涵的差异看法，也试图展示哪些伦理领导行为最具积极的预测效能。

参 考 文 献

德勤. 2020. 2020德勤全球人力资本趋势报告. https://www2.deloitte.com/content/dam/Deloitte/cn/Documents/human-capital/deloitte-cn-hc-trend-2020-zh-200519.pdf[2024-08-13].

脉脉. 2020. 人才吸引力报告 2020. https://maimai.cn/article/detail?fid=1548889848&efid=but88ZXlbf0Nj6iRLtMTNg[2024-08-13].

莫申江, 王重鸣. 2010. 国外伦理型领导研究前沿探析. 外国经济与管理, 32(2): 32-37.

Accenture, 2022. Unleashing the full potential of AI. https://www.accenture.com/content/dam/accenture/final/industry/high-tech/document/Accenture-Unleashing-full-potential-of-AI.pdf [2024-06-30].

Avolio B J, Kahai S, Dodge G E. 2000. E-leadership. The Leadership Quarterly, 11(4): 615-668.

Avolio B J, Sosik J J, Kahai S S, et al. 2014. E-leadership: re-examining transformations in leadership source and transmission. The Leadership Quarterly, 25(1): 105-131.

Balasubramanian N, Ye Y, Xu M. 2022. Substituting human decision-making with machine learning: implications for organizational learning. Academy of Management Review, 47(3): 448-465.

Brown M E, Treviño L K, Harrison D A. 2005. Ethical leadership: a social learning perspective for construct development and testing. Organizational Behavior and Human Decision Processes, 97(2): 117-134.

Briône P. 2020. My boss the algorithm: an ethical look at algorithms in the workplace. https://www.acas.org.uk/research-and-commentary/my-boss-the-algorithm-an-ethical-look-at-algorithms-in-the-workplace[2024-08-13].

Carson J B, Tesluk P E, Marrone J A. 2007. Shared leadership in teams: an investigation of antecedent conditions and performance. Academy of Management Journal, 50(5): 1217-1234.

Curchod C, Patriotta G, Cohen L, et al. 2019. Working for an algorithm: power asymmetries and agency in online work settings. Administrative Science Quarterly, 65(3): 644-676.

Davenport T H, Bean R. 2018. Big companies are embracing analytics, but most still don't have a data-driven culture. Harvard Business Review, 6: 1-4.

Davis F D. 1986. A Technology Acceptance Model for Empirical Testing New End-User Information Systems: Theory and Results. Cambridge: MIT Sloan School of Management.

de Cremer D. 2020. Leadership by Algorithm: Who Leads and Who Follows in the AI Era? Hampshire: Harriman House Limited.

de Winter J C F, Hancock P A. 2015. Reflections on the 1951 Fitts list: do humans believe now that machines surpass them? Procedia Manufacturing, 3: 5334-5341.

Duggan J, Sherman U, Carbery R, et al. 2020. Algorithmic management and app-work in the gig economy: a research agenda for employment relations and HRM. Human Resource Management Journal, 30(1): 114-132.

Enderle G. 1987. Some perspectives of managerial ethical leadership. Journal of Business Ethics, 6(8): 657-663.

Feshchenko P. 2021. Algorithmic management & algorithmic leadership: a systematic literature review. Jyväskylä: Jyväskylä University.

Fountaine, T, McCarthy B, Saleh T. 2019. Building the AI-powered organization. Harvard Business Review, 97(4): 62-73.

Harms P D, Han G H. 2019. Algorithmic leadership: the future is now. Journal of Leadership Studies, 12(4): 74-75.

Jones D A, Newman A, Shao R, et al. 2019. Advances in employee-focused micro-level research on corporate social responsibility: situating new contributions within the current state of the literature. Journal of Business Ethics, 157(2): 293-302.

Kellogg K C, Valentine M A, Christin A. 2020. Algorithms at work: the new contested terrain of control. Academy of Management Annals, 14(1): 366-410.

Kerr S, Jermier J M. 1978. Substitutes for leadership: their meaning and measurement. Organizational Behavior and Human Performance, 22(3): 375-403.

Larson L, DeChurch L A. 2020. Leading teams in the digital age: four perspectives on technology and what they mean for leading teams. The Leadership Quarterly, 31(1): 101377.

Lee M K, Kusbit D, Metsky E, et al. 2015. Working with machines: the impact of algorithmic and data-driven management on human workers. Proceedings of the 33rd Annual ACM Conference on Human Factors in Computing Systems.

Lindebaum D, Vesa M, den Hond F. 2020. Insights from "the machine stops" to better understand rational assumptions in algorithmic decision making and its implications for organizations.

Academy of Management Review, 45(1): 247-263.

McGregor D M. 1960. The Human Side of Enterprise. New York: McGraw-Hill.

McGregor D M. 1966. Leadership and Motivation. Cambridge: MIT Press.

McKinsey. 2018. Notes from the AI frontier: applications and value of deep learning. https://www.mckinsey.com/featured-insights/artificial-intelligence/notes-from-the-ai-frontier-applications-and-value-of-deep-learning[2024-04-30].

Murray A, Rhymer J, Sirmon D G. 2021. Humans and technology: forms of conjoined agency in organizations. Academy of Management Review, 46(3): 552-571.

Newlands G. 2021. Algorithmic surveillance in the gig economy: the organization of work through lefebvrian conceived space. Organization Studies, 42(5): 719-737.

Norlander P, Jukic N, Varma A, et al. 2021. The effects of technological supervision on gig workers: organizational control and motivation of Uber, taxi, and limousine drivers. The International Journal of Human Resource Management, 32(19): 4053-4077.

Parker S K, Grote G. 2020. Automation, algorithms, and beyond: why work design matters more than ever in a digital world. Applied psychology, 71(4): 1171-1204.

Parry K, Cohen M, Bhattacharya S. 2016. Rise of the machines: a critical consideration of automated leadership decision making in organizations. Group & Organization Management, 41(5): 571-594.

Raisch S, Krakowski S. 2021. Artificial intelligence and management: the automation–augmentation paradox. Academy of Management Review, 46(1): 192-210.

Schildt H. 2017. Big data and organizational design–the brave new world of algorithmic management and computer augmented transparency. Innovation, 19(1): 23-30.

SIOP Administrative Office. 2020. SIOP announces top 10 workplace trends for 2020. https://www.siop.org/Research-Publications/Items-of-Interest/ArtMID/19366/ArticleID/3361/Top-10-Workplace-Trends-for-2020[2024-08-13].

Treviño L K, Brown M, Hartman L P. 2003. A qualitative investigation of perceived executive ethical leadership: perceptions from inside and outside the executive suite. Human Relations, 56(1): 5-37.

Treviño L K, Hartman L P, Brown M. 2000. Moral person and moral manager:how executives develop a reputation for ethical leadership. California Management Review, 42(4): 128-142.

Walsh M. 2019. When algorithms make managers worse. Harvard Business Review, 5: 1-5.

Wesche J S, Sonderegger A. 2019. When computers take the lead: the automation of leadership. Computers in Human Behavior, 101: 197-209.

Wiener M, Cram W A, Benlian A. 2020.Technology-mediated control legitimacy in the gig economy: conceptualization and nomological network. Hirschheim R, Heinzl A, Dibbern J. Progress in IS. Cham: Springer International Publishing: 387-410.

Wilson H J, Daugherty P R. 2018. Collaborative intelligence: humans and AI are joining forces. Harvard Business Review, 96(5): 20-21.

Yukl G. 2012. Effective leadership behavior: what we know and what questions need more attention. Academy of Management Perspectives, 26(4): 66-85.

第 7 章　基于算法的人力资源管理：以平台组织为例[1]

得益于互联网、云计算和大数据等一系列数字技术的发展与应用，近年来我国新就业形态劳动者数量不断增加。大量新就业形态劳动者依托零工经济服务平台（又称零工平台）寻找就业机会，包括网约车司机、快递员、外卖配送员等。零工平台这一新型组织形态兼具市场与组织的混合属性，一方面提供连接供需双方的数字化基础设施，另一方面采用算法技术对平台工作者进行管理与控制（谢富胜等，2019）。作为连接需求方和服务方的市场中介平台，零工平台可以为灵活用工、增加就业机会、降低用工成本、激活劳动力市场、提高劳动力配置效率提供了专业化、便利性的服务[2]。据公开资料，滴滴出行和美团在 2020 年的市值已分别达到 3600 亿元和 5500 亿元的规模；滴滴平台更是承载了高达 1360 多万个就业机会。根据第九次全国职工队伍状况调查结果，我国新就业形态劳动者 8400 万人，在经济发展和数字化转型进程中扮演着重要的角色。

但与此同时，零工平台在具体实践中出现了诸多企业管理和社会治理问题。伴随着平台的扩张，处于非标准雇佣关系下的平台与工作者的冲突对抗层出不穷：多地网约车司机由于对平台严苛的津贴奖励扣除标准不满而接连离开，外卖骑手频发的交通事故也引起舆论对于此类群体的工作分配科学性和劳动保障的质疑。这些问题也引发了国家有关部门的高度重视。2021 年 7 月，国家发展改革委、商务部等七部门联合发文呼吁落实平台主体责任和社会责任，保障平台工作者权益，坚决维护社会稳定。2022 年 1 月，国家发展改革委等部门联合发布《关于推动平台经济规范健康持续发展的若干意见》，强调"完善新就业形态劳动者与平台企业、用工合作企业之间的劳动关系认定标准""引导平台企业加强与新就业形态劳动者之间的协商，合理制定订单分配、计件单价、抽成比例等直接涉及劳动者权益的制度和算法规则，并公开发布，保证制度规则公开透明"。上述平台从业者劳动权益相关的热点问题，已经引起国家和全社会的广泛关注。

在零工平台中，传统的雇佣关系瓦解，正式的权威层级不复存在，组织难以实现官僚控制（Vallas and Schor，2020）。在此情境下，零工平台涌现出一种全新的、替代传统经理人职能的数字化管理实践——算法管理（algorithmic management），即平台企业借用算法技术或数字化技术实现平台型企业组织管理目标的新型组织管理手段（刘善仕等，2022；Möhlmann et al.，2021；Meijerink and Keegan，2019；

---

[1] 本章部分研究工作得到了国家自然科学基金项目（72302214）资助。
[2] https://baijiahao.baidu.com/s?id=1724102278991471685&wfr=spider&for=pc。

Kellogg et al., 2020)。其常见形式包括人与任务需求匹配、任务推送、绩效评分机制、APP 远程绩效监控与实时反馈等。这些算法管理实践,在很大程度上替代了传统的人力资源管理的职能,开放性地汇聚了没有雇佣关系的平台工作者共创组织价值和实现组织目标,从而成为平台企业与平台工作者间的关键纽带。

人力资源管理在过去被认为是组织业务中最少基于数据驱动的职能之一,然而随着当今人力资源管理实践的数据化程度越来越高,人们对于人力资源管理的算法开发和应用的关注也愈发加强(Cheng and Hackett, 2021)。基于大数据的算法管理极大改变了人力资源管理的格局,算法管理作为一种新型组织管理实践,在零工平台的经营管理过程中产生了诸多涉及人力资源管理的新现象和新难题。平台经济的蓬勃发展迫切需要学术界对算法管理如何替代传统人力资源管理者进行更加系统和深入的探讨。本章以零工经济平台组织为例,解构基于算法的人力资源管理实践的新表现、新特征与新问题。

7.1 人力资源管理定义及理论

人力资源管理(human resources management,HRM)实践是在组织或业务单位中实施的人力资源计划、流程和技术,以确保有效利用员工的知识(knowledge)、技能(skill)、能力(ability)和其他特征(other characteristics)(即 KSAOCs)来实现组织目标。人力资源管理涉及员工的招聘、选拔、培训和发展、薪酬福利、留任、评估和晋升,以及组织内的劳资关系和员工安全健康等诸多方面。人力资源管理实践广泛存在于各类公司和公共及非营利组织中,并根据不同的劳动关系情境不断变革,如技术进步、全球经济政治形势变动、人口和劳动力结构变化等。在过去十几年中,人力资源领域变革的重要驱动因素之一就是数字技术的不断发展以及其在组织活动中的不断嵌入。例如,招聘人员使用在线聊天室与岗位申请人进行互动对话、培训人员利用虚拟现实技术培训新进员工。这些数字技术提升了人力资源流程的个性化、灵活性、互动性、吸引力,可以极大地提高效率并节约成本(Stone and Deadrick, 2015)。特别地,本章重点讨论零工经济平台通过算法人力资源管理建立绩效评估和奖惩激励机制,以及零工经济平台带来的强控制弱契约的新型劳资关系。利用算法管理进行人才识别和招聘选拔等已在本书中其他章节讨论,本章不再赘述。

7.1.1 考核与监控

绩效评价(performance appraisal)是 HRM 的基本功能之一,是评价组织内部的劳动力所具备的知识、技能、能力和其他特征的重要组成部分,为管理层提供有关员工晋升、选拔和是否留任的重要信息,也是员工获得薪酬和奖励的重要依据。绩效评价不仅要求制定合理的评价标准,也要确保被评价者得到有关如何提升自我绩效的反馈。而绩效管理则是消弭实际绩效和期望绩效之间差距的重要管理手段,以目标为导向的员工绩效进行界定、衡量和激励。绩效管理(performance management)的核心逻辑过程是基于组织的战略目标进行分解并制定评估标准,通过持续性的绩效监控收集绩效数据,进而采取措施(如培训)提升组织生产效率和质量。为了获得员工准确的绩效数据,组织开发了一系列绩效观察、记录和分析的技术,称之为绩效监控。

随着技术的发展,电子绩效监控(electric performance monitoring)成为组织对工作者进行绩效监控的最主要手段。绩效监控或为了防止员工出现"摸鱼"和违反工作操作规定的行为,或为了帮助员工提升技能和促进学习(朋震等,2022)。与传统绩效监控手段相比,电子绩效监控具有低成本、全方位和实时反馈等优势。在零工平台这种模式下,零工工作者和平台以经济利益为基础进行联结,是"价值共创"的交易型关系(朋震等,2022)。根据社会交换理论,零工平台以算法为基础的绩效监控技术则是这一关系顺利建立的基石。基于机器学习的算法可以根据工作者的绩效水平将其聚类成不同的群体,通过自动化绩效评估来节省开支,也可以根据员工的背景数据和绩效特征预测员工的绩效水平。根据相关文献的介绍,机器学习在绩效管理中的新颖应用包括"使用文本分析和自然语言处理检测绩效评估过程中的主观性、使用数据挖掘和序数回归聚类估计员工的专业水平、使用分类算法分析财务激励对员工效率的影响以及使用分类技术对员工进行个性化激励配置"等(Garg et al.,2022)。

7.1.2 奖惩与激励

现代组织与企业广泛使用各种奖惩机制以激励员工,比如,通过薪酬、福利、表彰或处罚等。激励是指个人为实现目标所付出的努力的强度、方向和持久性的过程。心理学家弗雷德里克·赫茨伯格(Frederick Herzberg)的双因素理论认为,当薪资、劳动环境、工作保障等基本条件满足时,人们不会感到不满,而当晋升、认可和成长等有价值的条件得到满足时,人们才会感到满意(Herzberg et al.,1967)。基于目标设定,组织设定各种目标来激发个体的动机。心理学家埃德温·洛克(Edwin Locke)提出的目标设定理论的研究则揭示了解释目标对个体行为和绩效的影响:实现目标的意图是工作动机的主要来源。该理论认为,设定明确、具体和具有挑战性的目标可以激发个体的动机,并促使他们更有可能实现高绩效。当然,无论激励的手段如何层出不穷,其目的都是促使个体实现某个目标的动机(Locke and Latham,2002)。个体的动机分为内在动机和外在动机两种形式,在驱动个体行为和激励员工方面有着不同的特点和效果。根据自我决定理论(self-determination theory;Ryan and Deci,2000),内在动机是指个体内在产生的动机,是通过个体自身的兴趣、满足感和内在价值观驱动的。个体从内在动机中获得满足感和乐趣，对任务本身有兴趣，并享受从中获得的成就感和成长。外在动机是指来自外部的激励因素，如奖励、惩罚、指令、竞争等。个体通过外在动机来获得外部奖励或避免惩罚，从而驱动自己的行为。在人力资源管理的实践之中，综合使用内在动机和外在动机是最有效的激励策略，比如，通过改善工作设计、提供工作自主性、允诺职业发展机会等方式可以提升员工的内在工作动机，通过绩效奖金和惩罚等方式提升员工的外在工作动机。鉴于大多数零工工作者是独立承包商而不是雇员，人力资源管理的激励作用可能会受到限制。而游戏化（gamification）则成为近期在数字技术深度嵌入的组织特别是零工平台中广为流行的激励机制。算法利用游戏元素引导工作者的动机和行为，从而影响他们的绩效结果（Rosenblat and Stark，2016）。后文将对这一管理策略做出更详细的论述。

7.1.3 员工-组织关系

员工-组织关系（employee-organization relationship，EOR）用于描述员工与组织之间的关系，包括心理契约、感知的组织支持和雇佣关系。社会交换理论（Blau，1964）和诱因-贡献模型（March and Simon，1958）是理解员工和雇主之间的交换关系的重要理论基础。理论认为，员工与组织之间的雇佣关系本质上是组织提供的诱因与员工做出的贡献之间的交换，这种交换可分为经济交换和社会交换两类。经济交换通过正式的、有一定期限时效的合同来规定双方需履行的义务，当组织提供的诱因超越员工要求的贡献时，员工的满意度会提高。而社会交换基于信任，是一种对双方关系互惠的长期视角下的期望。根据交换类型和诱因-贡献之间的平衡，员工与组织关系可大致分为四类：平衡的经济交换、平衡的社会交换、投资不足（雇主提供短期诱因期望换取员工长期承诺）和投资过度（雇主提供长期诱因换取员工短期贡献）。以往研究表明员工-组织关系对于员工的态度、行为和绩效均会产生影响，如组织承诺、工作满意度、组织公民行为等（Cropanzano and Mitchell，2005）。

随着劳动力人口结构和数字技术的发展，传统的员工-组织关系也在悄然发生变化。比如，年轻的劳动力更关注工作场所的福利、晋升机会和薪酬公平，由于兼职和临时工作在年轻人群中的流行，工作者对雇主的忠诚度也不如从前。就像零工工作带来的工作性质的改变，此类工作通常被认为不是一份正式的工作，并不植根于传统的员工-组织关系，零工工作者也不被视为传统就业观念中全职的长期工作的正式雇员。由于零工工作者和平台之间不签订雇佣合同，工作者对于平台组织并没有信任和承诺，双方基于经济交换提供诱因和劳动，与社会交换紧密相关的忠诚度和工作投入度等因素可能更难培植（Roberts and Douglas，2022）。学者提出需要对零工工人对员工-组织关系的期望进行更为深入的了解。

7.2 算法应用于平台人力资源管理的新实践

算法人力资源管理是指为使用基于数字数据的软件算法来增加人力资源相关决策和/或自动化人力资源管理活动(Duggan et al., 2020; Kellogg et al., 2020)。在零工平台中，传统组织人力资源管理的基石——正式雇佣关系已被瓦解(Meijerink and Keegan, 2019)，算法管理应运而生，成为零工平台借用算法技术或数字化沟通技术实现平台企业组织管理目标的新型组织管理手段。零工工作者可以根据自己的时间和精力选择接受或拒绝工作任务，而雇主则可以根据自己的需求选择合适的工作者。这种模式的典型例子包括网约车服务、外卖送餐、家政服务、兼职工作和自由职业项目等，其中涉及的关键的人力资源管理就包括绩效评价和激励，以及劳资关系管理。零工平台采用的算法管理内容具体包括人-需求的匹配、任务推送、任务定价、评分机制、实时反馈、基于APP的远程监控等与人力资源管理和组织控制相关的数字化实践等(刘善仕等，2022；Meijerink and Keegan, 2019; Möhlmann et al., 2021)。零工平台依靠算法管理克服时间和空间的限制，管理辐射数以万计的零工工作者，连接工作者和需求方，并同时监管和干预他们的工作过程与结果。传统的人力资源管理以系统、政策、实践和行为为核心，实现对工作的设计和组织以及对员工的有效控制，而算法人力资源管理控制在其实施中依赖算法技术的普及(Duggan et al., 2020)。

7.2.1 实时优化的工作分配与行为引导

算法人力资源管理在平台中的广泛应用可以帮助组织提高流程协调和优化等方面的效率和质量，确保平台服务的高效交付(Kellogg et al., 2020)。零工工作者在没有人类进行监督的情况下，承接由算法进行指派和分配的工作任务；任务的下达不经由管理者，而是以应用程序内的通知的形式传达。比如，对于外卖送餐者来说，平台组织的算法通过智能手机应用程序体现(比如，饿了么APP和美团APP)，应用程序告诉送餐者任务的时间、路线、商家和顾客地址等信息。外卖送餐者多数情况下只能被动接受算法的工作分配与行为引导。平台对零工工作者的工作过程进行高度集中的控制，通过收集工作者的大数据指标进行任务分配，个体工作者看似拥有更高的自主权和自由度的独立工作者，实则缺乏对工作内容进行议价的能力。类似地，美国网约车公司Uber平台通过地理位置跟踪和获得订单需求信息(比如，车辆座位数量要求)，通过调度系统将司机和乘客(供需)进行匹配。与传统出租车司机的工作方式不同，网约车司机无法选择乘客和目的地，无法预知下一个任务到来的时间和所要花费的时间，只能接受来自平台的派单任务，对于任务的分配方式并没有控制权。在这种完全去人际化的人与技术互动的场景下，算法管理还会根据工作者的行为产出不断优化、迭代自身，例如，针对平台工作者过往表现进行更加个性化的任务推送，或不断提升识别或阻断平台工作者反生产行为的能力等(Norlander et al., 2021)。

7.2.2 即时激励原则和游戏化管理策略

零工平台缺乏传统组织中的诸如晋升和培训等激励策略，如何确保团队成员保持同样水平的奉献精神和成就感就成为平台管理者需要解决的一个难题。借由算法技术实现的游戏化管理策略应运而生。游戏化管理策略是指利用积分和奖励等类似游戏的元素来吸引和激励工作者，工作者通过完成任务和实现特定目标，获得徽章、积分、折扣等不同奖励。对于在手机应用程序上实现算法管理的工作，几乎所有工作活动都是由屏幕提示和引导的，一切数据都可以测量、记录和分析，游戏化的内容几乎没有限制。例如，美国网约车公司Lyft给予工作者五星级徽章奖励，鼓励网约车司机实现绩效目标。国内外卖配送平台通过借鉴游戏中的等级称号(如青铜、黄金和王者等)构建骑手间的身份体系，用"装备"来指代骑手在工作时所使用的工具(孙萍，2019)。另外，任务分配本身就是平台对零工工作者进行奖惩的一种手段。比如，向网约车司机展示可能出现更优质订单(更高利润)的区域图形也是游戏化策略的一种。

游戏化管理策略建立了一套所有使用该平台的零工工作者可见的目标激励体系，创造一个工作者之间相互竞争挑战的工作情境，有助于激发工作者的工作积极性。对于平台来说，这也是降低零工工作者流失率的有效手段。可以说，游戏提供了一种即时的、发自内心的成功和奖励体验，因而越来越多地在工作场所中使用，以促进员工对工作过程的情感投入，增加在完成原本单调和无聊的任务时的投入度。平台组织根据零工工作者的过往表现和累计评价进行任务分配，当工作者的评分降低时，他们能获得的高利润任务就减少，作为一种惩罚。当然，传统组织也可以从游戏化管理策略中获利，研究表明此类管理实践有助于提升员工的工作效率和感知到的工作乐趣(Duggan et al., 2023)。

7.2.3 平台企业与平台工作者的弱契约雇佣关系

在零工平台中，组织的边界被打开，传统组织管理的基石——正式雇佣关系也不复存在，层级权威的管理功能由此失效，此时，基于数字化技术的算法管理应运而生(刘善仕等，2022；Meijerink and Keegan, 2019；Möhlmann et al., 2021)。值得注意的是，以往组织数字化人力资源管理多将数字技术作为实现组织发展过程中不同管理模块的辅助手段(谢小云等，2021；Stone and Deadrick, 2015)，而零工平台的算法管理通过塑造一个完全脱离人际互动的数字空间,形成内部更为紧密联结的闭环系统(Cutolo and Kenney, 2021)。因此,零工平台算法管理中的数字技术不再仅仅扮演经理人的辅助角色,而是通过全面掌握数据与信息以实现对传统经理人管理的完全替代,使得管理彻底成为内嵌在数字技术内部的完整流程(Schildt, 2017)。

另外,不同于传统的组织监管,零工平台的算法管理呼应了平台型企业的混合属性,体现了组织控制和自由市场的双重逻辑。零工平台让渡了对工作者直接管控的权力(Vallas and Schor, 2020),并借助算法技术,通过卷入需求方(如通过客户评分、客户催单、客户实时路线监控),实现对平台工作者工作内容、过程和工作关系的间接管理与控制(Kuhn and Maleki, 2017; Meijerink and Keegan, 2019)。在这种间接管理中,算法管理一方面作为需求方利益的代理来实现传统人力资源管理中的考核、监控、奖惩等功能(Kuhn and Maleki, 2017);另一方面,它保留了工作者进出劳动市场的自由,融合了开放市场环境下的供需匹配逻辑和自由交易原则,体现出超越传统组织-员工关系并兼有市场经济下交换关系的双重属性。通过算法管理,零工平台在工作者和需求方之间扮演着控制权的分配者和协调者的角色。因而Vallas和Schor(2020)形象地将平台型企业称为"放任型统治者"(permissive potentates),以体现其兼具管理者和协调者的地位。

算法管理的出现以及传统人力资源管理职能的数字化使得传统劳动形式下建立的雇主-雇员关系的二元模式发生显著变革,平台算法不再或很少干涉员工雇佣的活动,工作重心则在协调劳动过程和管理工作关系上。对工作者的监控和指导由算法而不是组织的人类代理人来实现(Wood et al., 2019),工作者可以随时结束雇佣关系而不会受到平台的限制。零工平台呈现出独有的市场和组织混合属性,也具备区别于传统封闭视角下的组织结构特征。然而,这些新属性和新特征大大增加了这类平台的管理挑战。这些特征与属性革新了传统的雇佣关系(Duggan et al., 2020; Vallas and Schor, 2020)。平台在赋予工作者一定程度自由的同时,平台也得以回避劳动规范的制约,无须向工作者承诺工作保障等责任和义务(谢富胜等,2019; Aguinis and Lawal, 2013; Duggan et al., 2020)。此时,平台与工作者之间往往形成松散的、基于临时任务的弱契约联系。表7-1展示了常见的平台工作者-平台非标准用工关系并进行了不同维度的划分。

表7-1 平台工作者-平台非标准用工关系分类

关系维度	类别1 自由零工	类别2 居间管理	类别3 类组织化管理
关系特征	松散连接	控制下的自由	强组织控制
劳动合同	合作关系	短期合作协议	长期合作协议

续表

关系维度	类别1自由零工	类别2居间管理	类别3类组织化管理
自主性	基本完全自由自主	平台管控下有限的自主	平台与第三方管控下的自主
层级结构	独立无层级	一定程度内的层级管理	多层垂直的社会层级关系
劳动控制	自我约束	平台控制与自我约束	自上而下的平台与第三方控制
工作环境	完全开放、高度动态的工作环境	开放的工作环境	可预测的稳定工作环境
优势	灵活自主	稳定且较为自主	稳定且有一定保障
劣势	缺乏保障，抗风险能力较低	接受平台管控，但无劳动保障	层层分包和转包下的劳动保障风险

7.3 基于算法的平台人力资源管理关键特征

7.3.1 透明性：算法流程与机制的复杂性和隐蔽性

透明性(transparency)刻画了平台工作者在多大程度上能够理解零工平台算法管理的流程或机制。在零工平台中，其工作分配、过程管理、评价反馈等常常借助于算法技术等数字化手段来实现；此外，算法评估与反馈时所处理的数据是庞大且多维的，其运行过程又具有内在的复杂性和隐蔽性(Curchod et al., 2020)，这一过程通常伴随着"算法黑箱"(algorithm black box; Cheng and Hackett, 2021)问题，即平台工作者一般难以完全推算出平台对其施予管控的具体准则与规律。这一特征的涌现一方面是因为零工平台常常通过对算法透明度的把控，保全自身对平台工作者的绝对权力，实现对工作者的有效管控；另一方面，零工平台所处生态中存在较强的商业竞争，这也使得平台在设计与披露算法特性方面有所顾虑。

透明性刻画了在多大程度上平台工作者能够理解或推断出平台算法管理的具体机制与要求。平台工作者在面对高度透明的算法管理时，能够更为清晰地理解与自身的任务数量、任务评价得分和最终报酬直接相关的平台管理规则(Schnackenberg et al., 2020)。因此，工作者在接受算法管理的工作模式下，更有可能依据关键的平台管理规则，有效地把控自身的工作方式与工作过程，以更好地达成自己所期望的任务表现和报酬。这也意味着在高度透明的算法管理中，平台工作者更可能感知到自身可以有效地在当前的工作条件下更好地实现自我成长与发展，从而提升其挑战型评估。但是，高度透明的算法规则也可能导致平台工作者出现信息过载的状态。底层的算法逻辑通常是多种复杂规则的组合，理解这些复杂规则一般需要平台工作者投入更多的认知资源，因此，高度透明的平台算法容易使得平台工作者出现认知过载的状态。此外，平台工作者在自认为掌握了平台算法规则之后容易下意识地将注意力投放在如何有效地利用算法规则上，这容易分散平台工作者的注意力从而使其难以有效地聚焦在自身的任务完成上（Sessions et al.，2021），相应地，平台工作者的绩效表现可能下降。在这种情况下，平台工作者更可能认为高度透明的算法管理造成的信息过载和对自身注意力的分散将阻碍自身的任务完成效率和质量，威胁到个人的利益与发展。

7.3.2 持续性：工作过程和状态的持续记录与管控

持续性（incessancy）刻画了零工平台借助于算法技术对平台工作者工作相关数据的持久追踪与记录，如平台能否持续推送任务进度和工作评价等信息，以帮助平台工作者持续更新其工作状态。相比于传统组织对固定物理场所的高度依赖，平台控制借助数字技术实现了"时间对空间的征服"（李胜蓝和江立华，2021），从而达到时时刻刻（moment-to-moment）的工作过程管控。例如，从外卖骑手打开APP起，平台便开始持续记录并反馈骑手的工作相关信息，如接单状态、运动轨迹、配送信息等（陈龙，2020；李胜蓝和江立华，2021；沈锦浩，2020）。

在脱离组织环境和人际环境的双边平台场景中，算法管理能够基于持续的数据收集与分析向平台工作者实时推荐可行的工作方案，给予任务完成的明确指引、限制不合规的工作行为等（Kellogg et al.，2020），对工作者快速了解平台规则、适应并融入平台具有重要意义。另外，这种持续的算法管理特征也可能引发平台工作者产生自身被算法所控制和限制的感知。面对算法管理持续、全面的特征属性，工作者可能感受到难以自主地完成工作，将算法的管理作用理解为对自身的制约与限制。工作者的所有行为与轨迹在算法管理面前都一览无余，且难以做出算法管理指令之外的工作选择。

7.3.3 迭代性：基于员工绩效行为的自适应调整性

迭代性（iteration）刻画了在多大程度上平台算法能够依据平台工作者的工作表现不断调整对其的管理方式。具体地，高度交互的算法管理通常基于深度机器学习技术（Amershi et al.，2014）。这意味着，平台算法管理会参照工作者既往的任务熟练度和工作效率，或是依据实时的用户评价，快速调整和迭代对工作者的任务分配或奖惩反馈等，从而引导平台工作者遵循平台所倡导的方式开展工作（Cambo and Gergle，2018）。算法管理的迭代性体现了基于数字技术进行平台工作者管理的高度动态性，代表性实践如"计件付薪"原则和游戏化管理策略等（陈龙，2020；孙萍，2019；Veen et al.，2020）。平台一般不提供工作者基本工资保障，而每一单任务的奖励计算都会根据当前工作进展和客户即时评价来进行调整与迭代(吴清军和李贞，2018)，从而呈现出传统工厂内计件薪酬体系无可比拟的动态性。算法管理的迭代性通过其即时激励与独特的游戏化工作意义赋予。由此，任务过程变得更加充满乐趣，任务成就更加可视化、更具有竞技性，工作者获得了衡量自我价值和工作意义的新方式(孙萍，2019)，从而使得平台工作者将来自零工平台的算法管理解读为对自身的机会与赋能，更为积极地投入到迭代性带来的"效率游戏"(efficiency game)中。

7.4 算法应用于零工平台人力资源管理的新挑战

7.4.1 平台算法管理与工作者行为的互动博弈

算法逻辑的不透明性使得零工工作者只能通过社交媒体与他人讨论交流进而猜测其运作情况，并总结"欺骗"算法为自己谋取最大化利益的方法，从而获得对工作过程的控制感。工作者并非一定能从游戏化的管理策略中获取工作价值与乐趣。例如，陈龙(2020)在针对外卖骑手游戏化管理的研究中指出，游戏化管理会诱发工作者对"赶工游戏"的自发参与，但这种竞争是动态的、不可控的、多变的，即不论以何种形式呈现，算法管理迭代性特征下的计件薪酬仍然是即时的、没有保障的(陈龙，2020；吴清军和李贞，2018；Veen et al.，2020)。算法分配使雇佣关系和社会关系变得不可见，劳动过程和时间分配变得不可预测、断续零散(孙萍，2019)。更有甚者，平台还会通过游戏化管理，引发外卖骑手之间的"自发游戏"，自觉投入到相互争抢、较量的比拼中。

越来越多的研究发现，在这类平台强控制下，平台工作者开始出现更多的控制反抗行为。一方面，工作者除了适应算法管理之外，也会采取规避、对抗或者"钻空子"等算法反抗行为，也即平台场景下的反生产行为，试图挣脱"数字牢笼"(Kellogg et al.，2020；Liu et al.，2021)。例如，Uber司机偶尔退出Uber软件，选择就近载客或者回避长途订单；员工也可能以逆向工程的思维解码算法的运算机制，从而"投其所好"，有选择地表现自己。Robinson(2017)的研究发现波士顿地区Uber平台上的司机为了反抗平台的算法管理，彼此间建立联盟、信息共享，从而集体性地打破平台规则、主导市场价格机制。这类源自平台工作者的控制反抗行为极大损害着平台-平台工作者关系质量，对于双方的利益均有着消极影响。此外，工作者还可以私下与客户达成协议共同对抗组织的管控。这一点在平台常见的刷单、好评返现操作中得到了很好的体现(谢小云等，2021；Kellogg et al.，2020)。因此平台会持续优化控制策略，及时识别和阻断这类反生产行为。而聚焦滴滴出行平台司机的研究发现，有近四成的司机使用多样的策略以摆脱平台对自身的强控制，如借助外挂接单程序或使用多部手机以提高自己的接单数量等。

另一方面，算法管理为了适应不断变化的工作者行为以及外部环境，保持可持续发展的竞争力，也需要动态调整自身，并避免双方陷入关系恶性演化的循环。平台企业的算法工程师也同时在不断优化、升级算法管理，根据用户的行为数据更有效地识别并阻断这些行为。现实中的平台实践活动已经充分体现了平台工作者行为反向影响算法升级的现象。例如，"浙江外卖在线"系统依据外卖员交通违章信息和当下的交通、天气状况优化平台外卖系统中规定的配送时间算法；再如，许多平台都设置了反欺诈算法，即依托以往工作者在平台活动中出现的刷单、外挂等行为改进算法管理，提前识别和阻断这些欺诈行为。

值得注意的是，这种平台工作者和算法管理间的"斗智斗勇"可能会导致算法管理的不断收紧，并进一步在人与算法管理的互动中造成反馈循环的失控(runaway feedback loops；Ensign et al.，2018)，即算法对反生产行为的管控越严格，越容易导致工作者的反生产行为，而工作者对规则的反抗和破坏则会进一步带来算法管控的进一步升级。在这种反抗—收紧—进一步反抗的恶性循环中，工作者可能会变得越来越"道德脱离"(moral disengagement)，并产生更高频的规则破坏行为。其根本原因在于算法管理本身根植于数字技术，其遵循效率至上的原则而不做价值和道德的引导，是马克斯·韦伯所谓的形式理性(formal rationality)的极致体现(谢小云等，2021；Lindebaum et al.，2020；Weber，1978)。这种全面深入的数字化管控更容易培养出缺乏道德主体性的工作者：已有相关研究发现，长期接受机器指令和算法管理的个体可能产生道德脱离感知，从而更容易产生非伦理甚至攻击行为(Runions and Bak，2015)。例如，2021年6月，沈阳一名骑手因不满美团平台的严苛工作要求，对平台采取报复行为，原地接253单之后直接注销账号，彻底解除与平台的关系。综上所述，虽然算法技术本身是价值中立的，但是作为实现管理功能的主体，其始终要面对社会责任、公平伦理的拷问。学术界和实践界需要共同探索究竟如何在保障良性的组织员工关系的前提下优化平台算法管理，阻断双方的恶性博弈，引导组织-员工关系更加平衡、持久地发展。

据此，我们提出一个针对平台工作者反生产行为的算法策略优化示意图(图7-1)。研究者可采取设计科学和行为科学相结合的研究范式，基于反生产行为的相关理论捕捉算法管理的特征，设计并开发平台管控反生产行为的算法策略。

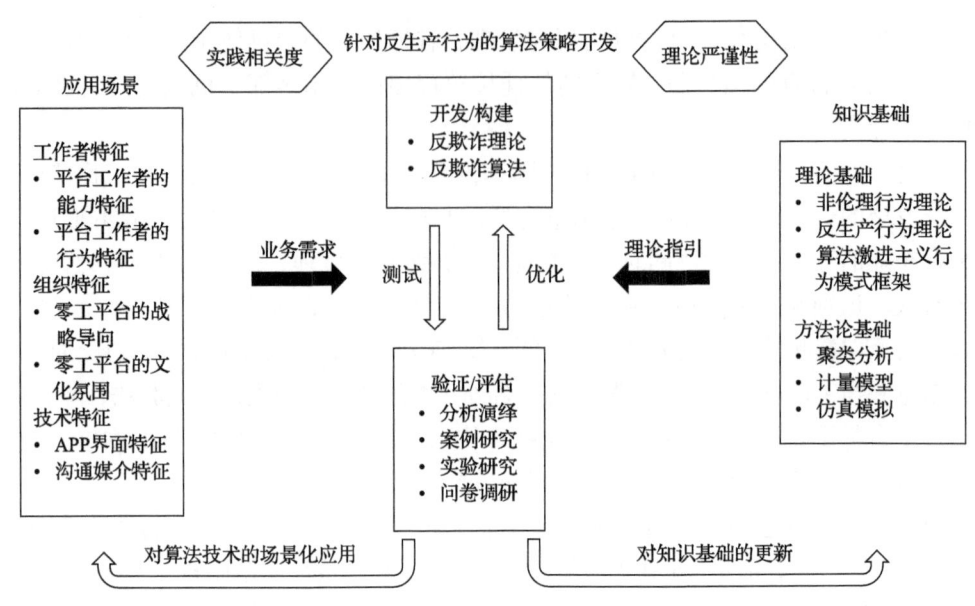

图 7-1 平台工作者反生产行为的算法策略优化示意图

7.4.2 无边界组织环境中工作者个人福祉困境

虽然零工经济的工作种类各异，但总体来看是一种无边界的工作类型，一些工作者往往出于短期的经济考虑选择成为零工工作者，付出大量的劳动时间换取报酬。这种无边界组织环境给工作者带来诸多个人福祉方面的困境。有批评声音指出，游戏化管理策略的本质是转移风险。网约车平台组织设计与赌博公司类似的元素，通过零工工作者对算法逻辑了解的不确定性和不可预测性助长其成瘾行为，比如，实时监测和跟踪、针对个体行为的分析和自适应调整。为从游戏化管理策略中获得足够的经济报酬，零工工作者普遍存在劳动时间过长导致的疲倦劳累等身心健康问题。而为了避免因为完成平台派送任务产生的处罚(比如，外卖平台的超时处罚)，外卖骑手经常罔顾交通安全，做出危险骑行的行为，各类道路交通事故在外卖骑手群体中的发生率也异常之高。在薪酬方面，平台通常没有义务遵守当地的最低工资法规，因此工作者往往面临低于当地最低工资的风险(Halliday, 2021)。

平台通过不断迭代升级、动态调整的算法技术对平台工作者实施管控(van Doorn, 2017; Petriglieri et al., 2019)。而碎片化的任务需求在这样的算法管控下被不断放大，平台工作者必须时刻处于待机状态且被动反应由算法自动传达的任务要求(Veen et al., 2020)。在这种情况下，平台工作者面临着工作自主性缺失、任务及收入的不稳定性、工作强度持续上升等显著挑战，并且容易陷入工作压力过高、工作意义感缺失等现实困境(Rosenblat and Stark，2016)。而这些问题都将对平台工作者的心理健康与幸福感知造成极大威胁(Anwar and Graham，2021；Bajwa et al.，2018；Gross et al.，2018)。聚焦 Uber 平台的研究发现，相比传统出租车公司的全职雇员，平台司机经历着更高水平的焦虑、抑郁等心理健康问题(Berger et al.，2019)。Petriglieri 等(2019)将这种位于组织边界之外，孤立、迷茫、不稳定但"自由"的工作状态，描绘为零工时代的"痛苦与狂欢"(agony and ecstasy)。

零工平台的工作者在享受职业自由的同时始终要面对种种直接的、不经组织中介的结果问责(如服务评分)。这种基于算法管理的绩效反馈实现了来自市场和需求方的规训力量(Vallas and Schor，2020)，使工作产出的评价成为平台工作者理解自己和职业的最主要的却充满不确定性的依据(Howcroft and Bergvall-Kåreborn，2019)。这种直接面对市场的不确定性加剧了工作者的身份不安全、不稳定的感知。再者，平台上的工作者常常独立于组织群体之外，独自完成工作任务，伴随而来的是地理与社会上的分隔(Ashford et al.，2018；Kellogg et al.，2020)。由于工作环境脱离传统组织，长期基于数字化沟通技术进行社交，缺乏稳定的人际联系，也缺乏组织的意义给予，工作者常常陷入社会真空和意义真空中(Petriglieri et al.，2019)。在这种自由却孤立的环境中，工作者常常产生关于工作意义和个人价值的迷茫(Petriglieri et al.，2019)。由此，平台企业在通过算法技术管理工作者的过程中，有责任在保障其自由权利的同时，帮助其克服个体意义缺失和职业不安全感知的困境，进而实现个人福祉。

7.4.3 弱契约强监控的员工-组织关系灰色地带

尽管社会对于零工经济提供的服务平台和就业机会抱以极大期望，但这种弱契约强监控的组织形式让零工平台的工作者承受了工作活动的成本和风险，如工资过低、社会和医疗劳动保障缺失等问题。平台组织和零工工作者之间存在极大的权力不对称，在没有国家规范和制度的保障下，个体工作者极易成为算法牟利的工具。诚然，平台工作者进入和退出劳动市场极为自由，帮助其挣脱了传统组织中的官僚铁笼，但转而进入了算法管理的"数字牢笼"(Vallas and Schor，2020)。

社会学视角下的研究充分关注平台上工作者的劳动过程，并认为平台的工作模式展现了资本对劳动力的更深度的控制与剥削(谢富胜等，2019)。这种批判性的视角忽略了平台工作较低的准入门槛、自由的进出机制(Vallas and Schor，2020)等积极侧面。更重要的是，社会学的分析视角始终以平台上的工作者为核心，以刻画和解析他们的劳动过程为主要内容。劳动过程理论(labor process theory)指出，管理者往往通过控制员工的工作过程来获取员工的剩余价值，并总是希望尽可能地模糊他们实现这一目的的手段和过程(Chai and Scully, 2019; Donnelly and Johns, 2020; Kellogg et al., 2020)。平台上采用的数字化管控的不透明性、实时性助力了管理者全面地掌握平台工作者的工作过程,算法的参与也使得剥削关系变得更加隐蔽,让工作者不知向谁抗争,也不会直接发起抗争(汪佩洁,2019; Lee et al., 2015; Veen et al., 2020)。

另外,以任务为基本单元的工作模式也造成了工作的不稳定以及工作者个人技能的退化(谢富胜等,2019)。以外卖平台员工为例,外卖订单的不连续使得送餐者经常处于时刻同步、高度嵌入的超长待机模式中,工作变得碎片化、个体化,这些都使得他们对平台的黏性被动增加。一旦组织选择弱契约的组织-员工关系模式,它将无法调配员工使其承担当下工作之外的责任、服从有利于组织长期发展的安排。另外,弱契约连接下,零工平台无法对工作者进行有效的意义给予和系统的培训发展规划(Aguinis and Lawal, 2013; Petriglieri et al., 2019),从而难以干预工作者的工作意义感知和学习、创新过程。由此可见,虽然非标准雇佣适应了平台型企业的结构特征和混合属性,但是它增加了零工平台组织管理的复杂性。如何促成平台工作者与平台间的良性关系及共同发展,是亟须解决的理论难题和实践挑战。

不同于传统的组织-员工雇佣关系,零工平台与平台上的工作者之间仅基于用户协议或平台规则等"弱契约"松散地连接在一起,但为了保证工作者遵循平台要求开展工作,平台往往通过算法管理对工作者实施"强控制"。这一"弱契约-强控制"矛盾为新型组织-员工关系管理带来严峻挑战。例如,在外卖服务行业,围绕平台算法对外卖骑手的强监控、强约束的讨论在近年来曾一度见诸网络与报端,由其引发的骑手的交通违法和伤亡情况统计数据更是令人触目惊心。一篇《外卖骑手,困在系统里》的微信推文曾引爆了社交网络,外卖骑手这一新兴劳工群体的生存困境第一次得到了全社会的舆论声援,并将平台型企业置于社会伦理和道德的争议之地。因而,如何通过算法对非标准雇佣关系下的平台工作者开展合理有效的组织管理工作,成为零工平台的挑战之一。

未来的人力资源和组织行为研究亟须深度嵌入平台型组织这一新型组织形态,开发平台算法管理的理论内涵和特征维度框架,并基于这一框架探索其发挥作用的效能机制。根据本章主要内容,此处我们提出一个零工平台算法管理的研究思路模型(图7-2),即基于人与技术交互框架,从技术的结构化视角,开发平台算法管理的核心特征(透明性、持续性、迭代性);基于认知和情绪双路径探究平台算法管理的双刃剑效应影响机制;从行动者网络视角,揭示平台工作者与零工平台算法管理关系的共演机制。

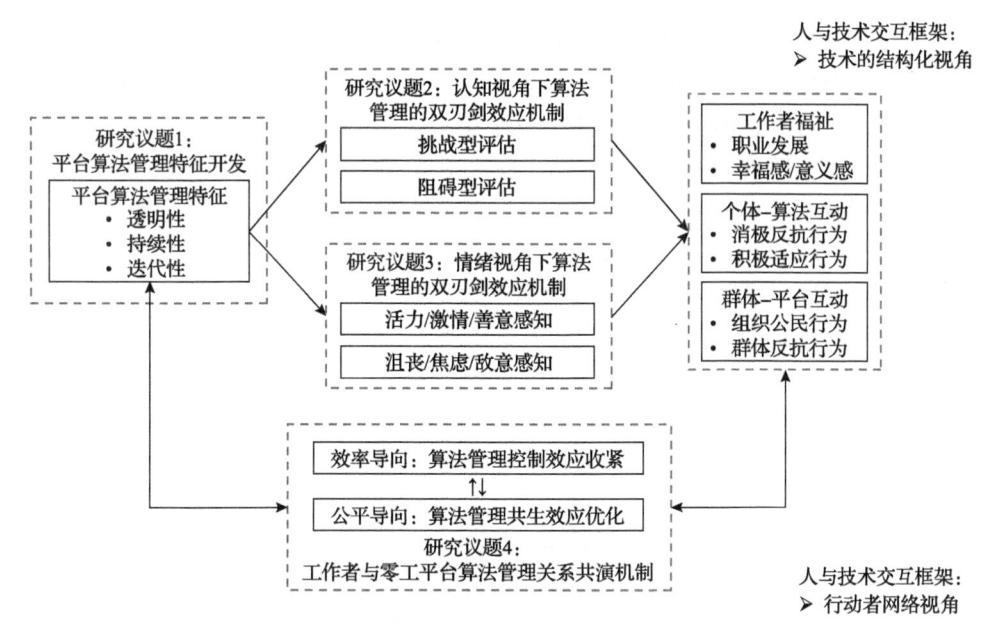

第7章 基于算法的人力资源管理：以平台组织为例

图 7-2 基于人与技术交互视角的零工平台算法管理研究思路

7.5 本章小结

本章主要探讨了基于算法的人力资源管理在平台组织中的运用，特别关注了零工平台这一新兴就业形态的发展和挑战。随着数字技术的快速发展，我国新就业形态劳动者数量不断增加，许多人通过零工经济服务平台(零工平台)寻找就业机会，同时也带来了一系列管理上的问题和挑战。算法管理引入了"弱契约-强控制"的新型组织-员工关系，替代传统经理人的职能，提升了平台的资源调配速度和整体运行效率。另外，这种以任务为基本单元的"时刻同步、高度嵌入"工作模式使得平台难以调配员工承担当下工作之外的责任，也难以对工作者进行有效的意义构建和系统的培训发展规划。算法管理与工作者行为之间的相互影响加剧了管理的复杂性和困难。我们应该认识到，平台工作者的心理状态和行为特征对于零工平台的运营和管理至关重要。他们可能面临着来自不稳定就业、碎片化工作，以及强调效率的工作环境等多种压力。因此，我们应当充分了解平台工作者的行为特征，如与平台之间的互动模式。这将有助于我们制定更加贴合实际的管理策略，促进良好的工作氛围和工作者的积极参与。同时，我们也要设计行之有效的管理方法，促成平台工作者与平台间的良性关系及共同发展，以保障零工平台的可持续发展和劳动者权益。最后，我们提出平台算法管理未来值得关注的研究问题。

(1) 平台算法管理与工作者职业阶梯：实现长远发展。未来研究可以关注平台算法管理如何促进工作者的职业健康发展。尽管许多工作者将零工平台上的工作视为临时性的过渡，但我们需要思考如何为这些工作者打造职业阶梯，并在长期视角下帮助他们实现职业发展的成功。在这个方向上，平台算法管理不仅应该注重提高生产效率，更应该关注技能培养和职业素养的提升，以此为工作者提供更加稳定和可持续的职业发展路径。

(2) 平台算法管理对劳动者性别差异和弱势群体的影响。研究表明女性平台工作者往往获得的报酬较男性更少，而高度依赖客户评价的薪酬模式也使得弱势群体(如聋哑群体)难以通过提供持续的优质服务来提升评价。因此，未来的研究可以探索如何通过改进算法管理机制，促进性别平等和弱势群体的公平竞争，降低算法导致的社会分化或劳动力市场不平等问题，为劳动者提供更好的工作机会和收入保障。

(3) 对平台工作者情绪劳动的探究。在基于应用程序的服务平台经济中，公司常常依赖客户评级系统来要求平台工作者获得近乎完美的评价。结果就是平台工作者被迫执行大量的情感劳动，比如，通过表层表演来促使客户体验变得积极。这种情感消耗可能比身体劳动更加痛苦，并且容易导致工作者的心理倦怠。未来的研究应该深入探究平台工作者情绪劳动的复杂性，揭示其生成过程和影响机制，立足于缓解工作者的情感压力和提升其心理健康。

(4) 重新审视平台生态系统：商家角色在算法管理中的地位。过去的研究大多集中在平台工作者与算法平台之间的互动，而忽略了商家作为重要的第三方角色。以外卖平台为例，平台工作者与商家之间存在着一定程度的任务互依性，而商家与平台、工作者之间的关系更增添了复杂性。因此，未来的研究可以重新审视平台生态系统中商家的地位，探索商家在算法管理中的作用和影响，以更全面地理解平台工作者的行为、绩效和态度。

(5) 平台算法管理下的"客户经理"角色与管理控制。未来的研究可关注客户经理在零工平台中对零工工作者实施管理控制的不同举措及其产生的后果。在一些平台中，客户经理扮演了利用平台劳动市场雇佣和管理平台工作者的重要角色。不同于传统组织，平台组织对客户经理和平台工作者之间的雇佣关系缺乏指导和支持，这为客户经理对平台工作者实施管理控制提供了自由度。未来的研究可以关注客户经理在零工平台环境中的角色转变和管理控制方式，以及这种控制对零工工作者的影响和后果。

参 考 文 献

陈龙. 2020. "数字控制"下的劳动秩序：外卖骑手的劳动控制研究. 社会学研究, 35(6): 113-135, 244.

李胜蓝, 江立华. 2021. 新型劳动时间控制与虚假自由：外卖骑手的劳动过程研究. 社会学研究, 35(6)：91-112, 243-244.

刘善仕, 裴嘉良, 葛淳棉, 等. 2022. 在线劳动平台算法管理：理论探索与研究展望. 管理世界, 38(2)：225-239, 14-16.

朋震, 王斯纬, 王青松. 2022. 零工平台模式下电子绩效监控对零工工作者持续价值共创行为的影响. 中国人力资源开发, 39(6)：23-38.

沈锦浩. 2020. 外卖骑手交通违法行为的民族志研究. 重庆交通大学学报(社会科学版), 20(2)：29-35.

孙萍. 2019. 如何理解算法的物质属性：基于平台经济和数字劳动的物质性研究. 科学与社会, 9：50-66.

汪佩洁. 2019. 算法时代的劳动社会学：评 Alex Rosenblat《优步的世界:算法是如何改写工作规则的》. 清华社会学评论, 2: 170-179.

吴清军, 李贞. 2018. 分享经济下的劳动控制与工作自主性：关于网约车司机工作的混合研究. 社会学研究, 33(4)：137-162.

谢富胜, 吴越, 王生升. 2019. 平台经济全球化的政治经济学分析. 中国社会科学, 12：62-81, 200.

谢小云, 左玉涵, 胡琼晶. 2021. 数字化时代的人力资源管理：基于人与技术交互的视角. 管理世界, 37(1)：200-216, 13.

Aguinis H, Lawal S O. 2013. eLancing: a review and research agenda for bridging the science–practice gap. Human Resource Management Review, 23(1): 6-17.

Amershi S, Cakmak M, Knox W B, et al. 2014. Power to the people: the role of humans in interactive machine learning. AI Magazine, 35(4): 105-120.

Anwar M A, Graham M. 2021. Between a rock and a hard place: freedom, flexibility, precarity and vulnerability in the gig economy in Africa. Competition & Change, 25(2): 237-258.

Ashford S J, Caza B B, Reid E M. 2018. From surviving to thriving in the gig economy: a research agenda for individuals in the new world of work. Research in Organizational Behavior, 38: 23-41.

Bajwa U, Gastaldo D, Di Ruggiero E, et al. 2018. The health of workers in the global gig economy. Globalization and Health, 14(1): 124.

Berger T, Frey C B, Levin G, et al. 2019. Uber happy? Work and well-being in the "gig economy". Economic Policy, 34(99): 429-477.

Blau P M. 1964. Exchange and Power in Social Life. New York: Routledge.

Cambo S A, Gergle D. 2018. User-centered evaluation for machine learning//Zhou J, Chen F. Human and Machine Learning. Berlin: Springer: 315-339.

Chai S, Scully M A. 2019. It's about distributing rather than sharing: using labor process theory to probe the "sharing" economy. Journal of Business Ethics, 159(4): 943-960.

Cheng M M, Hackett R D. 2021. A critical review of algorithms in HRM: definition, theory, and practice. Human Resource Management Review, 31(1): 100698.

Cropanzano R, Mitchell M S. 2005. Social exchange theory: an interdisciplinary review. Journal of Management, 31(6): 874-900.

Curchod C, Patriotta G, Cohen L, et al. 2020. Working for an algorithm: power asymmetries and agency in online work settings. Administrative Science Quarterly, 65(3): 644-676.

Cutolo D, Kenney M. 2021. Platform-dependent entrepreneurs: power asymmetries, risks, and strategies in the platform economy. Academy of Management Perspectives, 35(4): 584-605.

Donnelly R, Johns J. 2020. Recontextualising remote working and its HRM in the digital economy: an integrated framework for theory and practice. The International Journal of Human Resource Management, 32(1): 84-105.

Duggan J, Carbery R, McDonnell A, et al. 2023. Algorithmic HRM control in the gig economy: the app-worker perspective. Human Resource Management, 62(6): 883-899.

Duggan J, Sherman U, Carbery R, et al. 2020. Algorithmic management and app-work in the gig economy: a research agenda for employment relations and HRM. Human Resource Management Journal, 30(1): 114-132.

Ensign D, Friedler S A, Neville S, et al. 2018. Runaway feedback loops in predictive policing. The 1st Conference on Fairness, Accountability and Transparency: 160-171.

Garg S, Sinha S, Kar A K, et al. 2022. A review of machine learning applications in human resource management. International Journal of Productivity and Performance Management, 71(5): 1590-1610.

Gross S A, Musgrave G, Janciute L. 2018. Well-Being and Mental Health in the Gig Economy. London: University of Westminster Press.

Halliday D. 2021. On the (mis) classification of paid labor: when should gig workers have employee status?. Politics, Philosophy & Economics, 20(3): 229-250.

Herzberg F, Mausner B, Snyderman B B. 1967. The Motivation to Work. 2nd ed. New York: Routledge.

Howcroft D, Bergvall-Kåreborn B. 2019. A typology of crowdwork platforms. Work, Employment and Society, 33(1): 21-38.

Kellogg K C, Valentine M A, Christin A. 2020. Algorithms at work: the new contested terrain of control. Academy of Management Annals, 14(1): 366-410.

Kuhn K M, Maleki A. 2017. Micro-entrepreneurs, dependent contractors, and instaserfs: Understanding online labor platform workforces. Academy of Management Perspectives, 31(3): 183-200.

Lee C, Lee D, Hwang J. 2015. Platform openness and the productivity of content providers: a meta-frontier analysis. Telecommunications Policy, 39(7): 553-562.

Lindebaum D, Vesa M, den Hond F. 2020. Insights from "the machine stops" to better understand rational assumptions in algorithmic decision making and its implications for organizations. Academy of Management Review, 45(1): 247-263.

Liu M, Brynjolfsson E, Dowlatabadi J. 2021. Do digital platforms reduce moral hazard? The case of Uber and taxis. Management Science, 67(8): 4665-4685.

Locke E A, Latham G P. 2002. Building a practically useful theory of goal setting and task motivation: A 35-year odyssey. The American Psychologist, 57(9): 705-717.

March J G, Simon H A. 1958. Organizations. New York: Wiley.

Meijerink J, Keegan A. 2019. Conceptualizing human resource management in the gig economy. Journal of Managerial Psychology, 34(4): 214-232.

McDonnell A, Carbery R, Burgess J, et al. 2021. Technologically mediated human resource management in the gig economy. The International Journal of Human Resource Management, 32(19): 3995-4015.

Möhlmann M, Zalmanson L, Henfridsson O, et al. 2021. Algorithmic management of work on online labor platforms: when matching meets control. MIS Quarterly, 45(4): 1999-2022.

Norlander P, Jukic N, Varma A, et al. 2021. The effects of technological supervision on gig workers: organizational control and motivation of uber, taxi, and limousine drivers. The International Journal of Human Resource Management, 32(19): 4053-4077.

Petriglieri G, Ashford S J, Wrzesniewski A. 2019. Agony and ecstasy in the gig economy: cultivating holding environments for precarious and personalized work identities. Administrative Science Quarterly, 64(1): 124-170.

Roberts R A, Douglas S K. 2022. Gig workers: highly engaged and leadership independent. Psychology of Leaders and Leadership, 25(3-4): 187.

Robinson H C. 2017. Making a digital working class: uber drivers in Boston. Massachusetts Institute of Technology, Doctoral Dissertation.

Rosenblat A, Stark L. 2016. Algorithmic labor and information asymmetries: a case study of Uber's drivers. International Journal of Communication, 10: 3758-3784.

Runions K C, Bak M. 2015. Online moral disengagement, cyberbullying, and cyber-aggression. Cyberpsychology, Behavior, and Social Networking, 18(7): 400-405.

Ryan R M, Deci E L. 2000. Self-determination theory and the facilitation of intrinsic motivation, social development, and well-being. The American Psychologist, 55(1): 68-78.

Schildt H. 2017. Big data and organizational design: the brave new world of algorithmic management and computer augmented transparency. Innovation, 19(1): 23-30.

Schnackenberg A K, Tomlinson E, Coen C. 2020. The dimensional structure of transparency: a construct validation of transparency as disclosure, clarity, and accuracy in organizations. Human Relations, 74(10): 1628-1660.

Sessions H, Nahrgang J D, Vaulont M J, et al. 2021. Do the hustle! Empowerment from side-hustles and its effects on full-time work performance. Academy of Management Journal, 64(1): 235-264.

Stone D L, Deadrick D L. 2015. Challenges and opportunities affecting the future of human resource management. Human Resource Management Review, 25(2): 139-145.

Sundararajan A. 2016. The Sharing Economy: the End of Employment and the Rise of Crowd-Based Capitalism. Cambridge: MIT Press.

Vallas S, Schor J B. 2020. What do platforms do? Understanding the gig economy. Annual Review of Sociology, 46(1): 273-294.

van Doorn N. 2017. Platform labor: on the gendered and racialized exploitation of low-income service work in the 'on-demand' economy. Information, Communication & Society, 20(6): 898-914.

Veen A, Barratt T, Goods C. 2020. Platform-capital's 'app-etite' for control: a labour process analysis of food-delivery work in Australia. Work, Employment and Society, 34(3): 388-406.

Weber M. 1978. Economy and Society: an Outline of Interpretive Sociology. Vol. 2. Berkeley: University of California Press.

Wood A J, Graham M, Lehdonvirta V, et al. 2019. Good gig, bad gig: autonomy and algorithmic control in the global gig economy. Work, Employment and Society, 33(1): 56-75.

Zhou Y, Liu G J, Chang X X, et al. 2021. The impact of HRM digitalization on firm performance: investigating three-way interactions. Asia Pacific Journal of Human Resources, 59(1): 20-43.

第8章 数智组织中的网络与结构[①]

8.1 网络与结构的定义及理论

8.1.1 社会网络理论

社会网络理论(social network theory)指出组织中的个体可以通过其社会网络获取各种各样的资源,如知识、建议、帮助和安慰等(Borgatti and Halgin, 2011)。社会网络由节点(node)和边(edge)构成(Freeman, 2004)。其中,节点代表组织中的个体,而边代表个体之间的关系,如上下级关系、同事关系和朋友关系(Scott, 2011)。以往的研究发现社会网络有积极的一面也有消极的一面(Smith et al., 2020)。积极的一面指的是社会网络可以给个体带来竞争优势,比如,促进绩效和创新(Kilduff and Tsai, 2003)。消极的一面指的是在某些情况下社会网络会限制个体获取信息的多样性或者限制个体的行为(Wise, 2014)。社会网络理论其实是对于多种和网络相关的理论的统称,它包含若干个具体的子理论(Soltis et al., 2018)。在本小节的剩余部分,我们将介绍社会网络理论中比较有影响力的几个子理论。

社会网络理论中影响最广的子理论是同质性(homophily)理论(McPherson et al., 2001)。该理论从相似性的角度解释社会关系是如何形成的(Kossinets and Watts, 2009)。它的核心观点是相似性可以促进社会关系的形成,比如,相似的年龄、相同的性别、相同的学历、相同的家乡、相似的经历等可以促进社会关系的形成(Centola, 2011)。具体的机制是相似性可以促进沟通、协调和信任,从而促进关系的形成(McPherson and Smith-Lovin, 1987)。一般来讲,由相似性带来的网络连接可以帮助个体获取所需的资源,从而促进个体的绩效(Ertug et al., 2018)。当然,由相似性引起的网络连接也可能带来负面的影响,比如,由于网络中连接的个体都是相似的背景,因此可能导致信息的同质化(Oelberger, 2019)。同质性理论之前的研究主要聚焦于哪些维度的相似性可以促进社会关系的形成,以及这些关系形成之后对个体有什么样的影响,包括积极和消极的影响(Ertug et al., 2022)。

结构洞理论(structural hole theory)从网络结构的视角阐释了什么样的网络结构可以给个体带来信息获取或者知识获取上的优势(Burt, 1995)。该理论的核心观点是个体网络中的结构洞是个体信息优势的来源(Burt, 2002)。如果个体连接

[①] 本章部分研究工作得到了国家自然科学基金项目(72202206)资助。

的两个个体之间没有连接，那么该个体就处在一个结构洞上(Burt，2017)。在这种情况下，该个体也被称作经纪(broker)，因为他中介了两个不同渠道的信息来源，因此更可能获取多元化的信息(Burt，2004)。进一步地，该经纪可以对多元化的信息进行利用，从而促进自身的优势。以往研究发现，个体的结构洞可以为个体带来多项竞争优势，比如，促进个体绩效、创新以及带来升职机会(Halevy et al.，2019)。

弱关系理论(weak tie theory)提出了一个反常识的观点，即弱关系可以给个体带来竞争优势(Granovetter，1973)。关系的强弱是由联系的频率以及紧密程度决定的。比如，同一个小组的成员之间一般是强关系，而和另外一个企业的销售代表之间可能是弱关系。该理论的核心机制是弱关系帮助个体获取新的信息(Kim and Fernandez，2023)。比如，小组成员之间因为经常交流，所以了解的信息都差不多，而强关系带来的一般是冗余信息。相对而言，和另外一个企业的销售代表之间的关系可以为个体带来该企业当中的一些新的信息，对个体发展可能更加有促进作用(Granovetter，1983)。

8.1.2 线下社会网络

对于组织管理来说，在其内部和外部都可能形成一定的社会网络。企业在运营过程中，组织内部的各成员、各部门之间会产生各种关系，这些关系构成组织内社会网络；而为了保障自身的生存与发展，获得更多知识与资源，不同组织间会展开积极的交流与沟通，建构跨组织社会网络。

组织内社会网络是员工在特定组织中建立的各种社会关系结构的简称，反映了员工个体在组织内部与其他个体之间的交互作用及其结果特征(刘文彬等，2013)。组织内社会网络对组织发展的影响，主要体现在知识管理、绩效提升和促进创新三个方面：在知识管理方面，按照 Debowski(2007)的观点，知识管理是指组织努力依靠建立一个强大的社会网络，使知识在整个组织里被定义、识别、获取、组织和发散，在人与人交往的过程中，知识通过组织内社会网络实现了产生、传播、共享；在绩效提升方面，Cross 和 Cummings(2004)认为在知识密集型企业内部，员工的社会网络能够为其提供各种与完成工作任务相关的知识、信息和技术，对员工工作绩效有显著的正向影响；在促进创新方面，国内外研究者在不同研究里发现组织内社会网络对创新的促进作用，如 Sparrowe 等(2001)发现员工在工作场所内嵌入组织内部的社会网络，对其创新能力有显著影响，袁庆宏等(2017)指出组织内联结强度对创新行为具有显著正向影响。

跨组织社会网络是指组织间形成的持久、稳定的社会关系模式。企业间的合资关系、长期契约关系、战略联盟关系等都是跨组织社会网络的典型表现形式。

第 8 章 数智组织中的网络与结构

以战略联盟为例，由于要求组织共同承担责任，相互协调，因而模糊了不同企业组织之间的界限，使联盟伙伴为了共同目标采取协同行动，在获得规模经济的同时分担风险与成本。在经济一体化、竞争多样化的背景下，战略联盟发展势头日益迅猛，如我们所熟知的丰田汽车与其零部件供应商之间的联盟体系、微软公司与英特尔公司打造的"WINTEL"联盟等。从社会资本的角度来说，跨组织社会网络有利于降低组织在发展过程中所花费的社会成本，为组织成长提供良好的社会环境。

组织内部和外部的社会网络并非割裂开来。在组织社会网络研究中，组织的内外部具有相对性。以华为与国际车企的合作为例，近年来，华为已将技术授权给梅赛德斯奔驰、奥迪、宝马和保时捷等顶级汽车制造商，共同开发智能汽车领域。如图 8-1 所示，作为技术服务供应商，在内部方面，华为成立智能汽车解决方案 BU（business unit，业务单元）部门，专注于提供自动驾驶、无线通信、电子车身等方面的先进技术支持。同时，其他部门的员工也会参与智能汽车项目的研发，在加强团队合作的同时，实现了内部资源的协同优化。在外部方面，华为与国际汽车制造商建立了深度合作伙伴关系，共同探索未来的汽车智能化技术。在合作中，华为为汽车制造商提供了先进的互联和通信技术，而汽车制造商则为华为提供了汽车行业方面的经验和市场需求。这种合作关系有效扩大了华为在汽车产业链上的影响力，并使得公司能够更好地把握自身技术优势和市场机遇。可见，华为与一众顶级汽车制造商的合作，体现了组织内部和外部社会网络之间的相互影响和相互促进作用。这种合作方式有效地整合了双方的优势资源，实现了技术创新和商业模式创新上的协同，为通信行业与汽车行业的发展做出了重要贡献。

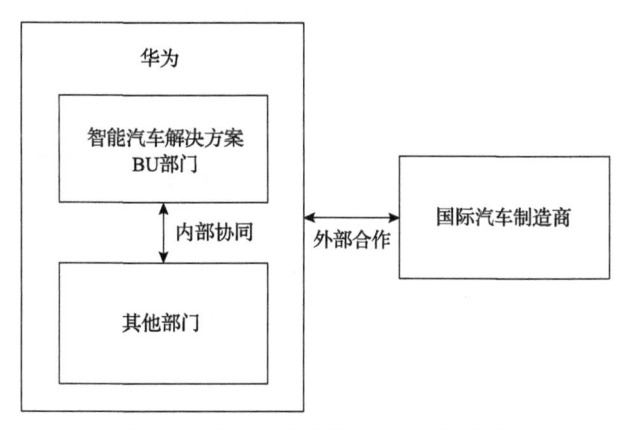

图 8-1 华为与国际汽车制造商的合作

组织内部和外部的社会网络并非割裂开来。在组织社会网络研究中，组织的内外部具有相对性，因此必须从互动性的视角出发。我们以华为的组织架构为例，说明组织内社会网络和跨组织社会网络之间的联系：华为采用分布式战略组织，其中，集团职能平台是华为的中央平台，作为统治抓手聚焦业务的支撑、服务和监管，保障公司的战略步调一致；各个业务单元和产品项目部门是支撑差异化业务发展的支持平台，并分别管理各自业务下的战略组织体系；区域组织位于一线，具有指挥权和现场决策权，旨在与客户建立更紧密的联系。各组织在日常经营中"自主经营，分灶吃饭"，在战略部署中"价值分配，协同一致"，共同为华为的财务绩效增长、市场竞争力提升和客户满意度负责。

8.1.3 线上社会网络

线上社会网络是指社会主体基于在线沟通所形成的社会网络（孙元等，2019）。在 Web2.0 时代，组织越来越注重培育基于互联网的新型发展模式。与传统的线下组织相比，组织在线化打破了固有的物理边界，使得人与人之间、人与资源之间以及资源与资源之间的连接更强、互动更频繁、交互更便捷，组织结构、组织中个体的知识以及组织资源变得更外显化、更透明，组织的边界更具柔性（Gulati and Puranam，2009）。我们以企业社交工作平台和企业数字化平台为例，对线上社会网络在组织中的应用状况展开介绍。

随着以微博、微信等为代表的社会化媒体的广泛应用，企业开始将社会化媒体引入工作场景中，企业社交工作平台的概念应运而生（Leonardi et al.，2013）。孙元等（2019）根据企业社交工作平台的设计初衷，将其分为"企业办公系统+社交元素"（如钉钉、微洽等）和"社交平台+办公场景"（如微信、微博、QQ 等）两大类。企业社交工作平台具有可及性、社交性和交互性：可及性是指用户通过企业社交工作平台容易访问关于工作信息的范围及程度（Nelson et al.，2005），由于企业社交工作平台的分享与沟通往往是公开的，员工可以方便地浏览、查阅个人所需的工作信息；社交性是指企业社交工作平台因融入社交元素而扩大了用户的社会网络规模，例如，钉钉和企业的群组讨论功能可以让员工便捷地与不同部门、层级的同事进行跨界沟通，使员工之间建立并维持更强大的异质性网络（Gibbs et al.，2015）；交互性是指相较于传统的线下社会网络，企业社交工作平台为用户提供了交流与联系的渠道，加快了员工间信息分享与资源传递的速度，使员工之间的信任感更强。总之，企业社交工作平台的应用丰富了组织内社会网络的形式，成为企业应对市场竞争环境的有益工具。

企业数字化平台包含覆盖企业研发、生产、供应链、销售、服务、运营的完整链路生态，通过共享服务、数据集中和功能整合，实现决策制定与执行。阿里巴巴数字供应链是国内企业数字化平台建设的典型与范例，其面向 6 亿多消费者，接入 5 万多家外部商家为消费者提供服务，聚焦零售供应链全链路，构建了一套从数字化到智能化的供应链产品体系，实现更加高效的供应链上下游的各个企业、商家、服务商的计划协同。如图 8-2 所示，阿里巴巴数字供应链平台通过数据驱动，从商品的生产规划、销售到流通、配送，全链路助力商家通过供应链管理降本增效，打破了传统供应链分散割裂的信息孤岛，促进了供应链社会网络的资源流动与关系发展。

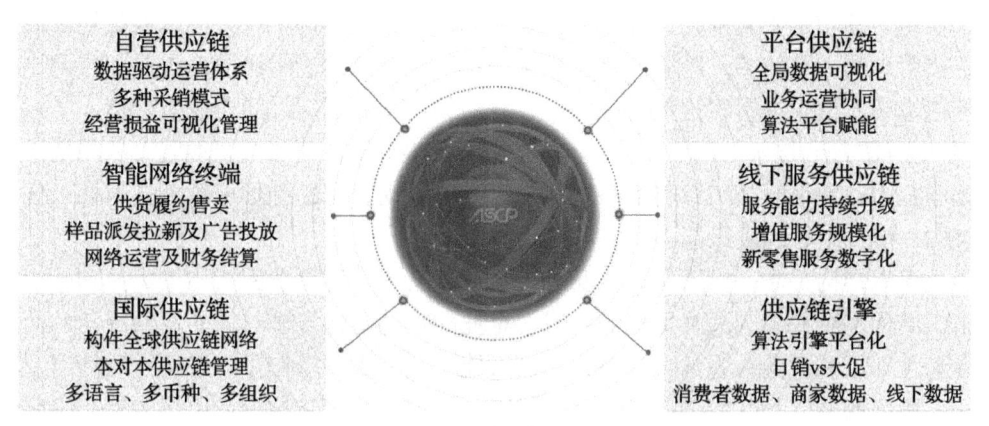

自营供应链
数据驱动运营体系
多种采销模式
经营损益可视化管理

智能网络终端
供货履约售卖
样品派发拉新及广告投放
网络运营及财务结算

国际供应链
构件全球供应链网络
本对本供应链管理
多语言、多币种、多组织

平台供应链
全局数据可视化
业务运营协同
算法平台赋能

线下服务供应链
服务能力持续升级
增值服务规模化
新零售服务数字化

供应链引擎
算法引擎平台化
日销vs大促
消费者数据、商家数据、线下数据

图 8-2　阿里巴巴数字供应链平台模式

毫无疑问，线上社会网络丰富了传统组织内部和外部社会网络的形式，已经成为个体获取信息、传播知识和交流沟通的重要媒介。但是，线上社会网络在普及与发展过程中，也存在虚假信息、数据泄露、黑客攻击等安全隐患。因此，如何恰当使用信息技术，通过线上社会网络建立多样化、差异化的社会关系，是当下组织应当思考的问题。

8.1.4　组织结构定义

组织结构是一个组织是否能够实现内部高效运转和取得良好绩效的先决条件。关于组织结构的定义，学者有不同的见解：Scott(1961)的组织结构是指组织内部各机构的职能结构、权责结构、层次结构、部门结构及其组合形式；Mintzberg(1979)将组织结构定义为任务分配以及任务协调的方式；张文魁(2003)认为，企业组织结构是指将企业的总体目标分解成不同的任务，并将任务交由一个相对固定的团队来执行，同时规定团队间的关系。总体来看，组织结构是对组织内部工作的安排与协调。

组织结构具有多种表现形式。传统的组织结构可以分为直线制、直线职能制、事业部制、矩阵制等几种基本类型；其中，直线制和直线职能制具有垂直领导和集中统一的特点，适合规模较小和业务单一的企业组织；事业部制是一种高层集权下的分权管理体制，适合规模庞大、技术复杂的大型联合公司；矩阵制将直线职能制与事业部制进行了一定程度的结合,更加注重组织内部的合作与协调。然而,不论是哪种组织结构,都呈现垂直化、科层制、等级制的特点,在应对外部环境变化、资源配置等方面缺乏足够的灵活性(戚聿东和肖旭,2020)。如今,数字经济的高速发展要求企业建立更加灵活的组织结构,以适应市场高度竞争的动荡环境。互联网信息技术的应用促使企业组织弱化甚至取消中间层次,使得现代企业组织结构趋于扁平化、分权化:扁平化是指组织结构中权力层级数量较少而直接管理的人数较多,跨职能合作现象更加普遍,有助于组织横向沟通和协调,加速知识和信息在组织内部自由传递,从而促进企业部门之间跨职能合作、学习和创新(Linderman et al.,2004);分权化是指企业根据各部门或个人职责范围赋予相应权力,并引导员工参与战略决策与执行的活动,有助于形成全员参与的工作氛围,增强组织的决策能力和资源整合能力。

组织结构并非一成不变,其变革与企业战略的转型更新密切相关。一方面,组织结构是企业实现战略目标的方式,企业战略的落地要求具体的业务活动从而影响了部门和职务的设计,战略变化也可能会改变组织工作重心进而导致部门及相关职务的调整(苏钟海等,2023)。图 8-3 以海尔组织结构变迁历程为例,说明企业战略的不同特征会影响组织结构的选择和设计。另一方面,组织结构会对信息流动、权力结构、资源渠道和战略选择等形成掣肘,进而影响战略调整的过程和实施效果(Fredrickson,1986)。企业应当通过组织结构的整合、变革以实现与战略目标的匹配。

时间	1984~1991年	1991~1998年	1998~2005年	2005~2012年	2012~2019年	2019年至今
战略特征	名牌战略	多元化战略	国际化战略	全球化品牌战略	网络化战略	生态品牌战略
组织结构	直线职能型	事业部制	流程型网络结构	倒三角模式	平台型组织	大平台创客模式
描述	"砸冰箱",全面质量管理	实行OEC管理,激活"休克鱼"	建立"三位一体"本土化模式,打造"市场链"	以用户为中心卖服务	"人单合一双赢"商业模式	海尔智家+体验云平台

图 8-3 海尔组织结构变迁历程

OEC 是 overall every control and clear 的缩写,即全方位优化管理法,是海尔集团于 1898 年创造的企业管理法

8.2 数智组织网络与结构的关键特征

8.2.1 结构可视化

可视化是利用视觉感知和交互增强用户认知能力的技术(邵怡敏等,2023)。通过将信息图形化表示,可视化技术可以使用户快速有效地探索数据和获取信息。在组织管理领域,可视化技术的应用大幅提升了信息和资源在组织中的传递速度,简化了业务流程,使组织结构更加精简,促进了扁平化组织结构的发展。

在既往组织场景下,组织结构一旦形成,就较少或较难发生变动(Fredrickson,1986);如今,随着钉钉、企业微信等企业社交工作平台如雨后春笋般出现,众多企业组织开始将它们的组织结构搬到线上,实现组织的在线化管理。凭借大数据信息采集与整合的优势,组织在线化冲击了传统组织结构设计的底层逻辑,触发了更为动态调整的设计思路,为组织结构重塑带来了新的机遇。在本小节,我们以钉钉为例,重点讨论数智技术的发展对组织结构可视化的贡献。

钉钉使组织结构的呈现更加具体、丰富。受到信息技术条件的约束,传统组织并没有明确的组织结构的呈现。一些企业尝试以树状图描述其组织结构并以纸质版展示,但限于纸张大小,无法反映组织结构的所有细节信息。打开钉钉的通讯录,组织的架构体系将一目了然。通过依次点击各部门标签,可以了解组织的上下层级关系和职能分工情况,并快速定位各部门成员,获取其个人职位信息,这大大降低了信息检索与沟通的时间成本。同时,为了保护个人隐私和去除冗余信息,管理员可以通过设置高管模式或白名单,对特定人群或角色设置组织内部相关数据与信息的访问和使用权限。

钉钉使组织人员关系与互动清晰可视。随着组织成员在线上系统中协作的规模化展开,组织内部涌现出基于密切交互的非正式社会网络。而借助在线组织中数据挖掘与分析等工具,上述互动网络得以可视化地呈现。钉钉为组织内部成员提供了交流与学习的平台,并以成员之间的交集形式向成员展示彼此的共同群聊、互发文件、待办审批事项等交际信息,使员工能清晰地了解彼此间的互动状态。

钉钉使组织结构的变动调整更加透明。组织结构扁平化的趋势使组织内部的人事变动更加频繁,也使"一人多部门"的跨部门协同及管理需求日益增加。对此,钉钉开发"智能人事"功能,与钉钉通讯录无缝融合,实现人事数据的互联互通,为组织管理提供智能决策依据。

此外,针对组织间的协同合作,钉钉还能够帮助建立复杂的上下游组织协同网络,使伙伴组织间的关系更加明晰。如图 8-4 所示,通过上下游平台,企业间的沟通难题得以解决,资源传输效率大幅提升,从而进一步提高内外协作水平,实现全业务场景连接。

图 8-4 钉钉的"上下游"功能

总体而言,诸如钉钉等线上平台的开发使得组织得以建立更加完善的组织结构体系,并根据自身需求动态调整其内部结构,从而实现组织功能优化与绩效提升。但是,组织在线化实践也为组织结构设计提出了新的挑战,如线上线下网络结构的"异构"现象等。我们将在之后的章节中对此展开更深层次的研究。

8.2.2 知识外显化

我们首先引入"显性知识"与"隐性知识"的概念。著名哲学家 Polanyi(1958)将"被描述为知识的,即以书面文字、图表和数学公式加以表述的"知识称为显性知识,而将"未被表述的,像我们在做某事的行动中所拥有的"知识称为隐性知识。显性知识和隐性知识是可以相互转化的。如图 8-5 所示,Nonaka(1994)的 SECI(socialization,externalization,combination,internalization)模型指出知识转化的过程是社会化阶段、外化阶段、综合化阶段和内化阶段的螺旋循环过程。其中，知识的外化与综合化描述了知识外显与扩散的过程，是组织知识共享与传播的主要途径。

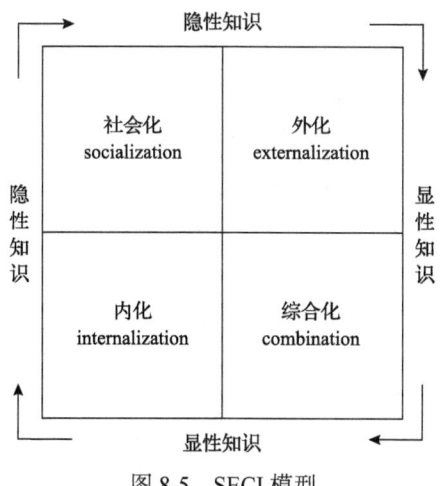

图 8-5　SECI 模型

组织内部的线上社会网络是知识转化与共享的桥梁。线上社交工作平台的建立，为组织内知识外显化和知识共享各方交流学习提供了便捷渠道。通过线上网络，知识拥有者和知识获取者可以随时就某一内容或解决方案进行探讨，相互交换思想和看法，从而获得对问题的共同认识（宋建元和陈劲，2005）。我们以钉钉为例，探讨数智技术的发展如何促进组织知识外显化。

钉钉使组织人才的能力得以全方位展现。传统组织内的人力资源规划以"分工"和"整合"为核心，而在组织在线化情境下，实时流转与更新的信息与数据使个人的工作边界被打破，工作角色更加灵活。为了清晰刻画组织内部的人才画像，实现个人能力与组织需求的动态匹配，钉钉推出"人才评估"与"人才盘点"功能，将组织成员的岗位信息、知识水平与能力绩效等信息标签化、等级化，使管理者能实时洞察组织动态，实现围绕组织管理的人力资源布局，从而发挥个体在组织中的最大价值，实现知识的"外化"。

钉钉为组织成员的知识学习与交流提供了良好平台。当组织成员的知识被大量集成到线上系统、同时组织成员又从线上系统中调用高价值的知识时，组织学习便成为成员与线上知识系统相互协同的过程。通过钉钉，企业可以创建内部的"知识库"，将学习资料、工作信息等集中存储，方便员工更快地查找与自身专业领域相关的知识；同时，钉钉的"在线培训"功能也拓宽了组织成员获取新知的渠道，从而提升整个组织的知识水平，实现知识的"综合化"。

管理大师 Drucker（1999）认为："21 世纪的组织，最有价值的资产是组织内的知识工作者和它们的生产力。"数字化浪潮下，利用线上社会网络进行知识管理，促进知识分享与组织学习，是组织累积知识财富，提升自身竞争力的关键。

8.2.3 资源可及性

组织资源是组织拥有的、可以直接控制和运用的各种要素，包括人力、物力、信息资源等，是个体资源的应用与整合。资源基础观认为，企业拥有和控制的某些类型的资源有产生竞争优势的潜力，并能带来卓越的绩效表现(Wernerfelt, 1984)。组织资源可及性是指在组织内部，各种资源能够被成员方便地查找、利用和共享的程度，用以衡量组织内部资源的可用性和可操作性。

资源可及性对组织的运营与发展至关重要。如果组织资源不易于查找和利用，将会浪费时间和人力成本，导致组织内部的协作效率低下，影响组织的成本效益和市场竞争力。因此，提高组织资源可及性是组织管理中的重要目标之一。数智技术的发展为组织充分发挥资源可及性的积极作用创造了机遇，当大量数据被集成到线上平台中之后，组织可以更便捷地识别组织间网络机会、构建组织间网络关系和利用组织间网络资源。本小节以企业微信为例，分析企业组织如何利用线上网络平台实现资源可及性的提升。

企业微信明晰了组织资源的状态。在人力资源管理方面，管理员将组织成员信息快速批量导入通讯录，实行统一管理，个人可以依此快速查阅同事的工作信息，方便职务交流与协作；在物资管理方面，企业微信可以协助管理组织资产，如通过对接仓储供应链信息管理系统，企业可以基于人员角色赋予对应的物资查询、操作权限，提升资产管理的安全性与效率；在信息资源管理方面，通过"全局搜索"功能，用户可以快速查找聊天记录、文档、应用等内容，并可增加筛选条件使搜索更加高效，从而降低信息检索的时间成本，提高办公效率。

企业微信实现了组织资源的互联互通与共创共享。"微盘与文档"是企业微信推出的在线文档、表格和云端存储产品，能够满足个人创作、多人实时编辑、文档协作、资料整理等工作需求。如图 8-6 所示，成员发布文档后，协作者或群成员可以共同参与编辑，并通过微盘的共享空间将每次修改后的最新内容实时通知并同步给所有人。个人在获取工作文件后，可以在"我的文件"和"共享空间"中筛选和整理资料，并从中提取有用信息。

企业微信提高了组织资源的传输效率。一方面，企业微信简化了信息的传递方式，如通过"会议""邮件"等功能，管理员能轻松地将组织内的重要通知公告等及时发布给所有成员，使信息传输更加高效；另一方面，企业微信加强了组织的移动办公能力，实时通信和在线办公可以方便员工之间进行信息共享，避免"信息孤岛"和资源流通不畅的问题。

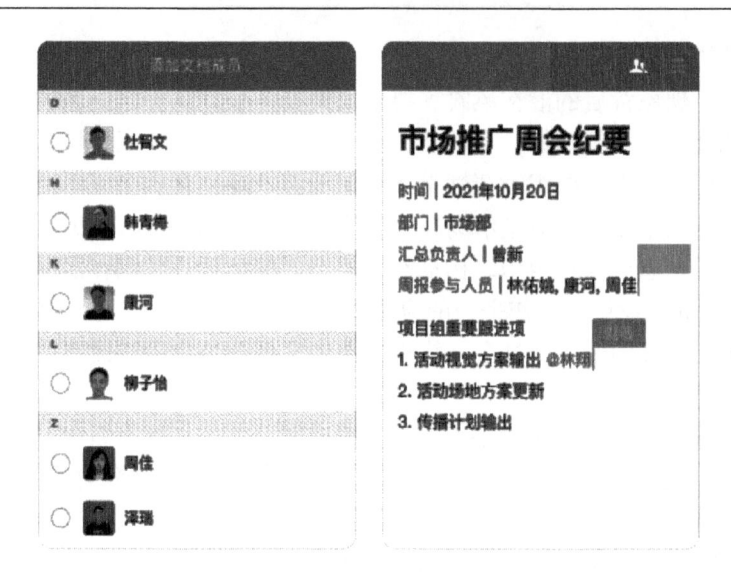

图 8-6　多人实时编辑文档

总的来说，企业微信等线上平台提供了资源定位、资源共享和资源实时传递等功能，这些功能促进了组织内部资源的可及性，提高了组织内部的协作效率和工作效率。同时，利用信息技术，通过搭建上下游管理协作平台，组织间的资源可及性也能够得到提升。我们将在之后的章节中，进一步探索组织间如何通过资源配置与整合提升彼此的资源可及性。

8.3　数智组织网络与结构新实践

8.3.1　结构应变：线上和线下网络驱动的结构调整

如前所述，组织在线化带来的线上非正式结构与线下正式结构共存的情况提出了线下正式架构与线上非正式网络间的"异构"挑战。这里所说的"异构"现象，是指组织线上非正式结构与线下正式结构不对等的情况。"异构"现象会导致线上线下层级结构的不对等，从而引发冲突。例如，在某企业中，员工 A 是研发部门经理，即在线下正式结构中处于最高地位；而在线上非正式网络结构中，研发部人员 B 占据最高地位，而 A 仅占据次高地位，这就导致在同一部门中出现两个处于最高层次的管理者。该企业研发部门现在面临是否投入大量资本研发 H 产品的抉择，A 和 B 对此持不同意见，而双方均以身处线上或线下结构的最高地位为由要求对方服从自己，这就产生了权力的冲突。假如在线上非正式网络结构中，A 同样占据最高地位，那么研发部门的决策权将毫无疑问地归属于 A，前述冲突也将不复存在。可见，"异构"现象的产生很容易引发组织成员间的矛盾，不利于组织工作的协调。

"异构"现象背后的潜在风险，要求组织具备根据线上监测到的非正式组织结构实时调整线下组织结构，从而使线上组织结构和线下组织结构保持一致的能力，即结构应变能力。组织敏捷性是指组织能够发现创新机会并迅速做出响应，同时能够快速调整流程以适应市场环境的能力(Kitchens et al., 2018)，而结构应变能力正是组织敏捷性在组织结构动态调整方面的体现。我们在前面已经提到，诸如"钉钉"等企业社交工作平台的应用使组织的正式结构、人员关系高度可视，也使基于密切交互的非正式社会网络得以清晰呈现，为组织敏捷地实现结构应变提供了可能。

图 8-7 描绘了数智组织的结构应变实践机制。首先，线上组织对线下组织的要素数据进行全面记录与整合：组织可以将人力资源信息存储到在线空间中，依靠线下组织特征属性的映射完成对线上组织的构建；其次，在线平台对线上网络结构进行监测，据此指导组织线下结构应变实践：依据对线上非正式网络结构特点的分析，"钉钉"等平台为组织管理提供智慧解决方案与建议，例如，在一些以团队为核心的研发公司，团队内部的关系氛围是组织设计的重要考量因素，可以通过监测成员之间在线联系的紧密程度，并据此适时解散或重组线下团队，使得组织线上和线下结构保持对等，以此增进协调，促进产品高效开发等组织绩效；最后，线下组织依据线上方案制定有效决策并执行，将更新后的要素数据同步至在线空间，形成线上组织与线下组织的闭环互动：线下组织对线上平台提供的解决方案进行评估与验证，择优选取落地实施，对线下组织结构进行调整，并将调整结果反馈至线上平台，实现在线空间的数据更新，为进一步指导线下组织结构调整准备。如此形成"线上指导线下、线下反哺线上"的管理模式，展现了打造智慧组织、实现数据驱动的组织管理的可能(谢小云等，2022)。

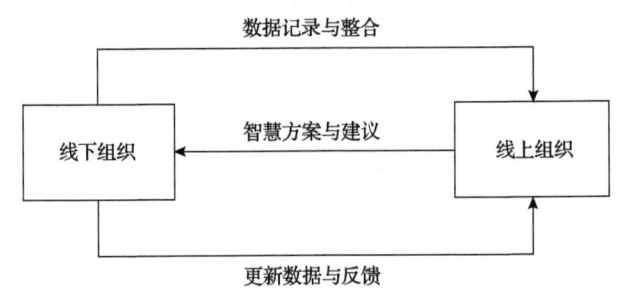

图 8-7 数智组织的结构应变实践机制

8.3.2 知识吸收：知识标签数字化驱动的组织学习

知识吸收能力是为了创新的需要而获取、吸纳、转化与利用新知识的能力

(Zahra and George，2002），是转化为创新能力的重要因素。对组织来说，获取与吸纳知识的能力为组织提供灵活的战略与机会，以适应高速变化的环境（Lane et al.，2006）；转化与利用知识的能力为组织提供基于知识获取与吸纳的产生创新成果的能力（秦鹏飞等，2019）。在数字时代，知识对于组织生存与发展至关重要。如何利用新兴数字技术提升组织知识吸收能力，从而提升组织效能，是组织管理的重点，而组织的在线化实践为提升组织知识吸收能力提供了机遇。

第一，利用信息技术可以帮助组织从各种各样的知识资源中高速、准确地识别，收集和提取有用的知识，有助于组织进行知识获取（Tippins and Sohi，2003）。如前所述，"钉钉"等线上数字平台的普及，有助于重塑组织内部的知识结构，促进组织知识外显化，提升组织整体知识水平。具体来说，"知识库"的建立可以让组织成员清晰识别组织中的知识资源，而人才信息的标签化可以让组织成员了解谁是某领域的专家，从而有针对性地向相关人员寻求建议。与传统组织知识管理相比，数智技术的应用使组织成员获取知识更加效率化、焦点化，促进了组织知识的识别、分享、交流与转移。

第二，借助数字化技术可以帮助组织理解和内化新获得的知识，有助于组织提升知识吸纳能力。例如，通过在线实时通信，组织成员可以随时随地进行知识分享与交流，参与者在观点与思考的输入和输出过程中潜移默化地加深了对新知识的理解；通过在线处理业务，组织可以迅速了解客户的相关信息与行业市场的最新发展情况；通过在线知识存储，组织能够从多变复杂的外在环境中不断汲取对于组织有利的新知识，更新与补充组织内部知识库，从而增强应变能力，让组织抓住市场机遇，筑牢自身竞争优势，提升组织绩效。

第三，组织在线化实践能够促进组织知识的重组与整合，提高组织的知识转化能力。如前所述，线上组织对线下组织内信息的映射与集成，使得线上平台得以根据实时数据为组织生产管理提供智能解决方案，有助于组织精简相关流程，提高运作效率；此外，在线组织的建设使组织知识共享的氛围愈发浓厚，有助于创新思维的孕育与激发。

第四，组织能够通过在线化更加有效地把当前知识转化成有利用价值的资源，从而提升自身的知识利用能力。一些企业对技术问题以及如何解决这些问题有很强的理解，但缺乏将这些知识转化为成功创新的能力与策略（张爽和陈晨，2022）。针对这一痛点，组织可以通过在线化提高其数字化技术水平，有效利用和分析不同行业、领域中的技术知识，并将这些知识整合到原有的知识库中，从而持续提升组织的绩效能力。

综上所述，组织的在线化实践配置和使用信息技术赋能，通过提升组织的知识获取能力、吸纳能力、转化能力与利用能力，帮助组织及其内部成员有效汲取外部知识，促进组织学习与知识共享，提升组织吸收能力，从而提升组织绩效，建立竞争优势。

8.3.3 外部链接：组织间在线沟通驱动的资源编排

组织的资源是构建组织动态能力的基石（Barney，1991），而组织获取与利用资源的能力取决于其动态网络能力。动态网络能力指的是组织识别与其他组织间存在的网络机会，与其他组织建立关系，并通过这些关系获取资源，再把这些资源进行编排来取得竞争优势的一种能力（Chen et al.，2020）。我们在前面已经提到，在线化组织可以通过钉钉、企业微信等线上社交工作平台与其他组织建立外部网络联系，使得组织间人与人之间、人与资源之间以及资源与资源之间的关联更紧密、交互更频繁。因此，组织可以利用数字信息技术，通过构建与外部组织的线上网络关系，提升组织间的资源可及性，并依靠资源编排实现资源的合理选择与配置，形成动态网络能力，从而占据市场竞争优势。

与资源基础观相比，资源编排理论在强调资源是组织竞争优势的形成基础的基础上，指出管理者如何有效利用资源是组织提升效能的关键。如图8-8所示，Sirmon（2011）认为资源编排的行动包括"构建—捆绑—利用"三个流程。

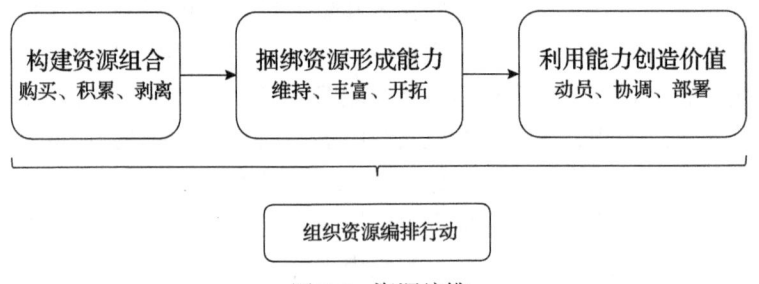

图 8-8 资源编排

在构建资源组合时，组织识别和购买对自己有用的资源，并摒弃无效资源，以形成组织的资源组合。组织的在线化实践拓宽了组织构建资源的渠道。利用共通的在线平台，组织在与外部组织交流的过程中，可以识别和了解对方是否具有对自己有价值的资源。一旦成功识别对应的资源，在线平台将帮助组织与对方快速沟通与协商，完成资源的购买。组织还可以以对对方有用而对自身冗余的资源为筹码进行资源交换，从而依靠资源互补完成资源的获取与更新。

在捆绑资源形成能力时，组织通过学习扩展当前能力，或者将新的资源加入现有的资源组合中，从而达到丰富特定能力的目的。组织可以通过在线化手段灵活处理对外联系，既可以继续保持，也可以随时中断以避免后续投入，最终实现组织间关系的"即插即用"。以企业微信的客户管理实践为例，组织成员与客户成为好友后，可以直接与客户进行一对一服务，由于自带企业认证标识，客户在一开始就会对组织成员足够信任。同时，组织成员的对外资料显示了职位、电话号码、地址等信息，方便后续与客户的沟通与交流。此外，通过企业微信的标签功能，组织成员可以在群发消息和配置企业朋友圈时针对性地选择目标客户，提供更精准的服务，从而提升客户转化率，增加品牌的知名度和满意度，稳定并发展与客户资源的关系。

在利用能力创造价值时，组织整合各种组织资源，并构建发展愿景，培养组织的创新能力，实现组织资源的潜力并促进竞争优势。在数字化技术的支持下，组织通过在线化追踪、沉淀并流转全链路数据，在线上完成客户分析、市场预测等功能，并将相关数据即时流转，反馈到线下组织，指导线下组织进行流程优化、产品创新、战略调整等，达成对市场精准且快速的响应，最终提升组织竞争力。

在数字经济时代，组织通过在线平台与外部组织建立链接，获取新的资源并与原有资源进行重新组合，依托资源编排实现资源价值的有效利用，从而形成新的能力与竞争优势。

8.4 数智组织网络与结构新挑战

8.4.1 大规模实时网络分析对算力的挑战

算力是衡量在一定的网络消耗下生成新块的单位的总计算能力，为大数据的发展提供坚实的基础保障。随着信息技术的快速发展，大规模实时网络分析成为数智组织在线化实践中不可或缺的工具。诸如钉钉、企业微信等企业社交工作平台都是基于实时计算线上网络的技术，挖掘大数据中的关键信息和模式，帮助组织提高决策效率和管理水平。然而，大规模实时网络分析需要处理大量的数据，进行复杂的计算和分析，这就对线上平台的算力提出了诸多挑战。

第一，数据传输和处理的挑战。在大规模实时网络分析中，需要处理海量的数据，这些数据来源广泛，且包含大量的文本、图像、视频等多媒体信息，需要进行有效的数据清洗、整合和加工。同时，数据总量呈爆发增长态势，且随时处于更新状态，这对计算机的数据处理能力与存储能力提出了极高的要求。对线上平台而言，每秒钟处理数百万条数据已成常态，这需要以高速的网络传输能力和快速的数据处理能力作为支撑，以便快速、准确地将反馈信息传输给用户。

第二，数据挖掘与分析的挑战。在大规模实时网络分析中，线上平台需要从海量数据中挖掘出有用的信息和模式，这需要高效的算法和计算能力，以及大量的计算资源。同时，数据挖掘也需要进行可视化分析，以便更好地理解和应用分析结果。对线上平台来说，如何通过数据挖掘等一系列手段，准确地统计分析组织内部信息，及时发现组织内部的管理痛点，并据此指出组织现阶段的不足之处和提出对策，是其建设与完善过程中必须重视的问题。

第三，实时性与稳定性的挑战。实时性是指大规模实时网络分析需要在动态环境下进行，要求线上平台具备高度的实时性和响应能力。同时，为了解决数据的实时更新和同步问题，需要高效的数据同步和更新机制。稳定性是指线上平台在计算分析过程中应尽可能采用高可用性和容错性的技术，以确保系统的稳定性和可靠性，防止因系统崩溃而造成信息泄露、数据库瘫痪等风险。如何实现实时性与稳定性兼备，对平台而言是严峻的考验。

总之，大规模实时网络分析使平台算力面临数据传输与处理、数据挖掘与分析、实时性、稳定性等多方面的挑战。通过优化算法、提升计算效率、采用分布式计算系统、增加计算资源、采用高可用性和容错性技术等措施，可以提高平台系统的性能，更好地为组织在线化服务。

8.4.2 隐性知识很难通过在线网络分享和传播

我们在前面已经对显性知识和隐性知识的概念进行了简单介绍：相较于可以清晰表述和有效转移的显性知识，隐性知识是指那种我们知道但难以言述的知识。组织的在线化实践为显性知识的分享与扩散创造了良好的环境，作为知识共享的桥梁，组织的线上网络为成员之间的及时交流提供了便捷渠道，从而促进了知识的外化与综合化。但是，组织内部的隐性知识很难通过在线网络分享和传播，我们将从信息表达、信息传输、信任机制三个方面分析原因。

首先，隐性知识的信息表达存在语言障碍。众所周知，以钉钉、企业微信为代表的线上平台主要通过在线聊天提供实时通信服务，用户主要通过键入文字、发送图片或语音等方式表达自己的想法与情感。由于隐性知识与显性知识相比，往往更加难以言表或只能通过非语言形式表达（例如，要想成功烹制一道菜，仅有详细的菜谱是远远不够的），因此，组织成员在聊天的过程中，往往难以真正理解对方的意思，甚至造成信息误解或篡改，导致知识传递的有效性受到极大影响。

其次，以在线网络为载体的信息传输缺乏同步性。对于隐性知识而言，为了保障知识共享的有效性，知识的传播者和接收者需要在同一时间、空间内进行不断的交流与沟通。而对于在线网络的异步知识共享模式来说，知识的流向只是从知识的传播者向知识的接收者之间的单向流动，缺乏沟通与反馈，这样掌握的隐性知识只是外在形式的相似，缺乏全面性与深度（魏江和王艳，2004）。以技术实操培训为例，相较于老师只在线上对操作流程进行解释说明，面对面的"手把手"教学一般效果更佳，因为老师可以及时收到学生的问题反馈，从而快速、具体地解决学生操作过程中的疑难问题。

最后，在线交流的信任机制存在不确定性。组织内部的知识分享，需要建立普遍的信任机制，即人们认为所有成员都在为组织服务，并且互相信任，才能有效保护和分享公司的隐性知识。然而，在在线网络中，让用户相互信任是一个难以克服的问题，因为用户无法完全通过平台提供的信息准确确定对方的身份。实际上，一些关键隐性知识通常只会被限制在特定的小组中共享，因为参与这些小组的个体具有更高的信任级别，并且知道如何处理这些机密信息。因此，组织信任氛围的缺失，是隐性知识难以线上传播与共享的阻碍之一。

8.4.3 在线交流使得组织间很难建立数字信任

在上一节中，我们指出不确定的信任机制是组织内隐性知识难以通过在线网络分享和传播的原因之一。事实上，组织内部的信任氛围对一个组织的效率（Argyris，1964）和竞争力（Blau，1964）具有重要的影响。在数字技术发展的背景下，组织间如何建立足够的数字信任，始终是组织管理的难题，原因有四点。

第一，真实身份存疑。虽然许多在线平台要求用户进行身份验证，但是这些验证方式并不总是足够安全。一些恶意用户可以轻松地伪造身份信息，欺骗其他用户并获得对机密信息的访问权限。在这种情况下，组织间无法建立信任关系，因为恶意用户的存在可以打破整个体系，给足够信任对方的组织带来极大的损失。

第二，信息泄露。如前所述，由于大规模实时网络分析对算力的挑战，在线平台难以确保被传输的信息的安全性和机密性，这就使得敏感信息面临着遭受外部攻击和泄露的风险。如果一方向另一方提供机密信息，而该信息未经充分保护，则会导致组织双方信任关系破裂。

第三，社交工程。社交工程是指在社交网络中，攻击者利用社交网络好友间的信任关系，模仿正常用户与受害者进行互动，以达到窃取敏感信息的目的，而受害者难以发现。社交工程是一种非常危险的网络攻击方法，它利用人与人之间的信任关系来直接或间接地获取敏感信息或违反系统的安全规则。例如，一些攻击者可以通过利用职位或其他关系建立信任，从而获得对组织机密信息的访问权限。

第四，知识产权盗窃。在线平台使得知识产权的盗窃变得更加容易，这是因为信息技术允许用户在转移数据和信息时创建多个副本，其中一些可能由恶意用户获得并进而占有类似资源。当发生这种情况时，受害方可能很难确定哪些数据被窃取，导致维护数字信任的难度增加。

总之，尽管在线平台已经成为组织间进行交流和沟通的重要方式，但数字化信息的安全性和信任仍然是长期而具有挑战性的问题。组织间在建立不同形式的合作时，需要认真考虑如何确保数字信任的建立，并采取多种措施来降低潜在的信任风险。

8.5 本章小结

随着数字技术的飞速发展与组织环境的深刻变革，数智组织的网络与结构建设正迎来前所未有的机遇与挑战。一方面，人工智能、大数据等前沿技术的广泛应用，为组织资源获取、知识共享和创新能力提升提供了强大动力。另一方面，新兴挑战也日益突出，包括大规模实时网络分析对计算能力的迫切需求、隐性知识难以传播，以及在线交流中数字信任不足等。面对这些难题，未来的研究与实践不仅需依托技术进步寻求解决方案，更要深化对组织网络与结构理论的认知，创新组织结构设计，优化知识管理实践，以适应日益复杂多变的外部环境。展望未来，组织管理的核心在于如何平衡技术进步与组织需求的变化，确保组织结构既灵活又具有适应性。此外，加强组织间的网络联系，实现资源的高效整合，提高组织对外部环境变化的敏感度和响应速度，将是构建更加高效、灵活且创新的数智组织的关键所在。

基于以上讨论，围绕数智组织网络与结构的核心议题，我们提出以下值得关注和进一步探索的研究问题。

(1) 组织如何应对信息同质化带来的不利影响？同质性是一把"双刃剑"，在促进社会关系形成的同时，也可能抑制组织创新思维的形成。如何"扬长避短"，是组织发展过程中需要着重考虑的问题。

(2) 在不同类型的组织中，结构洞的存在如何影响组织的信息流通和绩效？旨在探讨组织网络中的结构洞是否能为个体或团队提供独特的信息和资源访问优势，进而提高组织整体的绩效水平。

(3) 弱关系网络在知识共享的作用是什么？考察弱关系网络在跨界知识传播中的价值，特别是这种网络结构如何促进不同领域或部门间新知识和创意的流动。

(4) 线上社交工作平台如何改变组织的知识管理实践，特别是对隐性知识的共享？分析企业社交平台如何革新传统的知识管理方式，尤其是这些平台如何帮助组织更有效地传播和分享难以言传的隐性知识。

(5) 面对大规模实时网络分析所需的算力挑战，组织应采取哪些技术和管理策略以优化其数据处理能力？本问题探讨组织应如何通过采用新算法、分布式计算等技术和管理策略来应对这一挑战。

隐性知识在线共享的策略与方法有哪些？旨在探索组织可以采取哪些具体策略和方法来克服在线共享隐性知识的困难，以促进知识的广泛传播和应用。

(6) 组织如何在线上交流中建立和维护数字信任，尤其是在跨组织合作中？分析在数字化交流环境中，组织如何构建和维护信任关系，特别是探讨建立跨组织合作中的数字信任所面临的挑战和策略。

(7)数智技术在提升组织结构应变能力中扮演什么角色？其如何帮助组织适应快速变化的环境？考察在快速变化的环境中，数智技术如何帮助组织快速调整其结构以适应外部变化，从而提升组织的应变能力和竞争优势。

参 考 文 献

刘文彬, 林志扬, 李贵卿. 2013. 组织内社会网络对个体工作绩效的影响机理:人际公民行为中介效应的实证研究. 经济管理, 35(2): 63-74.

戚聿东, 肖旭. 2020. 数字经济时代的企业管理变革. 管理世界, 36(6): 135-152,250.

秦鹏飞, 申光龙, 胡望斌, 等. 2019. 知识吸收与集成能力双重调节下知识搜索对创新能力的影响效应研究. 管理学报, 16(2): 219-228.

邵怡敏, 赵凡, 王轶, 等. 2023. 基于区块链技术及应用的可视化研究综述. 计算机应用, 43(10): 3038-3046.

宋建元, 陈劲. 2005. 企业隐性知识共享的效率分析. 科学学与科学技术管理, 26(2): 58-61.

苏钟海, 魏江, 胡国栋. 2023. 企业战略更新与组织结构变革协同演化机理研究. 南开管理评论, 26(2): 61-72.

孙元, 贺圣君, 尚荣安, 等. 2019. 企业社交工作平台影响员工即兴能力的机理研究:基于在线社会网络的视角. 管理世界, 35(3): 157-168.

魏江, 王艳. 2004. 企业内部知识共享模式研究. 技术经济与管理研究, (1): 68-69.

谢小云, 何家慧, 左玉涵, 等. 2022. 组织在线化:数据驱动的组织管理新机遇与新挑战. 清华管理评论, (5): 71-80.

袁庆宏, 陈琳, 谢宗晓, 等. 2017. 知识员工的社会网络联结强度与创新行为: 关系需求满足与风险规避视角. 预测, 36(2): 24-29,63.

张爽, 陈晨. 2022. 创新氛围对创新绩效的影响:知识吸收能力的中介作用. 科研管理, 43(6): 113-120.

张文魁. 2003. 大型企业集团管理体制研究:组织结构、管理控制与公司治理. 改革, (1): 23-32.

Algarni A, Xu Y, Chan T. 2014. Social engineering in social networking sites: the art of impersonation. IEEE: 797-804.

Argyris C. 1964. Integrating the Individual and the Organization. Hoboken: Wiley.

Barney J. 1991. Firm resources and sustained competitive advantage. Journal of Management, 17(1): 99-120.

Blau P. 1964. Exchange and Power in Social Life. London: Routledge.

Borgatti S P, Halgin D S. 2011. On network theory. Organization Science, 22(5): 1168-1181.

Burt R S. 1995. Structural Holes: the Social Structure of Competition. Cambridge: Harvard University Press.

Burt R S. 2002. The social capital of structural holes. The New Economic Sociology: Developments in an Emerging Field, 148(90): 122.

Burt R S. 2004. Structural holes and good ideas. American Journal of Sociology, 110(2): 349-399.

Burt R S. 2017. Structural Holes Versus Network Closure as Social Capital. London: Routledge.

Centola D. 2011. An experimental study of homophily in the adoption of health behavior. Science, 334(6060): 1269-1272.

Chen Y K, Coviello N, Ranaweera C. 2020. How does dynamic network capability operate? A moderated mediation analysis with NPD speed and firm age. Journal of Business & Industrial Marketing, 36(2): 292-306.

Cross R, Cummings J N. 2004. Tie and network correlates of individual performance in knowledge-intensive work. Academy of Management Journal, 47(6): 928-937.

Debowski S. 2007. Knowledge Management. Queensland: John Wiley & Sons.

Drucker P F. 1999. Knowledge-worker productivity: the biggest challenge. California Management Review, 41(2): 79-94.

Ertug G, Brennecke J, Kovacs B, et al. 2022. What does homophily do? A review of the consequences of homophily. Academy of Management Annals, 16(1): 38-69.

Ertug G, Gargiulo M, Galunic C, et al. 2018. Homophily and individual performance. Organization Science, 29(5): 912-930.

Fredrickson J W. 1986. The strategic decision process and organizational structure. Academy of Management Review, 11(2): 280-297.

Freeman L. 2004. The development of social network analysis. A Study in the Sociology of Science, 1(687): 159-167.

Gibbs J L, Eisenberg J, Rozaidi N A, et al. 2015. The "megapozitiv" role of enterprise social media in enabling cross-boundary communication in a distributed Russian organization. American Behavioral Scientist, 59(1): 75-102.

Granovetter M. 1983. The strength of weak ties: a network theory revisited. Sociological Theory, 201-233.

Granovetter M S. 1973. The strength of weak ties. American Journal of Sociology, 78(6): 1360-1380.

Gulati R, Puranam P. 2009. Renewal through reorganization: the value of inconsistencies between formal and informal organization. Organization Science, 20(2): 422-440.

Halevy N, Halali E, Zlatev J J. 2019. Brokerage and brokering: an integrative review and organizing framework for third party influence. Academy of Management Annals, 13(1): 215-239.

Kilduff M, Tsai W. 2003. Social Networks and Organizations. Thousand Oaks: Sage.

Kim M, Fernandez R M. 2023. What makes weak ties strong?. Annual Review of Sociology, 49:177-193.

Kitchens B, Dobolyi D, Li J J, et al. 2018. Advanced customer analytics: strategic value through integration of relationship-oriented big data. Journal of Management Information Systems, 35(2): 540-574.

Kossinets G, Watts D J. 2009. Origins of homophily in an evolving social network. American Journal of Sociology, 115(2): 405-450.

Lane P J, Koka B R, Pathak S. 2006. The reification of absorptive capacity: a critical review and rejuvenation of the construct. Academy of Management Review, 31(4): 833-863.

Leonardi P M, Huysman M, Steinfield C. 2013. Enterprise social media: definition, history, and prospects for the study of social technologies in organizations. Journal of Computer-Mediated Communication, 19(1): 1-19.

Linderman K, Schroeder R G, Zaheer S, et al. 2004. Integrating quality management practices with knowledge creation processes. Journal of Operations Management, 22(6): 589-607.

McPherson J M, Smith-Lovin L. 1987. Homophily in voluntary organizations: status distance and the composition of face-to-face groups. American Sociological Review, 370-379.

McPherson M, Smith-Lovin L, Cook J M. 2001. Birds of a feather: homophily in social networks. Annual Review of Sociology, 27(1): 415-444.

Mintzberg H. 1979. The structuring of organizations. Englewood Cliffs: Prentice Hall.

Nelson R R, Todd P A, Wixom B H. 2005. Antecedents of information and system quality: an empirical examination within the context of data warehousing. Journal of Management Information Systems, 21(4): 199-235.

Nonaka I. 1994. A dynamic theory of organizational knowledge creation. Organization Science, 5(1): 14-37.

Oelberger C R. 2019. The dark side of deeply meaningful work: work-relationship turmoil and the moderating role of occupational value homophily. Journal of Management Studies, 56(3): 558-588.

Polanyi M. 1958. The Study of Man. Chicago: University of Chicago Press.

Scott J. 2011. Social network analysis: developments, advances, and prospects. Social Network Analysis and Mining, 1: 21-26.

Scott W G. 1961. Organization theory: an overview and an appraisal. Academy of Management Journal, 4(1): 7-26.

Sirmon D G, Hitt M A, Ireland R D, et al. 2011. Resource orchestration to create competitive advantage: Breadth, depth, and life cycle effects. Journal of Management, 37(5): 1390-1412.

Smith E B, Brands R A, Brashears M E, et al. 2020. Social networks and cognition. Annual Review of Sociology, 46: 159-174.

Soltis S M, Brass D J, Lepak D P. 2018. Social resource management: integrating social network theory and human resource management. Academy of Management Annals, 12(2): 537-573.

Sparrowe R T, Liden R C, Wayne S J, et al. 2001. Social networks and the performance of individuals and groups. Academy of Management Journal, 44(2): 316-325.

Tippins M J, Sohi R S. 2003. IT competency and firm performance: is organizational learning a missing link? Strategic Management Journal, 24(8): 745-761.

Wernerfelt B. 1984. A resource-based view of the firm. Strategic Management Journal, 5(2): 171-180.

Wise S. 2014. Can a team have too much cohesion? The dark side to network density. European Management Journal, 32(5): 703-711.

Zahra S A, George G. 2002. Absorptive capacity: a review, reconceptualization, and extension. Academy of Management Review, 27(2): 185-203.

第9章　数智驱动的组织设计与变革：
角色-过程-架构

在大数据、云计算、人工智能等新一代数智技术的支撑下，数字平台(digital platform)为中小企业提供了一条普惠、敏捷、低成本的数字化转型新路径。2022年11月的数据显示，钉钉、企业微信和飞书的月活跃用户数已经超过3.3亿，并服务超过三千万个包括行业龙头、中小企业以及专精特新企业在内的各类组织。这些数字平台正协助将组织的"正式架构与人员关系、成员沟通与协作活动、全链路业务流程与组织关键资源"等关键要素与过程实时集成到线上，有效提升了组织运行的灵活性与动态性(Bailey et al., 2022; Leonardi and Vaast, 2017; Parmar et al., 2020; 谢小云等, 2022)。数字平台连接了原本分散的组织成员，并使得组织内部相互割裂的信息即时、快速地穿透到每一个个体；激活了团队成员的协同过程，围绕特定任务或协作需求快速组建而后又快速解散的在线工作团队动态涌现(Gupta and Woolley, 2018; Margolis, 2020)；革新了组织(organizing)的运行模式，蓬勃发展的非正式组织结构(informal organizational structure)反映出组织运行的真实状态(Eisenman et al., 2020; McEvily et al., 2014; Puranam, 2018)，指导着组织正式结构的动态调整。借助这一过程，大批企业得以有效降低运营成本，改进特定业务流程甚至重塑整体业务模式，从而为顾客及其他利益相关者创造全新价值(Gong and Ribiere, 2021)。

但是，数字平台对于组织运行模式的重塑，也不可避免地带来了全新的管理挑战(Kretschmer and Khashabi, 2020; Subramaniam et al., 2013)。员工长期面临数字连通的"悖论"：他们通过嵌入数字平台而实现即时沟通与信息获取的同时，也必须随时随地响应来自上级、同事和客户的任务需求(Leonardi et al., 2010)。"已读未回"等功能让人际缓冲的"灰度"空间彻底丧失，在线触发的高频工作打断(work interruption)正不断压缩员工深度认知加工的空间(Leroy et al., 2020)；持续的数字连通与角色边界的消解威胁着员工的个人福祉与长期绩效(Thörel et al., 2022)。这一矛盾进一步演化为团队过程的失序，尤其当员工被动卷入到各种自发组建的在线团队时，在线协作的虚拟性、动态性与成员背后的多重团队情境更是加剧了团队成员面临的任务与信息的过载，导致线上团队的协作过程陷入混乱与低效(Gupta and Woolley, 2018)。而随着海量上述员工自组织(self-organizing)活动的规模化展开，自下而上动态涌现的非正式结构与传统基于自上而下设计、相对静态稳定的正式结构间的"距离"与"张力"在不断扩大。这种愈发严重的"异构"关系,最终会加剧组织内部冲突,导致组织目标落地更加困难,协调成本大幅上升。

9.1 组织设计的定义与脉络发展

工业化时代,以法约尔、泰勒、韦伯、伯纳德等为代表的管理思想家和以官僚制(bureaucracy)为代表的早期组织设计思想开始涌现。而以西蒙、马奇等学者为代表的卡耐基学派则提出了决策及企业行为相关的理论(Cyert and March, 1963),为后续在复杂环境下基于信息加工(information processing)视角的组织设计研究提供了重要的理论基础。相关研究认为组织设计本质上是通过提升组织整体的信息加工能力以应对复杂的内部活动和外部环境(Galbraith, 1974; Tushman and Nadler, 1978)。与此同时,一批先驱学者开始挑战当时主流的"存在所谓最佳组织结构"的论断并提出了结构权变理论(structural contingency theory)(Burns and Stalker, 1961),由此衍生出的"权变"(contingency)与"匹配"(fit)思想对组织设计领域产生了极为深远的影响(Lawrence and Lorsch, 1967; van de Ven et al., 2013)。以上述理论与管理思想为基础,组织设计领域先后涌现出宏观结构视角(macrostructure perspective)与微观结构视角(microstructure perspective)两大重要研究脉络(Joseph et al., 2018; Puranam, 2018)。

9.1.1 宏观结构视角

宏观结构视角下的学者认为,组织是一个与外部环境持续交互的单一实体(unitary entity)(Miles and Snow, 1978)。一些学者致力于探讨环境不确定性(environmental uncertainty)、技术复杂性等权变情境特征对于不同形态或特征的组织结构及其有效性的影响(Burton et al., 2006)。总体而言,这些研究指出,当组织面临的权变情境相对稳定时,管理者一般倾向于采取权力集中度或中心性程度(centralization)、流程正式化程度(formalization)等都相对更高的组织结构(Burns and Stalker, 1961; Shenkar and Ellis, 2022)。相反地,当组织面临的权变情境表现出高度不确定或者高度创新导向的特征时,管理者通常更倾向于采取相对扁平、灵活,或者说"有机"(organic)的组织结构(Burns and Stalker, 1961)。而为了应对组织通常同时面临多种复杂权变情境的现实情况,以 Miles 和 Snow(1978)等为代表的基于组织构型(organizational configuration)视角的组织设计研究开始涌现。这一视角认为组织内部的不同要素能够有机整合、相互促进,表现出良好的内部一致性(internal consistency),并与系列复杂权变情境相匹配,从而形成独特的组织构型(van de Ven et al., 2013)。

除了正式组织结构的设计,个体成员间自发的社会互动所产生的组织非正式结构(informal structure)也逐渐引起组织设计学者的重视(McEvily et al., 2014;

Hunter et al., 2020)。相关的仿真研究发现组织正式结构与非正式结构间通常存在一定的不一致，且在特定情况下能够让两者之间形成一定的补偿效应，从而提升组织整体的表现(Gulati and Puranam, 2009; Soda and Zaheer, 2012)。此外，"以行为主体为中心"的数字化组织设计(Snow et al., 2017)、基于数字平台的全线上组织(Rhymer, 2023)与合弄制组织(Bernstein et al., 2016)等前沿实践探索与理论构想已经充分认识到，以新一代数智技术为基础的数字平台(Slack、Holaspirit[①]等)深度重塑了组织内部的人际分工与沟通协调模式；员工拥有充分自组织的可能性，促使非正式组织结构自下而上快速涌现并成为影响组织效能的关键因素(Hunter et al., 2020; Lee and Edmondson, 2017)。

9.1.2 微观结构视角

微观结构视角下的研究回归了组织设计的本质并认为，组织设计核心关注的是：如何在不同的行为主体间做好任务、角色的分工(division of labor)及彼此工作的协调整合(integration of effort)，以有效实现组织所预期的目标与功能(Burton et al., 2006; Galbraith, 1974; Puranam, 2018)。行为主体间的"分工"既包括个体层面人际的角色分工与互依性，也包括不同团队、部门间的分工与互依性等(Puranam, 2018)。而微观结构视角下围绕角色分工的相关研究主要关注任务特征等权变情境如何影响角色分工与互依性设计，以及相关设计的有效性等议题。组织设计中面向"分工"的经典原则是将相互依赖的任务组合到同一角色或岗位中，以最小化协调成本(Thompson, 1967; Worren and Pope, 2024)。这与Simon(1962)所提出的组织自上而下的可分解性密切相关，可分解性的前提假定是分解后的子系统(sub-system)自身要拥有较强的独立性和适应性，如此能够减少子系统或者行为主体间的相互干扰以及总体的协调成本(Puranam, 2018)。在组织实践当中，有关员工角色、岗位的设计以及人员选拔就是典型的组织分工设计的表现。这一实践偏向于微观层面的组织分工，实际上，在组织层面，围绕结构与情境二元性的探索(O'Reilly and Tushman, 2008)，也充分体现了有关角色分工的组织设计(Puranam, 2018)。

除了对角色分工与互依性的探索，微观结构视角下的研究还关注这些行为主体究竟如何协调整合的社会过程(social process)，常见的包括：人际沟通或者信息传递机制、基于团队的协调模式、组织惯例(routine)与流程等(Puranam, 2018; Thompson, 1967)。围绕社会过程的相关研究主要基于决策与信息加工视角(Tushman and Nalder, 1978)而展开，并重点关注：不同的组织结构与特征以及不同权变情境背后所对应的信息加工需求，如何影响不同行为主体间的协调机制设计、具体协调过程及其有效性。

[①] 一种支撑自管理组织运行的数字平台，取自：https://www.holaspirit.com/。

总结来看，早期 Simon 等学者提出的组织或者任务自上而下的可分解性以及行为主体间协同整合（aggregation）的思想是微观结构视角研究的重要基础（Simon，1962；Joseph et al.，2018；Puranam，2018）。围绕"角色分工"的相关研究大多假定行为主体的角色或者说所需完成的任务是自上而下设计的，且其边界相对清晰；而围绕"社会过程"的相关研究仍主要基于权变、匹配的思想与信息加工视角而展开，并重点揭示不同权变情境与组织结构特征所对应的差异化的协调整合机制。但是，随着外部环境动荡性提升，数字技术和企业实践的快速发展，越来越多的学者认识到员工自下而上的自组织活动的重要性，并提出了以行动主体为核心的新兴组织模式，但相关文章探索仍处于起步阶段，且多以理论或仿真建模研究为主，而缺少实证研究证据（Fjeldstad et al.，2012；Snow et al.，2017；Raveendran et al.，2020）。

9.2 数智驱动的组织设计关键特征

9.2.1 工作角色：个体自组织的崛起

以新一代数智技术为核心的数字平台，它们将组织正式架构、成员沟通与协作活动、业务流程等关键要素集成到线上（Leonardi and Vaast，2017；Parmar et al.，2020；谢小云等，2022），从而塑造了一种人与人、人与系统"泛在互联"的技术结构（Gagné et al.，2022）。这一技术结构表现出持续连通性和行为可视化等重要特征（Gagné et al.，2022；Leonardi and Treem，2020）。数字平台彻底打破时间与空间的界限，让个体更为全面、彻底地与整个组织持久连接起来。持续连通性指的是个体在多大程度上需要通过数字平台及时响应各方与工作相关的需求，它一方面强调员工需要随时待命，另一方面还强调响应的及时性（Thörel et al.，2022）。此外，所有个体、人际协同的相关行为以及嵌入式人工智能或其他业务系统的相关行动与状态变化都将在数字平台上留痕且可被检索，从而使得组织成员得以借助数字平台观察或推断组织内其他个体、群体甚至包括技术系统的行为模式及其动机与后果，上述表现也被称为行为可视化（Leonardi and Treem，2020）。

上述以持续连通和行为可视化等为特征的组织技术结构深刻影响着个体与整个组织全方位、多维度的"连接"（connection），大幅拓展了每一个个体在线上所能够触达的、与任务分工相关的信息和多样化的协同对象情况，从而支撑员工有效开展自组织的工作角色重塑。角色的符号互动主义视角与工作形塑的相关研究已经指出，组织中的角色并非静态而是动态发展的（Sluss et al.，2011），个体也不是被动的接受者，而是会自主发起认知或行动上的改变，以调整其工作角色的内容与边界（Wrzesniewski et al.，2013）。在数字平台驱动下，员工自组织的角色重塑过程将变得更加普遍和动态，并将对员工数字嵌入的效能产生关键影响。这一过程通常包括角色内容定义、角色边界调整和角色间关系塑造三个重要方面（Sluss et al.，2011；Wrzesniewski and Dutton，2001）。角色内容定义一般指的是员工明确自己围绕阶段性的工作目标或任务需求"应当做什么或该怎么做"的过程（Turner et al.，2005）。角色边界调整则一般指的是员工面对动态变化或涌现的任务目标与需求，进而动态调整自身角色内和角色外行为的过程（Anglin et al.，2022；Sluss et al.，2011）。而角色间关系塑造则主要指的是员工与协同对象对于彼此角色间互依性关系的持续协商与采纳过程（Puranam et al.，2012；Worren and Pope，2024），这与符号互动主义角色观提到的角色塑造（role making）与角色担当（role taking）过程是相近的（Sluss et al.，2011）。

9.2.2 团队协同：在线组队的发展

在数字平台支撑下，员工在自组织地寻找特定目标的解决方案，抑或者在应对涌现的任务需求的过程中，通常会自发组建或者被动卷入一些在线项目团队。这些团队通常是为了持续响应组织内、外部动态变化的复杂协作需求而快速组建，并在任务完成后又快速解散；但不可忽视的是，这些在线团队已然成为数字化转型浪潮中现代组织的基本运作单元之一（Edmondson and Harvey，2017）。这些团队通常带有一定的临时性，团队成员需要快速展开互动与协同、形成战斗力并高效完成特定任务或协作需求；他们一般还需要同时参与多个进度不一、情境多样的项目团队，甚至扮演差异化的角色；与此同时，这些团队还将面临动态变化的协作需求和持续优化调整的任务目标（Edmondson and Harvey，2017；Gupta and Woolley，2018；Margolis，2020）。这些在线项目团队表现以下三方面特点：第一，团队的组建、任务完成过程与解散都基于集成式数字平台而在线运行。第二，这些团队成员一般同时参与多个进度不一、情境多样的在线项目团队，而团队成员有限的时间与注意力资源投放，团队成员身份的多样性以及团队成员面临的多重团队情境显然会影响焦点团队（focal team）的团队过程与产出（O'Leary et al.，2011；Margolis，2020）。第三，在线项目团队带有一定的临时性，团队成员需要快速展开互动、形成战斗力并高效完成特定任务或协作需求。因此，在团队成员同时参与多个在线项目团队以及团队水平在线化情境特征的影响下，如何有效促进在线目标团队的共享状态、团队化过程与在线组队（teaming）有效性成为亟待探索的重要问题。

因为深入嵌入数字平台的特性，这些在线团队的过程和效能将不可避免地受到数字平台所塑造的技术结构的影响。这一技术结构在团队层面主要表现出协同并发性（coordination concurrency）、过程可视化（process visualization）（Zhang et al.，2011）等特征，并将对在线团队的运行过程与结果产生重要影响。协同并发性强调的是人际协同的实时同步（real-time coordination），一般指的是团队成员在线协作时在多大程度上能够同步设定、调整团队任务目标与进程计划，同步分享和加工任务相关信息，并以实时共创的形式协同完成任务(Rhymer, 2023)。例如，数字平台为团队成员构建了一个在线共享的团队空间，团队中的所有成员能够即时发起视频会议，并基于共享文档、在线白板等实时进行信息、知识、创意的分享和加工，更重要的是，能够同步编辑、共创和迭代彼此所输入的方案内容(Rhymer, 2023)。而过程可视化则指的是团队成员在线上协作时多大程度上能够清晰地掌握团队任务目标的分工与序列关系，以及不同成员实时的任务进展与成员间协同情况。例如，数字平台为团队成员提供了一个基于在线的团队进度管理空间，任意成员都可以随时了解团队任务的具体分工和时间节点，而这些团队任务进程和进度显示都将及时更新，并由人工智能助手实时推送给各个团队成员(Zhang et al., 2011)。

9.2.3 组织结构：非正式结构的涌现

传统组织当中，组织结构，尤其是自下而上涌现的非正式结构在很大程度上是不可见的(invisible)；这是因为，构成这部分结构的人员互动过程数据难以被充分记录、分析和可视化呈现。而数字平台借助新一代数智技术有效打破上述瓶颈。一方面，数字平台通过将组织正式架构与人员关系实时映射到线上，促使每一个个体都能对组织正式结构全貌有清晰的认知，充分了解多元的上下级汇报关系和不同成员目标间的关联与互依性(Pu et al., 2021)。另一方面，当成员基于数字平台而产生的人际、跨团队、跨部门的互动数据被数字平台全面、实时采集之后，管理者可以采用大数据分析和可视化工具进一步挖掘、呈现成员之间非正式的、真实客观的互动网络结构(Leonardi and Contractor, 2018)，并借助机器学习等技术对比分析正式结构和非正式网络结构间存在的异构与张力点，从而开展更有针对性的正式结构动态调整。

Puranam(2018)指出，正式结构是非正式结构涌现的基础，而这些涌现出的有关分工与整合的"最佳模式"往往是决定组织竞争力的核心，同时也预示着正式结构的调整空间与方向。而这一正式结构的适应性动态调整，在数字平台所塑造的、员工高度自组织的组织运行模式当中尤为重要。以往研究普遍认为非正式结构的涌现需要经历长时间的社会互动(McEvily et al., 2014)，例如，个体在到了新岗位通常需要重新构建工作模式和人际互动网络，而这显然需要时间(Bauer and Erdogan, 2014)。而在数字平台驱动下，任何员工都可以基于数字技术的充分赋能，而实现即时的在线互联与协同(Gagné et al., 2022)。但是，完全依靠员工自组织活动的组织模式也容易偏离正式结构的框架与秩序，陷入过程的混乱与无序，导致组织运行有效性下降(Bernstein et al., 2016; Lee and Edmondson, 2017)。因此，正式结构面向非正式结构涌现的适应性调整与设计变得非常关键(Clement and Puranam, 2018; Eisenman et al., 2020)。

9.3 数智时代的组织设计的新实践

9.3.1 积极提供"秩序"指导,弥合自组织的无序性

尽管在线化情境下的数字连通给予个体充分自组织的可能性,并大幅拓展了个体对于任务分工和协同对象信息的触达,但持续的数字连通和行为可视化也可能导致员工难以从工作中脱离(Thörel et al., 2022),引发员工强烈的被监控感知;面对海量持续在线的互动与各式信息,员工容易遭遇任务与信息过载、高频工作打断和被动即时响应的境况,从而难以明确自身的角色内容与边界,陷入角色模糊的状态,这或将导致个体回避工作目标,降低个体积极投入自组织活动的意愿及其数字嵌入的效能。

此时,帮助员工降低信息过载、减少复杂无序的在线互动,并进一步提升员工投入自组织活动的动力,对于强化数字平台对于个体角色重塑与数字嵌入效能的积极作用,而弥合其消极效应或许至关重要。因此,针对上述双刃剑效应的权变条件,需要特别考虑组织正式结构特征以及员工自身作为行为主体的特征两方面的因素。一方面,组织正式结构能够借助清晰的目标及其互依性设计等为员工开展自组织活动提供"秩序"的框架(Clement and Puranam, 2018),而有效的"激励"结构设计也将对激发员工动力发挥重要作用,例如,绩效奖励机制、内部可晋升性等(Courtright et al., 2015)。另一方面,个体自身积极主动和内驱的特质也意义重大,例如,主动性(proactivity;Bateman and Crant, 1993)、内在动机(intrinsic motivation;Ryan and Deci, 2000)、成长性思维(growth mindset;Dweck, 2006)等。上述因素都将提升技术结构特征作用于员工工作角色重塑以及数字嵌入状态的积极效应,而在一定程度弥合其消极效应。总的来说,提供"秩序"指导和有效"激励"的组织正式结构以及个体自身主动、内驱的特质等都将促使员工拥抱并利用数字平台赋予的广泛的自组织可能性,积极开展动态的工作角色重塑并提升其数字嵌入的效能。

要有效推动自组织的工作角色重塑,个体需要更为实时、精准地把握工作目标和任务需求,积极掌握达成目标及需求所需的信息、知识和协同对象,并形成相应的行动方案。而数字平台驱动下组织技术结构的高度持续连通性促使个体能够实时接收各方的反馈和动态,持续把握特定工作目标的要求与评价机制、追踪相关工作的最新进展、识别潜在机会与挑战。而高水平的行为可视化则将组织打造成为"数字化的交互记忆系统"(digital transactive memory system,DTMS),帮助员工了解业务系统的数据更迭、不同项目的进度状况、历史项目的经验方案以及各个组织成员的技能特长、项目经历等(Wu and Kane, 2021)。一方面,这促使员工能够更为全面、实时地获取目标完成所需的相关信息、知识,并结合自身技

能和他人的经验分享形成有效的行动方案,从而帮助个体定义和调整自身的角色内容和边界;另一方面,持续连通和行为可视化的技术结构可以帮助个体识别组织中所需互动的关键成员,提前做好相关背景信息的了解,并与其即时发起多种形式的在线沟通(Leonardi and Vaast,2017)。由此,员工能够更为高效地与协同对象发起互动,并在此过程中持续协商和塑造彼此所需协同、配合的行动和具体内容,快速构建并强化对彼此角色间互依性关系的精准理解。总的来说,员工在工作中能够基于数字平台探索工作相关的信息、知识与解决方案,更为精准、清晰地把握自身和协同对象当前所需扮演的"角色"及彼此间的互依性关系,从而有效促进其工作表现以及其与组织整体间的密切连接,达成良好的数字化嵌入状态(Zhang and Parker,2019)。

9.3.2 积极优化组队策略,促进快速组队效能

当团队在线化运行时,在传统基于人际吸引的组队策略以外,团队组建者能够依据在线化的组织架构、员工标签系统以及员工当前所参与的项目数量和进度情况等,采取专业互补的方式进行团队组建。这也促使在线团队组建的策略更为多样。而对于需要完成复杂协作需求且快速形成战斗力的在线项目团队而言,不同目标团队所采取的在线组队策略直接决定了初始团队成员的组成情况,这显然会对团队化过程与效能产生重要影响。借鉴创业团队研究中的团队组建策略模型(Lazar et al.,2021),在线组队策略一般可分为三种类型:第一种是人际吸引策略(interpersonal attraction strategy),指的是寻找与自身相似或拥有亲密关系的成员来更好实现人际的和谐与匹配(Ruef et al.,2003);第二种是资源寻求策略(resource seeking strategy),我们称之为职能互补策略,指的是寻找拥有所需差异化专业背景的成员以更好地实现职能互补(Clarysse and Moray,2004);而第三种则是同时考虑上述两种组建思路的双重策略(dual strategy)(Lazar et al.,2021)。

组织在线化情境下,单一的职能互补策略能够帮助目标团队找到更为匹配任务的拥有互补专业背景的团队成员,有效促进团队成员的专业互补性,但也可能减少团队成员的过往共事经历;而单一的人际吸引策略能够有效增加团队成员的过往共事经历,但却可能难以有效兼顾团队成员的专业互补性;而采取双重策略则能够更好地平衡团队成员间的专业互补性与过往共事经历(Lazar et al.,2021)。由此我们认为,相对于单一的资源寻求策略和单一的人际吸引策略,当采取双重策略时,团队成员的专业互补性与过往共事经历都会更多,从而团队更容易形成关键的团队共享状态与团队化过程进而促进在线组队(teaming)的有效性。

而提到上述在线团队的共享状态与团队化过程,则必须进一步洞察在线平台所产生的技术结构对于上述关键过程性表现的影响。依据 Edmondson(2012)提出的团队化理论(theory of teaming),要在在线化情境下实现团队化或者说快速组队的有效性,目标团队在组建之初和成员流动以后,需要成员始终保持目标一致,

快速达成团队信任，建立共享认知，并有效管理成员多重团队参与的情况。其中，团队快速信任(swift trust)指的是一种在短期或临时团队(short-lived team)当中存在的独特的信任形式(Meyerson et al., 1996)。不同于传统基于长时间人际互动的信任建立方式，快速信任一般基于团队成员对彼此工作能力、可靠性和可依赖性的了解，而团队成员不断表现出强化对彼此能力和可靠性认知的行动也能更好地促进和维系人际的快速信任(Crisp and Jarvenpaa, 2013; Meyerson et al., 1996)。在数字平台支撑下，团队成员能够更为全面地了解彼此的技能专长和过往项目经历，并在内容共创和过程可视化的线上团队空间中不断表现出强化彼此可靠性认知的行动，从而促进团队成员的快速信任。

团队共享认知通俗来说就是团队成员在对团队关键要素与过程上的"认知同频"，一般指的是团队成员有关团队目标、成员特征，以及所处任务进程情境等的共享理解(Cannon-Bowers et al., 1993; Mohammed et al., 2010)。高水平的协同并发和任务进程的可视化能够提升团队成员的社会临场感(social presence)，促使他们更好地了解彼此所掌握的任务信息、知识，有效促进彼此任务协同的同步性(real-time coordination)，从而提升团队成员对整体任务完成情况和所处情境的共享认知(Rhymer, 2023)。多重团队参与整合指的是团队成员平衡和协同自身多团队参与的过程(Rapp and Mathieu, 2019)。团队成员在同步卷入多个项目团队时，既可能激发多团队兼容互补的协同效应，也可能激发多团队间的冲突效应(O'Leary et al., 2011)。过程可视化则让团队成员能够有效掌握和协调不同团队的任务进展(Gupta and Woolley, 2018)；而协同并发性使得成员能够与不同线上团队成员高效开展关键目标的设定、调整与任务共创过程，在提升成员在各个团队的卷入度和所有权感知的同时，也减少各个团队内部的协调成本，这促使团队成员能够拥有更充分的资源和精力在不同团队间做好切换，从而也更可能做好多重团队参与的管理(Margolis, 2020)，从而有效促进在线组队的有效性。

9.3.3 洞察非正式结构涌现规律，推动正式与非正式结构动态共演

非正式组织结构一般指的是自下而上涌现出的个体行动与人际互动的模式(pattern)，以及这些行为与互动背后的规范、信念与价值观(McEvily et al., 2014)。组织设计的前沿研究早已呼吁对非正式结构涌现(emergence)的关注(Gulati et al., 2012; Hunter et al., 2020; McEvily et al., 2014)，并明确指出"面向涌现的设计是组织设计的核心过程"(Eisenman et al., 2020)。而了解个体行动→团队过程→组织正式结构动态调整的规律势在必行。尤其地，在数字平台驱动的泛在互联的组织运行模式下，个体获取信息、发起协同的时空限制被打破，个体拥有更多机会自发组织，来影响人际协同，团队组建等过程；上述对自下而上非正式结构动态涌现过程的刻画变得尤为重要。多水平理论(multilevel theory)指出，低水平的单元随着互动过程的展开，会自下而上地涌现出高水平的结构或现象(Kozlowski and Klein，2000)。进一步地，多水平理论提出合成模型(composition model)和编译模型(compilation model)用以刻画不同类型的涌现过程。在合成模型中，低水平的单元在互动过程中彼此的行为和认知被相互放大，相似性和共识加强，差异性得以削弱。而在编译模型中，正是低水平单元彼此之间的差异化的行为模式或特征属性形成高水平独有的结构和格局。本书认为，合成模型能够有效解释从个体数字嵌入触发团队化过程并提升在线组队有效性的涌现过程；而编译模型则能够协助解释在线组队效能触发多团队能力格局与动态整合过程，进而促使非正式网络结构动态涌现的过程(图9-1)。

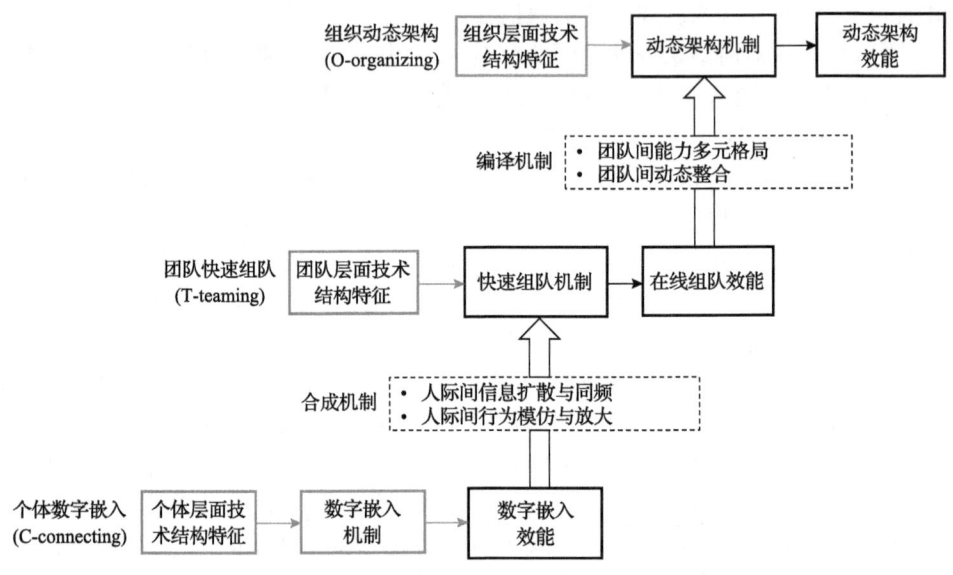

图 9-1　自下而上非正式结构动态涌现过程示意

在洞察在线化情境下非正式结构动态涌现的过程规律后，为了促进组织整体效能，需要更进一步推动正式结构的适应性调整。组织要通过精妙的正式结构调整来有效管理基于数字平台而蓬勃发展的非正式组织结构，降低无序自组织活动所造成的无谓的资源消耗。例如，在特定项目或者任务的协同当中通常会涌现出一些关键网络节点，而占据这些节点的成员通常并未担任正式职务。管理者或许应该为这些成员配置恰当的正式权力与资源，以匹配他们非正式的影响力，进一步促进人际分工与协同的有效性。而借助复杂社会网络分析方法，能够基于组织在线协同沟通数据来实时刻画组织非正式的社会网络结构(图 9-2)，并进一步分析其中独特的网络集群与系统。

此外，当特定的团队内部涌现出两个完全割裂的非正式网络子群，那或许意味着这一团队在正式结构设计上需要一定的拆分和调整(李宁和潘静洲，2022)。最后，假如多个功能差异化的在线团队间彼此存在双向、高频的互动与协同关系并涌现出非正式的多团队集群或系统(图 9-3),但各个团队却又隶属于两个甚至多个部门时,数字平台对于这些紧密协同的团队集群或系统的识别与可视化,将帮助管理者有效突破"部门墙"的桎梏,提升组织层面整体协同整合的有效性。进一步拉长时间窗口,随着正式结构的适应性调整,自下而上涌现的非正式结构也会进一步向前发展,并形成良性的动态共演关系,从而提升组织整体动态架构的效能。上述动态组织结构调整过程示意如图 9-4 所示。

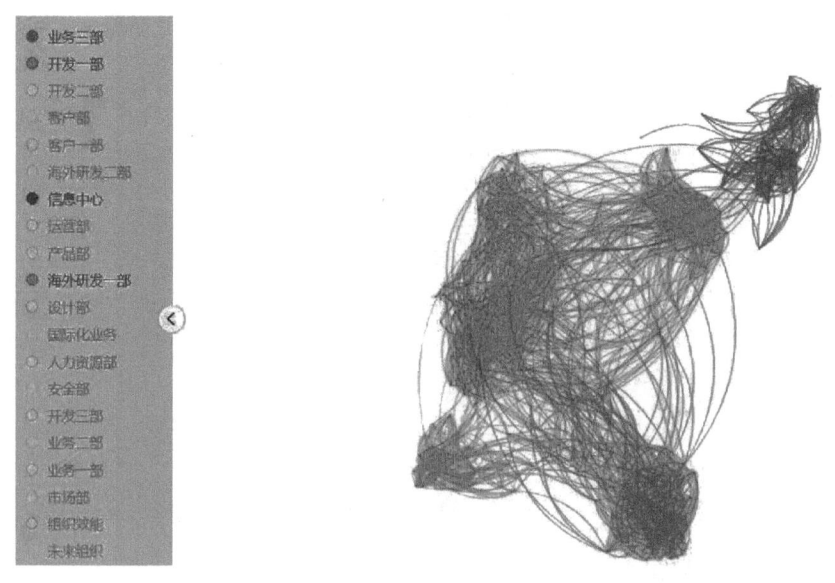

图 9-2 基于组织在线沟通协同数据的复杂社会网络分析示意

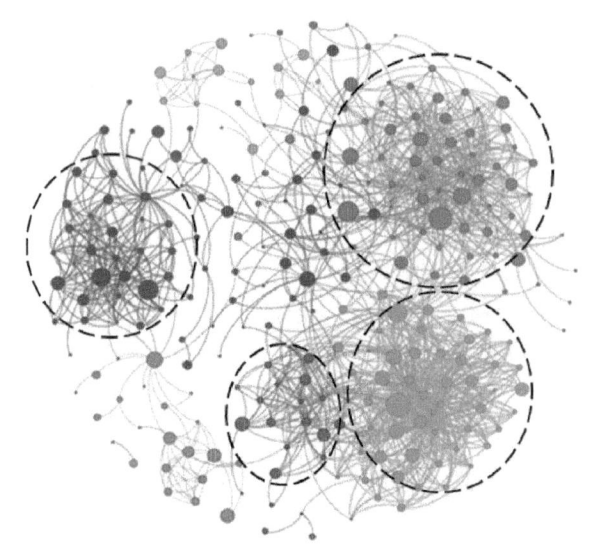

图 9-3 基于复杂社会网络分析的非正式多团队集群或系统示意

· 156 ·　数智技术驱动的组织变革理论构建

图 9-4　基于复杂社会网络分析的动态组织结构调整

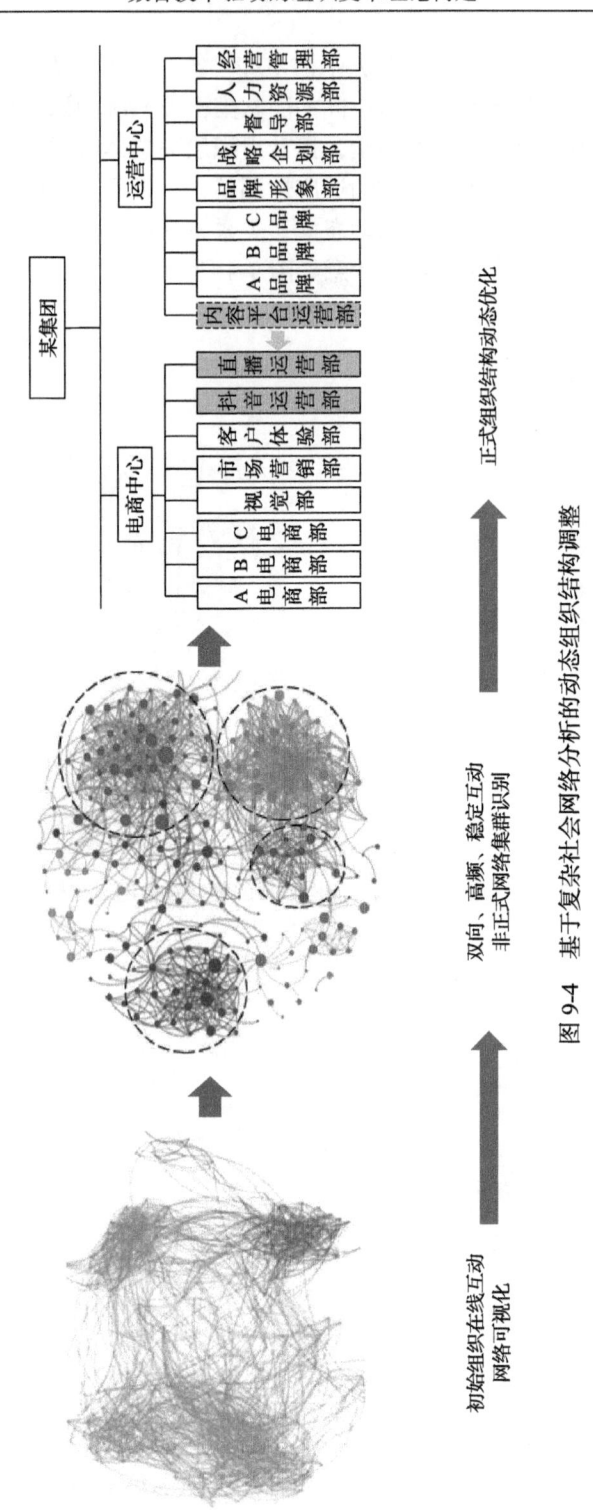

9.4 数智时代组织变革的新挑战

9.4.1 系统性整合微观组织行为与宏观组织理论

过往组织设计研究大多在宏、微观相对较为割裂的情况下分别展开探索。其中，宏观结构视角下的研究倾向于将技术视作影响组织结构设计的关键权变情境（Leonardi and Barley，2010；Joseph et al.，2018）。而微观结构视角下的研究则在一定程度上注意到技术对于组织信息加工能力、组织运行模式的作用（Joseph and Gaba，2020）。例如，早期管理思想家 Simon 等学者就已指出，管理者可以通过技术要素的设计来提升组织整体的信息加工能力；ERP 等企业信息系统也被视为组织落地任务分工与协同机制设计的重要载体（Joseph and Gaba，2020）。而关注数字平台驱动的全线上组织（Rhymer，2023）、合弄制组织（Bernstein et al.，2016）与去层级化组织（Lee and Edmondson，2017）等的相关研究已经认识到，新一代数智技术及其支撑的 Slack 等数字平台深度重塑了组织内部人际分工与沟通协同的模式。但相关研究对于数字平台及其作用的阐述仍多停留在现象描述层面。此外，尽管有部分理论研究呼吁要打造数字化的组织也或者借助智能算法开发新兴的组织设计方法（Steinberger and Wiersema，2021），但总的来说，以往大多数组织设计研究仍主要将注意力投放在组织正式结构的设计及其效应上，而相对忽略了数字平台所塑造的独特技术结构特征对于不同水平组织设计要素的影响过程与情境因素。

对此，通过构建数字平台驱动下的动态组织设计框架 C-T-O（connecting, teaming, organizing，个体数字嵌入、团队快速组队、组织动态架构），我们呼吁：组织设计相关研究者在未来能够尝试整合微观组织行为与宏观组织理论，进而系统性地诠释数字平台驱动的组织技术结构作用于个体数字嵌入、团队在线组队以及组织结构动态调整的多水平效应机制及边界条件。具体地，未来研究可以关注如下问题：①数字平台驱动的组织技术结构特征，将与组织正式结构特征和个体成员特质等因素一起，如何共同影响个体的工作角色重塑，进而作用于其数字嵌入（connecting）效能？②数字平台驱动的组织技术结构特征，将与组队策略和团队构成等因素一起，如何共同影响目标团队的团队涌现状态与团队化（teaming）过程，进而作用于团队化效能？③数字平台驱动的组织技术结构特征将如何通过正式结构的适应性调整机制影响组织的动态架构（organizing）效能？这类整合微观组织行为与宏观组织理论的探索，一方面将帮助组织厘清数字平台对组织设计关键要素，即角色、过程和结构的影响过程及边界条件，另一方面，也为打开组织设计的微观动力黑箱、进一步刻画非正式结构自下而上的涌现提供坚实的理论基础。

9.4.2 探索数字平台驱动下非正式结构自下而上的涌现过程

数字平台塑造的"泛在互联"的组织技术结构赋予了员工前所未有的自组织的可能性(Gagné et al., 2022; Lee and Edmondson, 2017), 而以这些大规模展开的自组织活动为基础, 非正式结构自下而上动态涌现并对组织效能产生了重要影响(Eisenman et al., 2020; Hunter et al., 2020)。尽管 Barnard 和 Simon 等学者早已注意到正式和非正式结构并存的现实, 但只有少数研究关注到了非正式结构的作用及其与正式结构间的关系(Clement and Puranam, 2018; Gulati and Puranam, 2009)。而关注数字化组织设计以及数字平台支撑下的合弄制组织等实践与理论文章也开始认识到, 数字平台驱动的员工自组织活动及基于此涌现的非正式结构对于组织效能的重要性(Bernstein et al., 2016; Lee and Edmondson, 2017; Rhymer, 2023; Snow et al., 2017)。但总体而言, 尽管已有研究开始呼吁致力于促进自下而上涌现的组织设计(Eisenman et al., 2020), 相关研究对于非正式结构的关注仍然不足, 尤其是真正关注非正式结构自下而上涌现这一多水平过程的实证研究仍然欠缺(Hunter et al., 2020; McEvily et al., 2014)。而在数字平台驱动下自组织活动正前所未有地蓬勃发展, 人际分工与整合的灵活、敏捷性与潜在的无序性并存; 因此, 厘清数字平台驱动下非正式结构究竟如何涌现是未来组织设计研究的重要方向。

对此我们呼吁: 聚焦面向涌现的组织设计思路, 未来组织设计相关研究可以基于多水平理论, 尝试解构并检验数字平台驱动下个体角色→团队过程→组织动态架构的涌现机制, 从而系统化阐释上述过程如何从个体成员的分工与整合活动, 逐步自下而上地作用于组织整体运行。具体地, 基于上文的动态组织设计框架 C-T-O, 未来研究可以探索如下问题: 基于多水平理论下的合成模型与编译模型(Kozlowski and Klein, 2000), 探索个体数字嵌入如何触发在线组队有效性? 团队在线协同又将如何进一步促成组织架构的持续适应性调整? 实际上, 洞察组织设计真正的微观基础一方面在于厘清分工与整合在个体和群体层面的过程机制, 而另一方面更为重要的是要进一步探究这些微观过程究竟如何有效聚合、涌现到宏观层面(Barney and Felin, 2013; Raveendran et al., 2020)。因此, 上述围绕数字平台驱动的非正式结构自下而上涌现过程的探索, 在一定程度上响应着秉持微观结构视角的组织设计学者对于真正打开组织设计微观基础的号召, 同时, 也将为后续致力于"面向涌现的组织设计"研究提供重要的理论参考。

9.4.3 从仿真建模转向全量大数据驱动的第四范式研究

为了探索并验证上述有关数字平台驱动的动态组织设计框架 C-T-O 的理论构想, 未来研究需要逐步从仿真建模向全量大数据驱动的第四范式转型。早期组织设计学者主要借助现场观察和案例方法,从中提炼出有关组织结构设计的规律与思想(Burns and Stalker, 1961; Lawrence and Lorsch, 1967)。而后随着复杂适应性系统(complex adaptive system)模型的流行,以此为基础的基于代理人的仿真建模(agent-based modeling)逐渐成为组织设计研究中被广为应用的研究方法(Siggelkow and Rivkin, 2005; van de Ven et al., 2013)。仿真建模一般被认为是科学研究的第三范式,这一方法的使用通常基于诸多假定条件,因而它虽然能有效协助研究者构建理论模型,却缺少来自现场的"真实"数据。关注数智技术发展前沿的管理者与学者尝试将计算机和工程领域的数字孪生(digital twin)概念迁移到数字化组织当中,并认为数字平台及其所集成的新一代数智技术通过将组织中的正式架构、成员沟通与协作以及全链路业务活动实时映射到在线空间中,由此塑造了一个数字孪生的组织(Parmar et al., 2020;谢小云等,2022),并催生了大数据驱动的组织运行实践。

更为重要的是,随着组织全量、完整的真实活动数据被数字平台所实时记录与分析,数据密集型的科学发现(data-intensive scientific discovery),也即第四范式的科学研究正逐步成为可能。实际上,已经有越来越多的组织行为或组织理论的学者呼吁借助大数据、机器学习等数智技术进一步拓展组织管理的理论边界(Leavitt et al., 2021; Oswald et al., 2020)。因此,我们呼吁,未来组织设计研究在仿真建模的基础之上,还应当充分利用数字平台所记录的全量数据,借助领先的大数据分析方法,不断构建、验证和发展组织设计相关理论。尤其地,本书认为,对于纵向追踪人际分工与整合,以及组织结构的动态调整等研究问题来说,应用面向组织全量活动的大数据分析将变得至关重要。

9.5 本章小结

数智时代组织在线化运行的趋势日益明显,组织扁平化、管理颗粒度细化的现象广泛存在;但发端于传统科层组织形态的组织设计理论难以充分回应个体持续连通、团队在线组队、组织动态架构等在线化情境下的新兴需求;特别是传统组织设计理论静态地刻画组织中的个体工作角色与行为、团队协作过程和组织架构三大元素,理论发展与实践需求之间的张力,为理论探索提供了重要的契机。我们呼吁学者抓住理论创新的重要窗口,围绕以下具体的问题开展研究。

(1)工作形塑视角下个体水平在线化情境特征对任务嵌入的双刃剑效应研究。个体水平的在线化情境特征深刻影响着个体在任务方面的嵌入水平。具体地,面对全新的工作情境,在线组织中的员工可能更为积极地投入到工作任务中,然而也可能无法很好地理解与完成任务。未来研究可以基于工作形塑视角,通过赋能-控制双路径机制探索在线化工作特征如何引发个体上述差异化的任务嵌入,即目标承诺(goal commitment，Locke et al.，1988)与工作投入(work engagement，Schaufeli et al.，2002)。

(2)角色理论视角下个体水平在线化情境特征对关系嵌入的双刃剑效应研究。在任务嵌入之外，个体水平的在线化情境特征同样影响着个体在人际关系方面的嵌入水平。具体地，在线化工作情境下，员工可能借助在线系统的帮助，与组织中其他个体建立密切联系；然而个体也可能于在线虚拟工作环境下发生游离，与其他个体松散连接。未来研究可以基于角色理论，通过角色清晰(role clarity，Lyons，1971)-角色负荷(role overload，Rizzo et al.，1970)双路径机制，探索在线化工作特征如何引发个体上述差异化的关系嵌入，如团队-成员交换(team-member exchange，Liao et al.，2010)与关系亲密度(relationship closeness，Higgins and Kram，2001)。

(3)社会网络视角下个体水平在线化情境特征对结构嵌入的双刃剑效应研究。除了影响个体对任务的投入与人际关系的建构，个体水平的在线化情境特征还深刻影响着个体在结构方面的嵌入，如个体社会资本的构建和层级地位的获取。具体地，在线化情境下，员工得益于在线系统，不断拓展自身的网络规模，借助数字技术与组织内更多群体建立广泛连接，从而提升自己的社会资本或影响力；然而，同样的在线化工作情境下，个体也可能同时受制于这些工作特征，如由于自身资源的有限性，难以开展网络拓展活动，从而无法于在线化工作中进一步构建自己的社会资本。由此，未来研究可以基于社会网络视角，探索在线化情境特征如何引发个体上述差异化的结构嵌入结果。

(4)团队水平在线化情境特征影响团队共享状态并作用于在线组队有效性的过程机制研究。不同于传统基于面对面和一般信息和通信技术的团队互动模式，团队在线化情境中，集成式数字平台促使在线化运行的团队表现出过程可视化(Tripp et al.，2016)、协同并发性(Brown et al.，2010)和反馈即时性(immediate feedback)(Zhang et al.，2011)三方面的关键特征。依据Edmondson(2012)提出的团队化理论(theory of teaming)，要在上述背景下实现有效的团队化，目标团队需要成员始终保持目标一致，保持开放、坦诚的人际互动，开展高效的团队反思与人际协同。这意味着，在线目标团队要在团队组建之初和成员流动以后快速达成并动态保持一种高水平的团队共享心智模型和高水平的团队心理安全氛围。未来研究可以依托团队化理论，探讨团队水平在线化情境特征如何影响上述两个团队关键共享状态，并进而影响在线组队的有效性。

(5)未来研究可以融合多种理论视角来探究组织水平在线化情境特征与组织效能关系。比如，基于结构调整视角，探究互动网络的可视化如何促进组织的非正式-正式结构之间的动态融合，从而提升组织效能；基于组织学习视角，探究在线化集成式数字平台中的知识管理系统,如何重塑组织的学习过程,从而提升组织效能;基于资源编排视角,探究组织在线化如何通过增强组织间动态网络能力(dynamic network capability),进而重塑组织的资源编排过程,并提升组织效能。

参 考 文 献

李宁, 潘静洲. 2022. 遇见未来: 组织进化与人才管理的指路针. 清华管理评论, (Z2): 106-112.

谢小云, 左玉涵, 胡琼晶. 2021. 数字化时代的人力资源管理: 基于人与技术交互的视角. 管理世界, 37(1): 200-216, 13.

Anglin A H, Kincaid P A, Short J C, et al. 2022. Role theory perspectives: past, present, and future applications of role theories in management research. Journal of Management, 48(6): 1469-1502.

Bailey D E, Faraj S, Hinds P J, et al. 2022. We are all theorists of technology now: a relational perspective on emerging technology and organizing. Organization Science, 33(1): 1-18.

Barney J A Y, Felin T. 2013. What are microfoundations?. Academy of Management Perspectives, 27(2): 138-155.

Bateman T S, Crant J M. 1993. The proactive component of organizational behavior: a measure and correlates. Journal of Organizational Behavior, 14(2): 103-118.

Bauer T N, Erdogan B. 2014. Delineating and reviewing the role of newcomer capital in organizational socialization. Annual Review of Organizational Psychology and Organizational Behavior, 1: 439-457.

Bernstein E, Bunch J, Canner N, et al. 2016. Beyond the holacracy hype: the overwrought claims-and actual promise-of the next generation of self-managed teams. Harvard Business Review, 94(7/8): 38-49.

Brown S A, Dennis A R, Venkatesh V. 2010. Predicting collaboration technology use: integrating technology adoption and collaboration research. Journal of Management Information Systems, 27(2): 9-54.

Burns T E, Stalker G M. 1961. The Management of Innovation. London: Tavistock Publications.

Burton R M, Eriksen B, Håkonsson D D, et al. 2006. Organization Design: the Evolving State-of-the-Art. Heidelberger Platz: Springer Science & Business Media.

Cannon-Bowers J A, Salas E, Converse S. 1993. Shared mental models in expert team decision making. Individual and Group Decision Making: Current Issues, 221: 221-246.

Clarysse B, Moray N. 2004. A process study of entrepreneurial team formation: the case of a research-based spin-off. Journal of Business Venturing, 19(1): 55-79.

Clement J, Puranam P. 2018. Searching for structure: formal organization design as a guide to network evolution. Management Science, 64(8): 3879-3895.

Courtright S H, Thurgood G R, Stewart G L, et al. 2015. Structural interdependence in teams: an integrative framework and meta-analysis. Journal of Applied Psychology, 100(6): 1825-1846.

Crisp C B, Jarvenpaa S L. 2013. Swift trust in global virtual teams. Journal of Personnel Psychology, 12(1): 45-56.

Cyert R M, March J G. 1963. A Behavioral Theory of the Firm. London: Martino Fine Books.

Dweck C S. 2006. Mindset: The New Psychology of Success. New York: Random House.

Edmondson A C. 2012. Teaming: How Organizations Learn, Innovate, and Compete in the Knowledge Economy. Hoboken: John Wiley & Sons.

Edmondson A C, Harvey J F. 2017. Extreme Teaming: Lessons in Complex, Cross-Sector Leadership. West Yorkshire: Emerald Publishing Limited.

Eisenman M, Paruchuri S, Puranam P. 2020. The design of emergence in organizations. Journal of Organization Design, 9(1): 25.

Fjeldstad Ø D, Snow C C, Miles R E, et al. 2012. The architecture of collaboration. Strategic Management Journal, 33(6): 734-750.

Gagné M, Parker S K, Griffin M A, et al. 2022. Understanding and shaping the future of work with self-determination theory. Nature Reviews Psychology, 1(7): 378-392.

Galbraith J R. 1974. Organization design: an information processing view. Interfaces, 4(3): 28-36.

Gong C, Ribiere V. 2021. Developing a unified definition of digital transformation. Technovation, 102: 102217.

Gulati R, Puranam P. 2009. Renewal through reorganization: the value of inconsistencies between formal and informal organization. Organization Science, 20(2): 422-440.

Gulati R, Puranam P, Tushman M. 2012. Meta-organization design: rethinking design in interorganizational and community contexts. Strategic Management Journal, 33(6): 571-586.

Gupta P, Woolley A W. 2018. Productivity in an era of multi-teaming: the role of information dashboards and shared cognition in team performance. Proceedings of the ACM on Human-Computer Interaction, 2: 1-18.

Higgins M C, Kram K E. 2001. Reconceptualizing mentoring at work: a developmental network perspective. Academy of Management Review, 26(2): 264-288.

Hunter S D, Bentzen H, Taug J. 2020. On the "missing link" between formal organization and informal social structure. Journal of Organization Design, 9(1): 13.

Joseph J, Baumann O, Burton R, et al. 2018. Reviewing, revisiting, and renewing the foundations of organization design//Joseph J, Baumann O, Burton R, et al. Organization Design. Leeds: Emerald Publishing Limited: 1-23.

Joseph J, Gaba V. 2020. Organizational structure, information processing, and decision-making: a retrospective and road map for research. Academy of Management Annals, 14(1): 267-302.

Kozlowski S W J, Klein K J. 2000. A multilevel approach to theory and research in organizations:

contextual, temporal, and emergent processes//Klein K J, Kozlowski S W J. Multilevel Theory, Research, and Methods in Organizations: Foundations, Extensions, and New Directions. Jossey-Bass: Wiley: 3-90.

Kretschmer T, Khashabi P. 2020. Digital transformation and organization design: an integrated approach. California Management Review, 62(4): 86-104.

Lawrence P R, Lorsch J W. 1967. Differentiation and integration in complex organizations. Administrative Science Quarterly, 12(1): 1.

Lazar M, Miron-Spektor E, Chen G, et al. 2021. Forming entrepreneurial teams: mixing business and friendship to create transactive memory systems for enhanced success. https://par.nsf.gov/servlets/purl/10272194[2023-03-19].

Leavitt K, Schabram K, Hariharan P, et al. 2021. Ghost in the machine: on organizational theory in the age of machine learning. Academy of Management Review, 46(4): 750-777.

Lee M Y, Edmondson A C. 2017. Self-managing organizations: exploring the limits of less-hierarchical organizing. Research in Organizational Behavior, 37: 35-58.

Leonardi P, Contractor N. 2018. Better people analytics. Harvard Business Review, 96(6): 70-81.

Leonardi P M, Barley S R. 2010. What's under construction here? Social action, materiality, and power in constructivist studies of technology and organizing. Academy of Management Annals, 4(1): 1-51.

Leonardi P M, Treem J W. 2020. Behavioral visibility: a new paradigm for organization studies in the age of digitization, digitalization, and datafication. Organization Studies, 41(12): 1601-1625.

Leonardi P M, Treem J W, Jackson M H. 2010. The connectivity paradox: using technology to both decrease and increase perceptions of distance in distributed work arrangements. Journal of Applied Communication Research, 38(1), 85-105.

Leonardi P M, Vaast E. 2017. Social media and their affordances for organizing: a review and agenda for research. Academy of Management Annals, 11(1): 150-188.

Leroy S, Schmidt A M, Madjar N. 2020. Interruptions and task transitions: understanding their characteristics, processes, and consequences. Academy of Management Annals, 14(2): 661-694.

Liao H, Liu D, Loi R. 2010. Looking at both sides of the social exchange coin: a social cognitive perspective on the joint effects of relationship quality and differentiation on creativity. Academy of Management Journal, 53(5): 1090-1109.

Locke E A, Latham G P, Erez M. 1988. The determinants of goal commitment. Academy of Management Review, 13(1): 23-39.

Lyons T F. 1971. Role clarity, need for clarity, satisfaction, tension, and withdrawal. Organizational Behavior and Human Performance, 6(1): 99-110.

Margolis J. 2020. Multiple team membership: an integrative review. Small Group Research, 51(1):

48-86.

McEvily B, Soda G, Tortoriello M. 2014. More formally: rediscovering the missing link between formal organization and informal social structure. Academy of Management Annals, 8(1): 299-345.

Meyerson D, Weick K E, Kramer R M. 1996. Swift trust and temporary groups//Kramer R M, Tyler T R. Trust in Organizations: Frontiers of Theory and Research. Thousand Oaks California: SAGE Publications: 166-195.

Miles R E, Snow C C.1978. Organizational Strategy, Structure and Process. New York: McGraw Hill Book.

Mohammed S, Ferzandi L, Hamilton K. 2010. Metaphor no more: a 15-year review of the team mental model construct. Journal of Management, 36(4): 876-910.

O'Leary M B, Mortensen M, Woolley A W. 2011. Multiple team membership: a theoretical model of its effects on productivity and learning for individuals and teams. Academy of Management Review, 36(3): 461-478.

O'Reilly C A, Tushman M L. 2008. Ambidexterity as a dynamic capability: resolving the innovator's dilemma. Research in Organizational Behavior, 28: 185-206.

Oswald F L, Behrend T S, Putka D J,et al. 2020. Big data in industrial-organizational psychology and human resource management: forward progress for organizational research and practice. Annual Review of Organizational Psychology and Organizational Behavior, 7: 505-533.

Parmar R, Leiponen A, Thomas L D. 2020. Building an organizational digital twin. Business Horizons, 63(6): 725-736.

Pu J, Liu Y, Chen Y, et al. 2021. What questions are you inclined to answer? Effects of hierarchy in corporate Q&A communities. Information Systems Research, 33(1): 244-264.

Puranam P. 2018. The Microstructure of Organizations. Oxford: Oxford University Press.

Puranam P, Raveendran M, Knudsen T. 2012. Organization design: the epistemic interdependence perspective. Academy of Management Review, 37(3): 419-440.

Raveendran M, Silvestri L, Gulati R. 2020. The role of interdependence in the micro-foundations of organization design: task, goal, and knowledge interdependence. Academy of Management Annals, 14(2): 828-868.

Rapp T L, Mathieu J E. 2019. Team and individual influences on members' identification and performance per membership in multiple team membership arrangements. Journal of Applied Psychology, 104(3): 303-320.

Rhymer J. 2023. Location-independent organizations: designing collaboration across space and time. Administrative Science Quarterly, 68(1): 1-43.

Rizzo J R, House R J, Lirtzman S I. 1970. Role conflict and ambiguity in complex organizations.

Administrative Science Quarterly, 15(2): 150.

Ruef M, Aldrich H E, Carter N M. 2003. The structure of founding teams: homophily, strong ties, and isolation among U.S. entrepreneurs. American Sociological Review, 68(2): 195.

Ryan R M, Deci E L. 2000. Intrinsic and extrinsic motivations: classic definitions and new directions. Contemporary Educational Psychology, 25(1): 54-67.

Schaufeli W B, Martínez I M, Pinto A M, et al. 2002. Burnout and engagement in university students: a cross-national study. Journal of Cross-Cultural Psychology, 33(5): 464-481.

Shenkar O, Ellis S. 2022. The rise and fall of structural contingency theory: a theory's "autopsy". Journal of Management Studies, 59(3): 782-818.

Simon H A. 1962. New developments in the theory of the firm. The American Economic Review, 52(2): 1-15.

Siggelkow N, Rivkin J W. 2005. Speed and search: designing organizations for turbulence and complexity. Organization Science, 16(2): 101-122.

Sluss D M, van Dick R, Thompson B S. 2011. Role theory in organizations: relational perspective// Zedeck S. APA Handbook of Industrial and Organizational Psychology:Building and Developing the Organization (Vol 1). Washington: American Psychological Association: 505-534.

Snow C C, Fjeldstad Ø D, Langer A M. 2017. Designing the digital organization. Journal of Organization Design, 6(1): 1-13.

Soda G, Zaheer A. 2012. A network perspective on organizational architecture: performance effects of the interplay of formal and informal organization. Strategic Management Journal, 33(6):751-771.

Steinberger T, Wiersema M. 2021. Data models as organizational design: coordinating beyond boundaries using artificial intelligence. Strategic Management Review, 2(1): 119-144.

Subramaniam N, Nandhakumar J, Baptista J. 2013. Exploring social network interactions in enterprise systems: the role of virtual co-presence. Information Systems Journal, 23(6): 475-499.

Thompson J D. 1967. Organizations in Action: Social Science Bases of Administrative Theory. London: Routledge.

Thörel E, Pauls N, Göritz A S. 2022. The association of work-related extended availability with recuperation, well-being, life domain balance and work: a meta-analysis. Organizational Psychology Review, 12(4): 387-427.

Tripp J, Riemenschneider C K, Thatcher J. 2016. Job satisfaction in agile development teams: agile development as work redesign. Journal of the Association for Information Systems, 17(4): 267-307.

Turner N, Chmiel N, Walls M. 2005. Railing for safety: job demands, job control, and safety citizenship role definition. Journal of Occupational Health Psychology, 10(4): 504-512.

Tushman M L, Nadler D A. 1978. Information processing as an integrating concept in organizational design. The Academy of Management Review, 3(3): 613-624.

van de Ven A H, Ganco M, Hinings C R. 2013. Returning to the frontier of contingency theory of organizational and institutional designs. Academy of Management Annals, 7(1): 393-440.

Worren N, Pope S. 2024. Connected but conflicted: separating incompatible roles in organizations. Academy of Management Review, 49(1): 6-31.

Wrzesniewski A, Dutton J E. 2001. Crafting a job: revisioning employees as active crafters of their work. Academy of Management Review, 26(2): 179-201.

Wrzesniewski A, LoBuglio N, Dutton J E, et al. 2013. Job crafting and cultivating positive meaning and identity in work//Bakker A B. Advances in Positive Organizational Psychology (Vol. 1). Leeds: Emerald Group Publishing Limited: 281-302.

Wu L, Kane G C. 2021. Network-biased technical change: how modern digital collaboration tools overcome some biases but exacerbate others. Organization Science, 32(2): 273-292.

Zhang F, Parker S K. 2019. Reorienting job crafting research: a hierarchical structure of job crafting concepts and integrative review. Journal of Organizational Behavior, 40(2): 126-146.

Zhang X, Venkatesh V, Brown S A. 2011. Designing collaborative systems to enhance team performance. Journal of the Association for Information Systems, 12(8): 556-584.

第 10 章 数智组织效能的 C-T-O 框架与关键科学问题

党的二十大报告深刻强调"加快发展数字经济,促进数字经济和实体经济深度融合,打造具有国际竞争力的数字产业集群"[①]。这一战略部署明确了数字经济在国家发展中的重要地位和作用。数字化不仅仅是先进的数字技术,更是推动传统产业升级和整体经济结构转型变革的重要力量。国务院《"十四五"数字经济发展规划》也同时指出,数字经济已经成为重组全球要素资源、重塑全球经济结构、改变全球竞争格局的关键力量。企业组织作为数字经济的重要组成部分,必须加快推进数字化转型,助力中国经济新旧动能转换,推进数字产业化和产业数字化。

伴随企业数字化转型浪潮,以大数据、人工智能等为代表的数智技术正在以前所未有的速度融入组织管理的各个方面,个体、团队和组织层面的互动与协作正在经历重大演变,这种演变催生了全新的组织形态——数智组织。随着诸多企业协同工具对业务流程和沟通协作活动的在线化,个体开展工作的时空边界被打破,广泛的数字连通(digital connectivity)赋予了个体充分自组织(self-organize)的可能性;而伴随以大语言模型(large language model,LLM)为代表的人工智能或智能机器人开始广泛嵌入员工的日常工作,人机间的交互变得愈加频繁,员工的工作模式和角色已然发生了深刻变革。与此同时,数智技术支撑下,越来越多基于特定任务或协调需求的线上工作团队快速组建。这些临时性的线上项目团队成为组织应对外部不确定性的基本运行单元。而这一趋势不仅影响了团队运作的方式,也进一步改变了组织架构的根本逻辑。组织架构和人员关系逐渐向在线化发展,结构扁平可视,最终形成了一种去中心化的、透明可见的组织内部运行模式。然而,数智技术在重塑了组织中的个人工作角色与行为、团队协作过程以及组织架构的同时,也对数智组织效能的提升带来了诸多管理挑战。

首先,员工通过嵌入数字平台,在线上快速获取任务相关的信息、即时沟通并自定义工作内容的同时,也必须随时随地快速响应来自上级、同事和客户的任务需求。"已读未回"让人际缓冲的"灰度"空间彻底丧失,无处不在的高频工作打断正不断压缩员工深度认知加工的空间,影响着员工的工作投入度(Leroy et al.,2020)。与此同时,人工智能已经不再仅仅是工具,而已经能够与人类协同

[①] 习近平:高举中国特色社会主义伟大旗帜 为全面建设社会主义现代化国家而团结奋斗——在中国共产党第二十次全国代表大会上的报告,https://www.gov.cn/xinwen/2022-10/25/content_5721685.htm。

完成工作并实现对人类智能的增强（augmentation；Raisch and Krakowski，2021；谢小云等，2021）。广大工作者正普遍面临适应人-人工智能紧密协同的工作模式。其次，不同于传统边界清晰、结构稳定的团队，在线项目团队协作的虚拟性、动态性与团队成员背后的多重团队情境给在线工作团队的快速团队化带来困难。最后，随着组织成员在线上系统中协作的规模化展开，组织内部涌现出密切交互的非正式社会网络。这些数智组织在线运行中所快速涌现且动态变化的非正式结构不可避免地与正式组织结构间形成了"异构"关系。正式结构如何有效开展动态调整成为数智组织面临的关键挑战。

面对上述数智组织管理及其效能面临的关键挑战，本书整合工作角色、社会过程、组织结构三个层次以及技术的结构化与行动者网络两大核心理论视角，通过9个章节系统性地构建了数智组织效能的C-T-O框架（图10-1）。具体而言，第1章重点回顾了数智组织的起源与内涵表现，提出数智组织管理各关键环节的研究新机遇和新挑战。第2章至第9章内容则以"技术的结构化视角、行动者网络视角"作为两个主导逻辑尝试在"工作角色、社会过程、组织结构"三个不同的研究层面构建数智技术驱动的组织变革C-T-O框架，并提出系列关键的科学问题。

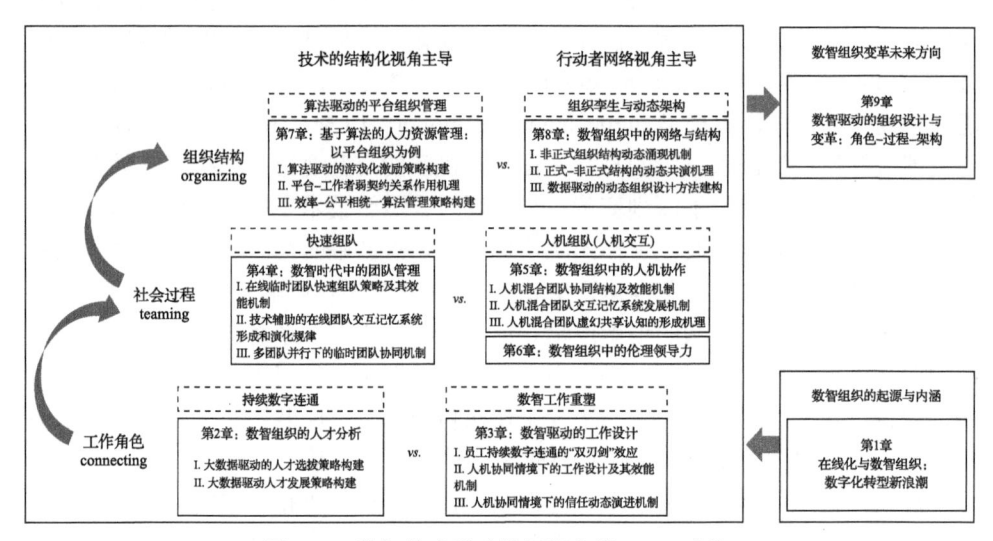

图 10-1 数智技术驱动的组织变革 C-T-O 框架

10.1 工作角色层面：数据驱动的人才分析与数智工作重塑

在工作角色研究层面，第 2 章主要聚焦如何运用大数据和算法来助力人才分析。员工基于数智技术所形成的持续数字连通，让海量员工行为与组织运行数据快速涌现。数据化成为数智组织的重要属性之一。对于组织而言，如何有效识别、选拔并发展人才对于组织目标的达成和可持续发展起着至关重要的作用。尽管在数智组织中，大数据驱动的人才分析已然成为可能，但是究竟应当如何应用客观数据使得人才选拔过程更加客观和科学，提高选拔决策的准确性和公平性，避免陷入对数智技术与数据的滥用，亟须未来研究构建科学的"大数据驱动的人才选拔策略"。与此同时，面向人才的可持续发展，同样亟须研究者结合心理学、组织行为、人力资源管理等多个领域的理论以及对于大数据、机器学习技术的洞察，构建科学的"大数据驱动的人才发展策略"。

第 3 章则阐述持续数字连通以及人机紧密协同的大背景下，如何优化行动者的工作设计。数智技术推动组织进入"泛在互联"（ubiquitous connectivity）的时代（Gagné et al.，2022）。数智组织中的员工工作模式已然被重塑，持续数字连通成为常态。它一方面让员工接触更为广泛的人员与信息，从而提高其工作效率与表现，但另一方面高频的工作打断也可能导致其出现工作过载，伤害员工福祉与工作表现。因此，未来研究亟须进一步探究数智组织当中员工持续数字连通的"双刃剑"效应，洞察背后机理和关键边界条件。此外，数智组织中的员工还必须适应与人工智能、智能机器等紧密协同的工作模式。人机协同情境下，究竟应该如何进行任务分工和整合机制的设计？以往研究还指出人类对机器的信任是影响后续人机交互的关键前因（Glikson and Woolley，2020）。然而这种人机信任的形成与发展却并不容易。因此，未来研究亟须探究和揭示"人机协同情境下的工作设计及其效能机制"和"人机协同情境下的信任动态演进机制"。

10.2 社会过程层面：数智驱动的快速组队与人机混合团队

在社会过程研究层面，第 4 章重点关注在数智技术驱动的快速组队迅速普及的现实情况下，如何有效提升在线或临时项目团队的效能。不论是实践界还是理论界都认为团队人员构成是影响团队效能的关键前因。而对于在线项目团队这一面临高度不确定性的临时性组织（temporary organization）而言（Bechky，2006），科学的团队成员组成对其后续表现更是至关重要。因此，在数智技术驱动快速组队的背景下，未来研究亟须探究，"在线临时团队究竟应当采取什么样的组队策略，以及不同的组队策略又将对应哪些关键的效能机制"。与此同时，这些在线临时团队通常还面临着成员熟悉度不足、缺少时间充分互动等现实情况，这对于团队整体的共享认知，如交互记忆系统的形成构成了重大挑战。在这些深度应用数智技术开展在线组队与协同的团队当中，未来研究亟须揭示"技术辅助的在线团队交互记忆系统形成和演化规律"。此外，这些团队中的成员通常并不会只参与单一团队而是参与多个并行的临时项目团队。不同并行团队间差异化的任务目标、人员构成、协同节奏等将对成员个人以及团队整体的协同与表现带来一定挑战。因此，未来研究亟须揭示"多团队并行下临时团队成员究竟如何有效协同的理论机制"。

第5章则从数智技术使用者角度探讨如何开展有效的人机组队。随着大语言模型等人工智能技术的广泛运用，人工智能与智能机器已然成为团队的正式"成员"，而非传统的辅助工具（Larson and DeChurch，2020）。而在人机混合团队当中，又该如何设计科学的人机混合团队的分工与协同机制呢？未来研究亟须揭示"人机混合团队的协同结构及效能机制"。大语言模型等代表性人工智能技术当前仍然表现出不规则性、幻觉涌现、类人风格、不可知性等多方面特征，这可能给人机团队的共享认知，如交互记忆系统的形成和发展造成困扰。此外，由于大语言模型的类人风格与不可知性，人机混合团队还可能陷入虚幻共享认知，尤其是在团队成员专业知识之外的领域。如果成员集体或团队领导完全依赖于大模型人工智能的输出，可能导致团队针对特定任务或事件形成高度共享的认知，但却陷入错误方向。因此，未来研究亟须揭示"人机混合团队交互记忆系统发展机制"以及"人机混合团队虚幻共享认知的形成机理"。

第6章从领导力的视角出发，深入剖析了伦理领导力在数字化智能组织中的角色和应用，探讨了其理论支撑和实践操作。在算法管理的背景下，员工可能同时产生积极和消极的工作结果与心理体验。由于算法管理无法完全替代人的伦理领导力，这就要求领导者发挥算法管理的优势，同时降低算法管理的消极影响，融合技术发展与员工期望，识别管理中的伦理问题和机遇，做出更加负责任和明智的选择。在数字化智能组织中发挥伦理领导力有三方面关键实施策略，包括人文关怀的落实、目标平衡的策略制定以及人际关系的协调。这些策略有助于组织在数字化时代的快速变迁中，持续维护对员工的关心与尊重，同时达成组织目标。此外，在实践伦理领导力过程中可能遭遇各种挑战，包括人性化与标准化之间的张力、多数人与少数人利益的协调，以及在帮助与控制员工之间的困境。因为，未来研究亟须探究和揭示"领导者如何考量技术对员工个人权益的影响，确保技术的应用既合理又充满人情味"。与此同时，伦理领导力的研究揭示，其实践不仅依赖于领导者的勇气与责任感，还需要得到组织文化的配合以及具备一定数字技能的员工的积极参与。因此，未来研究亟须揭示在"算法管理背景下'领导者-员工-组织'三方的持续互动与适应的变革过程"。

10.3 组织结构层面：平台算法管理与基于数字孪生的动态架构

在组织结构研究层面，第7章聚焦算法技术应当如何被双边平台型企业科学地用于管理平台工作者。零工平台缺乏传统组织中的诸如晋升和培训等激励策略，如何确保团队成员保持同样水平的奉献精神和成就感就成为平台管理者需要解决的一个难题。借由算法技术实现的游戏化管理策略应运而生。但究竟如何"构建科学的平台工作者游戏化激励策略"以实现可持续的平台发展仍然是未来研究亟须探究的重要问题。此外，工作者与平台之间并不建立正式的劳动关系。他们之间往往形成松散的、基于临时任务的弱契约联系。这种独特的弱契约关系将如何影响平台工作者的感受与行为，又将如何影响平台管理者对于算法规则的设计与应用？未来研究亟须进一步揭示"平台-工作者弱契约关系的作用机理"。除此之外，当前多数平台的算法是效率驱动的，在一定程度上忽视了公平因素。实际上，公平性是维持多方利益相关者满意度的关键影响因素。公平性与效率的统一是促进平台稳定运行、多方满意度最大化的关键途径。因此，未来研究亟须进一步研究并构建"效率-公平相统一算法管理策略"。

第8章尝试探究数智组织中由于员工自组织活动所快速涌现的非正式社会网络及其与正式结构间的"异构"关系和影响。第9章则更进一步聚焦数智组织变革的未来方向，依据"工作角色、社会过程、组织结构"多层次框架，识别出了数智组织管理变革中亟待解决的关键问题场景及研究议题，从而为读者清晰展示了该领域未来研究热点及演进趋势。数智技术使得个体拥有了充分自组织的可能性，并通过自下而上的涌现使得非正式社会网络蓬勃发展。但必须注意到，这种自组织活动一方面可能带来效率与创新，另一方面也可能导致混乱、无序、资源浪费和配置效率的下降。因此，如何实现有序的自下而上的涌现成为当前数智组织面临的关键挑战。实际上，对个体-团队-组织的多水平涌现机制的刻画，既是组织设计理论发展的题中之意义，也是现有数智组织研究中缺失的版图。因此，未来研究可致力于揭示"在线非正式组织结构动态涌现的机制"。在洞察非正式结构动态涌现的过程规律后，为了促进组织整体效能，需要更进一步推动正式结构的适应性调整。因此未来研究还可进一步刻画"正式-非正式结构的动态共演机理"，并最终构建数智组织中"数据驱动的动态组织设计方法"。

随着人工智能的飞速发展，组织管理的研究议题也正在快速地变迁；从早期以"技术的结构化"视角为主导的研究，逐渐转向关注以"行动者网络"视角为主导的研究。换句话说，数智技术在组织中的角色，也逐渐从个体工作的情境因素，转向与个体对等的行动主体。毋庸讳言，这样的变迁，会给现有的理论带来全新的挑战；传统的组织管理理论中，以社会交换理论和社会身份理论为主流的基石，以人际互动(interpersonal relationship)为微观行为基础；而在数智时代的组织，人机协作(human-AI teaming)将会成为新的微观基础，这对于组织管理学术界而言，是巨大的挑战，也是潜力无限的理论创新空间。我们提出的C-T-O框架，是在包括钉钉、新华三、饿了么等企业的合作研究过程中的初步思考，有待更多进一步理论与实践深度结合的深化、丰富化和批判验证。

20世纪50年代，塔维斯托克人类关系研究所提出社会技术系统理论，强调只有社会系统和技术系统的同步优化，才能够促进经济系统的优化提升。数智技术驱动的组织变革研究虽然涌现出大量的新兴议题，但我们认为，学术界只有始终应该坚持以人为中心(human centered)的研究取向，才能够以理论创新服务经济社会的可持续发展，才能够以理论指导数智企业在政策实践设计过程中尊重人的主体价值，在效率提升的过程中加强对社会福祉的促进。本书撰写的初衷，正是如此。

参 考 文 献

谢小云, 左玉涵, 胡琼晶. 2021. 数字化时代的人力资源管理: 基于人与技术交互的视角.管理世界, 37(1): 200-216.

Bechky B A. 2006. Gaffers, gofers, and grips: role-based coordination in temporary organizations. Organization Science, 17(1): 3-21, 13.

Gagné M, Parker S K, Griffin, M A, et al. 2022. Understanding and shaping the future of work with self-determination theory. Nature Reviews Psychology, 1(7): 378-392.

Glikson E, Woolley A W. 2020. Human trust in artificial intelligence: review of empirical research. Academy of Management Annals, 14(2): 627-660.

Larson L, DeChurch L A. 2020. Leading teams in the digital age: four perspectives on technology and what they mean for leading teams. The Leadership Quarterly, 31(1): 101377.

Leroy S, Schmidt A M, Madjar N. 2020. Interruptions and task transitions: understanding their characteristics, processes, and consequences. Academy of Management Annals, 14(2): 661-694.

Raisch S, Krakowski S. 2021. Artificial intelligence and management: the automation–augmentation paradox. Academy of Management Review, 46(1): 192-210.

后　　记

近年来，数智技术驱动的组织变革新兴实践层出不穷。在现场调研和写作过程中，我们无时无刻不感受到数字化浪潮下新的组织形式与管理模式带来的张力。传统雇佣关系的边界和正式权威层级正逐渐弱化，这给传统组织管理带来了如何开放性地汇聚跨越组织边界的工作者、共创组织价值的新挑战。更进一步地，随着生成式人工智能（AI）的影响日益深入到工作的方方面面，组织管理的微观基础正在加速地从人际互动转变为人机协同，乃至人-AI 组队（teaming）。这不仅对组织研究提出了全新的理论解释需求，同时也开启了理论发展和建构的机遇窗口。例如，一方面，数字化变革为员工创造了工作自主性与灵活性，赋能个体、团队及组织更高效地进行多项目、多身份和多场景协同工作；另一方面，由数智技术驱动的精细颗粒度行为控制、理性计算等，又可能给个体、团队及组织带来诸多意料之外的新挑战。因此，今天我们也许不得不认真思考：数字化组织管理究竟意味着"释放个体创新创意的生产力"还是"被算法控制的人生"？数智技术是在"增强"还是"替代"人类的作用？数智技术将会如何重新定义未来的工作模式？而作为组织中的人，我们又该如何重塑未来的工作？数智技术驱动的变革，究竟是指向了高质量可持续发展的管理路径，还是复制了一种"泰勒制 2.0"……

在本书中，我们通过大量深入场景的调研，尝试将现象和实践与理论进行对话，逐步探索并构建了一个关于数智组织效能的 C-T-O 理论框架，并对一系列关键科学问题进行了深入解析。希望我们这本初步的探索之作，能够为服务"数字中国""数实融合"等国家经济社会发展重大需求、构建数智时代中国组织管理自主知识体系，发展"数智创新与管理"交叉学科提供一些微薄的基础理论支持。

我们诚挚感谢参与本书素材整理及写作的各位项目组成员。他们是浙江大学管理学院百人计划研究员房俨然、邹腾剑，特聘副研究员吴苏青，博士生叶忱璨、魏俊杰、左玉涵、何家慧、苏逸、虞文清等。正是他们的积极参与和倾情投入，才使得我们能在较短的时间内完成识别数智技术驱动的组织变革关键议题、快速汇总近期研究进展，并共同研讨提出未来研究方向等重要步骤。本书还得到了国家自然科学基金重点项目（72232009）、面上项目（72172139、72272134）和浙江大学自主知识体系团队的资助。这些支持为本书的撰写提供了重要的基础保障。我们非常感谢钉钉、饿了么等数字化组织变革领域国内领先企业，它们为我们的研